宁夏高校人文社科重点研究基地固原历史文化研究中心成果

六盘山文库

固原古代石窟佛像概览

冯敏 著

中国社会科学出版社

图书在版编目（CIP）数据

固原古代石窟佛像概览 / 冯敏著 . —北京：中国社会科学出版社，2022.4
（六盘山文库）
ISBN 978 - 7 - 5203 - 9785 - 8

Ⅰ.①固… Ⅱ.①冯… Ⅲ.①石窟—佛像—概况—固原 Ⅳ.①K879.29

中国版本图书馆 CIP 数据核字（2022）第 031035 号

出 版 人	赵剑英
责任编辑	刘 芳
责任校对	李 剑
责任印制	李寡寡

出　　版	中国社会科学出版社
社　　址	北京鼓楼西大街甲 158 号
邮　　编	100720
网　　址	http://www.csspw.cn
发 行 部	010 - 84083685
门 市 部	010 - 84029450
经　　销	新华书店及其他书店
印　　刷	北京明恒达印务有限公司
装　　订	廊坊市广阳区广增装订厂
版　　次	2022 年 4 月第 1 版
印　　次	2022 年 4 月第 1 次印刷
开　　本	710×1000　1/16
印　　张	13.75
插　　页	2
字　　数	201 千字
定　　价	78.00 元

凡购买中国社会科学出版社图书，如有质量问题请与本社营销中心联系调换
电话：010 - 84083683
版权所有　侵权必究

《六盘山文库》编委会

主　任　罗　丰
副主任　刘衍青　薛正昌　安正发
委　员（以姓氏笔画为序）
　　　　　马建军　王兴文　王得盛　方建春
　　　　　冯　巢　刘旭东　佘贵孝　武淑莲
　　　　　虎维尧　赵晓红　郝福生　黑志燕

总　序

固原历史悠久，文化积淀丰厚。早在三万年前的旧石器时代，这片土地就留下了古人类活动的足迹；新石器时代，六盘山东西的清水河、葫芦河、泾河流域都有人类繁衍生息。彭阳商周墓葬群的出土，印证了《诗经·小雅·六月》《出车》里描写的西周重大历史事件在固原的发生；固原战国秦长城遗迹，叙说着固原的军事建制与特殊的军事地理位置。战国时期，固原进入秦国版图，乌氏县、朝那县的设立，见证了固原融入大一统的国家行政序列；汉代高平县的设立、安定郡的设置，奠定了固原之后的行政建制。萧关道上的汉唐诗歌、丝绸之路在固原的中西文化遗存，再现了这个特殊地域上的文化积淀，为固原经济社会文化发展提供了诸多有价值的参考与借鉴。

宁夏师范学院建校至今，已走过了 40 多年的风雨岁月。学院老一代的学者，一直十分关注固原历史地理文化，他们筚路蓝缕，在传承学术精神的同时，创新地方历史文化研究，留下了诸多研究成果，为固原历史文化研究奠定了坚实的基础。地方高校服务于地方经济社会文化发展，是其职责所在。为推进固原历史地理文化研究，2011 年底，宁夏师范学院申报设立专门的地方历史文化研究机构，经自治区编办批准，宁夏师范学院固原历史文化研究中心正式挂牌成立，成为实体研究机构之一，并配备了专职研究人员。宁夏师范学院的固原历史地理文化研究从此走上了更为专业和深入的道路。2014 年，为进一步夯实科研基础，凝练学术队伍，宁夏师范学院进行了校内资源整合，重组并成立了六个研究（工程）中心，固原历史文化研究中心成为宁夏师范学院提出的打好三张牌（特色牌、地方牌、教改牌）

中的科研"地方牌"的代表。2016年,固原历史文化研究人文社科重点研究基地获得自治区高校科技创新平台立项建设。

  为了加强区级人文社科重点研究基地建设,挖掘固原历史文化资源,产出一批较有影响的科研成果,固原历史文化研究中心设立了"固原历史文化专项课题",由校内外学者参与申报,专家评审,最终以丛书的形式推出。宁夏师范学院所在地固原位于六盘山地区,学校被誉为"六盘山下人才基地,宁南山区教师摇篮",因此,丛书以《六盘山文库》冠名。研究成果内容涉及固原历史地理、丝绸之路、地方戏曲研究、人物、民俗文化等,是固原历史地理文化研究的阶段性成果。《六盘山文库》的面世,将对传承固原历史文脉、宣传固原历史地理文化、加快推进文化建设产生影响。同时,对于深化和研究固原历史地理文化,把历史地理文化资源优势转化为推进高质量发展优势;对于挖掘区域历史地理文化,增进人们对固原历史地理文化的了解,满足人民文化需求和增强人民精神力量,尤其是提升固原文化的影响力,将会产生积极的作用。

  以文化强国为目标,不断推进传统文化创造性转化、创新性发展,是时代赋予我们的新使命。正是在这个意义上,《六盘山文库》承载着文化建设的使命,肩负着文化创新的重任。为地方社会经济发展和文化建设尽一份绵薄之力,是我们的初心所在。

《六盘山文库》编委会
2020年12月

目　　录

第一章　"丝绸之路"与固原 …………………………………（1）
　　第一节　丝路固原 ……………………………………………（1）
　　第二节　汉唐时期固原境内丝路文化繁盛 …………………（5）

第二章　佛教及其在华传播 ……………………………………（12）
　　第一节　佛教传入中原 ………………………………………（12）
　　第二节　隋唐时期佛教的兴盛 ………………………………（27）

第三章　固原佛教概述 …………………………………………（40）
　　第一节　固原历史勾勒 ………………………………………（41）
　　第二节　佛教沿"丝绸之路"传入固原 ……………………（52）
　　第三节　固原佛教的多元特征 ………………………………（68）
　　第四节　固原佛教的地域特点 ………………………………（72）
　　第五节　固原佛教的时代特点 ………………………………（83）
　　第六节　佛教对固原的影响 …………………………………（108）

第四章　佛教石窟及石窟艺术概述 ……………………………（113）
　　第一节　石窟概述 ……………………………………………（114）
　　第二节　我国佛教石窟的造像模式简述 ……………………（123）
　　第三节　佛教石窟艺术 ………………………………………（131）

第五章　固原须弥山石窟 ………………………………………（137）
　　第一节　须弥山石窟概况 ……………………………………（137）

第二节　北魏洞窟 …………………………………………（145）
　　第三节　北周洞窟 …………………………………………（151）
　　第四节　唐代洞窟 …………………………………………（158）
　　第五节　艺术价值与文化特点 ……………………………（169）

第六章　固原地区的其他佛像遗存 ……………………（178）
　　第一节　固原境内佛像遗存丰富 …………………………（178）
　　第二节　固原境内现存的石窟寺概览 ……………………（188）

结　语 ………………………………………………………（199）

参考文献 ……………………………………………………（200）

致　谢 ………………………………………………………（211）

第一章 "丝绸之路"与固原

首先正式提出"丝绸之路"这个概念的是德国著名地理学家费迪南·冯·李希霍芬，因为这条道路上最具有代表性的贸易商品是中国丝绸，"丝绸之路"这一概念恰当地表达了这条道路的特色。从19世纪晚期（1877年"丝绸之路"的概念正式被提出）以来，"丝绸之路"的名称逐渐被东西方世界所接纳和认同。现在，"丝绸之路"已经名满天下，获得了学术界与民间的广泛认可，已成为古代中国、中亚、西亚之间，以及通过地中海（包括沿岸陆路）连接欧洲和北非的交通线的总称。[①]

第一节 丝路固原

传统上以西汉武帝时期派遣张骞出使西域作为官方开通"丝绸之路"的起点，但事实上，"丝绸之路"的历史更加悠久。[②] 早在距今7000年前的齐家文化时期，固原境内就已经有了中西文化交流的痕迹。先秦时代，黄河流域的华夏族和中亚远古民族就有交往。《穆天子传》是晋代在汲郡（治所在今河南汲县西南）的战国时期魏王墓中出土的先秦古籍之一，作者不详，晋郭璞作注。据《穆天子传》记载，周穆王西行大致由宗周（镐京，在今西安市西）出发，北经现在的山西，出雁门，西北溯河水，经现在的内蒙古、宁夏到达甘

---

① 荣新江：《北周史君墓石椁所见之粟特商队》，《文物》2005年第3期。
② 芦苇：《丝绸之路的出现和开通》，《史学月刊》1981年第4期。

肃，再西出玉门关入新疆，逾天山西北而南还，东南复经甘肃的西北，再东过弱水，穿过今宁夏南部的固原地区，又南至今宁夏境内的贺兰山尾，再循河水而下，经内蒙古，东南入于山西，又南过雁门，逾太行济河水，然后回到宗周。这段记载表明早在周穆王西巡时就已经沿着古老的通道经过固原地界，去往遥远的西方部族游历。

一 固原是历史悠久的丝路古镇

固原，古称原州，地处黄河中、上游地区，位于现在宁夏回族自治区南部，传统的"丝绸之路"北道即途经此地。固原在"丝绸之路"上的地位十分重要，从固原至河西的"丝绸之路"大致有以下几条：第一条，出固原，过海原，到达靖远西北渡黄河、抵景泰至河西走廊。第二条，从固原沿泾河，过六盘山，经隆德、静宁、会宁、定西、榆中，在兰州附近渡过黄河，到达河西走廊。第三条，出固原，过六盘山，经德隆、庄浪、秦安、天水，在兰州地区渡过黄河。① 由这三条通过固原的道路可知，途经固原的中西通道极为重要，这条道路上的中西方民族之间的交流曾经非常频繁，西亚、中亚等地的各种奢侈品、技术、艺术、文化等源源不断地传播而来，中原内地出产的丝绸、铁器等物质产品，儒家经典、文化艺术等精神财富也通过这条道路输往西方。除了物质交流以外，"丝绸之路"对东西方文明影响更大更深远的是精神文化和艺术等的交流，尤其是宗教的传播与交流。随之传入中原内地的宗教主要有摩尼教、祆教、基督教、佛教等，其中，对固原地区影响最大、最重要的宗教莫过于佛教，"由于外来佛教的强力介入，使原先中国的主流文化发生了变异，佛教深深地浸入当地社会生活的各个方面。原先不事偶像崇拜的中国社会，开始将大量财富用于制作顶礼膜拜的佛教像设和象征物，用于营建覆盖这些像设和象征物的殿堂楼塔。"② 因此，众多佛教建筑、石窟等相

---

① 罗丰：《胡汉之间——"丝绸之路"与西北历史考古》，文物出版社2004年版，第74页。

② 齐东方、李雨生：《中国古代物质文化史·玻璃器》，开明出版社2018年版，第10页。

关遗物、遗迹留存在固原地区——这个昔日的丝路要塞上。

文献记载，西周时期与西北强族猃狁有联系的地名应是大原。《诗经》中关于猃狁、大原的诗很多。《小雅·六月》："薄伐猃狁，至于大原。"《小雅·采薇》曰："靡室靡家，猃狁之故"，"不遑启居，猃狁之故"。学术界一般认为此大原在今宁夏固原、甘肃平凉、庆阳一带。春秋时期，固原是义渠、乌氏戎等少数民族聚集地，《史记·匈奴列传》称："岐、梁山、泾漆之北有义渠、大荔、乌氏、朐衍之戎。"[1] 秦惠文王时置乌氏县，亦有朝那这一地名。

西汉时期，汉武帝于元鼎三年（前114），析北地郡西北置安定郡，辖21县，郡治高平（今宁夏固原原州区）[2]。东汉安帝时，羌族起义，迫使安定等三郡内迁。永初五年（111）安定移治武功，顺帝永建四年（129）三郡复归，安定治临泾（今甘肃镇原）。三国时，固原为匈奴余部所据，主要是"高平屠各"。十六国时，前后赵、前后秦、赫连夏等国均于此置平凉郡、高平城等。[3] 北魏太延二年（436）置高平镇，正光五年（524）改为原州，治高平城。对于定名"原州"，宋人乐史在《太平寰宇记》卷33《关西道九·原州》有过这样的解释："盖取高平曰原为名。"[4]《尔雅·释地》云："大野曰平，广平曰原。"高平便是高原，以"原州"为名应该来源于此。原州所属有高平、长城二郡。高平郡辖二县即高平、默亭。长城郡属县有黄石、白池。其中黄石县名源于匈奴一部，《后汉书》卷76《任延传》李贤注曰："黄石，杂种号也。"《晋书》卷103《刘曜载记》亦云："黄石屠各路松多起兵新平、扶风，聚众数千"，"秦陇氐羌多归之"。由文献记载可知，匈奴皇石部落曾聚居固原，并活动频繁。西魏恭帝年间（554—558）改高平为平高。北周时期，于原州置总管

---

[1] （西汉）司马迁：《史记》卷110《匈奴列传》，中华书局1959年版，第2883页。

[2] 《太平寰宇记·关西道》云："'安定，昆戎壤也'。其郡在今原州高平县。"详见（宋）乐史《太平寰宇记》卷32《关西道八》，中华书局2007年版，第690页。

[3] 罗丰：《北朝、隋唐时期的原州墓葬》，载宁夏回族自治区固原博物馆、中日原州联合考古队编《原州古墓集成》，文物出版社1999年版，第9页。

[4] （宋）乐史：《太平寰宇记》卷33《关西道九·原州》，中华书局2007年版，第701页。

府。建德元年（572）李穆出任原州总管。隋开皇三年（583）废诸郡，置州县，时为原州。大业元年（605）曾置他楼县（今宁夏海原县至李旺一带，属原州，后废）。大业三年（607），又改原州为平凉郡，属县有高平、百原、平凉等。

李唐王朝建立之后，"高祖受命之初，改郡为州"，在边地"置总管府，以统军戎"。武德元年（618）改平凉郡为原州，属关内道。贞观五年（631）置原州都督府，管辖原、庆、会、银、亭、达、要七州。天宝元年（742），又改原州为平凉郡，乾元元年（758）再次改为原州。"安史之乱"后，秦陇之地尽为吐蕃占据，元和三年（808）在泾州临泾（今甘肃镇原）置行原州。大中三年（849）泾源节度使康季荣等人收复原州及原州七关。原州七关即石门、驿藏、木峡、制胜、六盘、石峡和萧关。大中五年（851）赐名萧关为武州。唐末黄巢起义后，再移原州于临泾。[①]

二　固原在"丝绸之路"上的地位

固原地处农耕民族和游牧民族活动的交界带上，是中原农耕文明与北方游牧文化的缓冲地带。地理位置十分重要，文化多元、开放和包容。历史上固原地区是一个多民族杂居交融的重要区域，匈奴、鲜卑、突厥等民族的文化及其影响至今仍有蛛丝马迹可寻。同时，固原地处关中和西域的"丝绸之路"交通要道，既是一个西方文化传入的窗口，也是中原文化辗转向西传播的中转站。汉唐时期发达的中西文化交流，为佛教在固原地区的传播与发展奠定了基础。

固原地区为关中之屏蔽，河陇之咽喉，[②] 固原是古代"丝绸之路"由长安到河西走廊最短线路的必经之地，也是陇右丝路的重要枢纽。这里不仅开发最早，且自从张骞开辟西域"丝绸之路"直到唐代"安史之乱"爆发以前兴盛不衰。

---

① 罗丰：《北朝、隋唐时期的原州墓葬》，载宁夏回族自治区固原博物馆、中日原州联合考古队编《原州古墓集成》，文物出版社1999年版，第10页。
② 薛正昌：《固原历史地理与文化》，甘肃文化出版社1998年版，第5页。

魏晋时期，虽处纷乱之中，但割据和战乱并没有完全阻断中西交往。北魏统一北方后，太祖拓跋焘与伊犁河流域的悦般国联合，东西夹击，给占据西域的柔然以沉重打击，扫除了丝路障碍，使西域及中亚各国与北魏都城洛阳之间的往来络绎不绝。当时有不少佛教僧侣、使者、商人等经由高平（今固原）前往长安和洛阳。《洛阳伽蓝记》载：北魏建义元年（528），波斯使者向北魏贡献的狮子，途经高平（今固原）时，被万俟丑奴截留，并因此把年号定为"神兽"以壮大声势，求得吉祥。[1] 频繁往来于东西方的使者、商旅们，把西方文化和奇珍异宝带到原州一带，极大地丰富了当地人们的物质与精神生活。

20世纪80年代开始，考古工作者依据原固原县文物工作站勘探调查的结果，有重点地对数十座春秋战国、秦汉墓葬进行抢救性清理，并对十余座北朝、隋唐墓葬进行了科学发掘。犹如开启了深埋在地下的文物宝库，大量带有北方民族特色的青铜器、金饰件，色彩绚丽的漆棺画，造型朴拙的陶俑和充满西方异域情调的金银器、玻璃器及金银币等珍贵文物纷纷呈现在世人面前。这些重大考古发现，使固原这座古城再次引发了国内外学者们的重视与新一轮的研究热潮。丰富精美的文物与文化遗存的考古发现，只是汉唐繁盛丝路盛况的缩影，但惊人的发掘成果反映了固原地区中西文化交流的真实情形，对研究固原地方历史、中西交通及文化史等具有重要参考价值。[2]

第二节　汉唐时期固原境内丝路文化繁盛

一　两汉魏晋时期的"丝绸之路"及其对固原的影响

经过今固原地区的"丝绸之路"，至迟从北朝开始即发挥着举足轻重的作用。西域各国的使节、商队经过这里进入京都。中亚、西亚

---

[1] 郑彦卿编著：《宁夏五千年》，宁夏人民出版社2001年版，第113页。
[2] 宁夏回族自治区固原博物馆、中日原州联合考古队编：《原州古墓集成》，文物出版社1999年版，第7页。

的奢侈品也随之东来。北朝、隋唐时期是固原中西交往最繁荣的历史阶段，尤其是伴随隋唐帝国与外界交往的不断加强，固原地区的"丝绸之路"愈加重要。隋、唐王朝对突厥、吐谷浑人的战争，实际上就是在争夺"丝绸之路"的控制权，因为道路的通畅程度，关系到隋、唐两朝政治的兴衰、外交的成败和军事上的进退。从这个角度来看，"丝绸之路"的军事意义和政治意义也是非常值得重视和关注的。

1. 商贸往来频繁

初唐时，经过多次战争，长期控制"丝绸之路"的突厥人已退至西域或远离这条道路的地方。吐谷浑人随着国家的覆灭也已归顺唐朝。唐朝得以实现对西域的有效管控，唐朝大军驻扎西域，安西都护府的设立就是标志。盛唐时期，西北陆路"丝绸之路"极为繁荣，驿站发达，交通通畅。《通典》记载：（开元十三年），西至蜀川、凉府"皆有店肆以供商旅，远适数千里，不持寸刃。"① 良好的交通环境与条件，极大地促进了"丝绸之路"贸易和东西方往来交流的进一步发展。经过固原境内的丝路贸易空前发达，大量异域胡商经由固原往来丝路，随之推动了佛教在固原的较快发展，商人也是固原佛教石窟开凿及佛教造像的重要出资人。因此，固原佛教与丝路贸易、丝路商人有着千丝万缕的关联。

大中五年（851），吐蕃维州副使请降，宰相牛僧孺却说："中国御戎，守信为上。彼若来责曰，何事失信？养马蔚如川（注曰：原州萧关县有蔚如水），上平凉坂，万骑缀回中，怒气直辞，不三日至咸阳桥。"② 蔚如川为今宁夏固原市境内的清水河，由此进入咸阳桥不过三日路程。牛僧孺所叙述的这条路线与以前的"驿道"完全吻合。其道路的具体走向为：长安至泾州，西北进入平凉县（今甘肃平凉市），再向西北便进入今固原境内弹筝峡（今名瓦亭峡），有30余里长。出峡之后便至瓦亭关。六盘山有陇山关，陇山关在当时为著名的

---

① （唐）杜佑：《通典》卷7《食货七·历代盛衰户口》，岳麓书社1995年版，第78页。
② （北宋）司马光：《资治通鉴》卷244《唐纪六十·文宗太和五年》，中华书局1956年版，第7878页。

六上关之一。再北上是原州城，原州城周围的关城很多，有名的原州七关分布于其四周。木峡关，在原州西南40里的颓沙山上，控制着通往临洮军的驿道，是全国当时十三个中关之一，中唐以后木峡关是吐蕃入侵唐朝的重要通道，吐蕃在此建有摧沙堡防守。石门关，位于原州西北约50公里的须弥山附近，吐蕃人多次出入石门关，吐蕃平凉劫盟后，曾将使臣崔汉衡等由石门关送入吐蕃，后又从石门关送回。从石门关继续向西北则进入今海原县境，再由海原经干盐池至会州治所会宁县，过黄河、乌兰渡可至河西地区。据敦煌发现《水部式》记载，在会宁关有渡船五十只，每日可渡千人以上，可见往来行旅之多。

北朝隋唐时期来往于这条道路上的外国商人，主要是前文提及的迁居宁夏的"昭武九姓"粟特人，还有波斯和西域各国的商人等。今固原地区发现有许多粟特人通过这条"丝绸之路"带来的文物，有波斯萨珊银币、萨珊金币仿制品、东罗马金币仿制品以及异域风格的金花饰、黄金覆面等。① 这些异异域文物的大量出土，证明了原州丝路贸易一度非常兴盛。

2."丝绸之路"北道的形成

"丝绸之路"南道随着春秋战国时期秦国的发展壮大而逐渐扩展，至秦昭公二十八年（前279），于陇西郡（临洮）筑长城后，"丝绸之路"北线正式贯通。其基本走向为：从长安出发，于咸阳渡渭河，西北行经渭河平原的醴泉、乾县、平凉、泾源、固原，于石门关逾六盘山，又经海原、靖远，于靖远县北城滩（或索桥）西渡黄河沿腾格里大沙漠南缘，经景泰、古浪县至武威。"丝绸之路"北道从泾川、固原、靖远至武威，路线最短，交通意义重大。虽然秦始皇与汉武帝都曾经北道到过六盘山和祖厉河，但直到西汉宣帝地节二年（前68）筑河西汉城后，北道才成为较南线更为便捷的通道。②

---

① 陈育宁：《宁夏通史·古代卷》，宁夏人民出版社1993年版，第116页。
② 李健超：《丝绸之路之陕西、甘肃中东部线路的形成与发展》，《丝绸之路》2009年第6期。

二 隋唐时期固原丝路繁荣兴盛

隋唐时期是我国帝制文明的鼎盛时期，政治、军事的强大促进了中华文化突飞猛进的发展，加上隋唐两朝开明的民族政策，使中西文化交流达到了前所未有的高峰。隋唐时期，也是途经固原的"丝绸之路"最繁荣的历史时期，创造了固原丝路文化交流史上的又一个高峰。但755年"安史之乱"爆发，席卷大半个中国，长达八年的持久战乱使大唐帝国迅速衰落，也因此失去了对西北陆路丝路的有效掌控。整个西北陆路"丝绸之路"随之衰落，固原地区的经济社会、文化、佛教也受到巨大的打击和影响。

1. 隋朝经营西域

6世纪末，长期分裂的南北朝已为隋朝所统一。隋朝建立后，中央政府采取了一系列有效措施，阻止北方游牧民族的侵扰，保证了"丝绸之路"的畅通，使不同地区、不同民族间的经济、贸易、文化交往更加密切，特别是与少数民族地区的贸易，以及与其他民族之间以商品交流活动为主的民族贸易得到了长足的发展。[1] 隋文帝开皇年间（581—600），突厥多次与隋进行朝贡贸易，仅向隋朝进贡的马就多达万匹，另外有羊2万只，骆驼和牛各500峰（头）。当然，突厥也得到了隋朝相当丰厚的回报，并建立了对突厥非常有利可图的朝贡贸易。东突厥以朝贡贸易为契机，要求在边境设立互市，得到了隋朝的批准。大业三年（607）四月，隋炀帝北巡，突厥启民可汗前来行宫朝觐。隋炀帝赐给他们数量可观的丝织品，仅启民可汗得到的杂帛就多达20万匹。

隋朝自完成统一中国的大业后，"大规模地开发西域，揭开了西域各国与中原王朝之间友好交往的新篇章"。[2] 隋炀帝派侍御史杜行满、司隶从事韦节等出使西域各国进行联系，接着又派裴矩到河西走廊的张掖"监知关市"，积极招徕西域各国商人发展同西域的贸易，

---

[1] 魏明孔：《隋代河西地区的民族贸易与"张掖互市"》，《社科纵横》1991年第4期。
[2] 蓝淇：《裴矩在开拓西域中的作用》，《贵州大学学报》1998年第2期。

并收集相关信息，通过商贾来了解西域的情况。后又在西域设置鄯善（在今若羌境）、且末（在今且末境）、伊吾（在今哈密境）等郡，并开办屯田。这些举措对丝路贸易及文化交流有巨大推动作用，其中，裴矩的作用尤为突出。他曾在张掖掌管西域与隋朝的贸易，又引领西域诸国首领至隋，助薛世雄建伊吾城。这些活动对当时西域的政治形势、经济发展和文化交流都作出了重要贡献。① 展示了隋朝的强盛和国威，在隋炀帝君臣的努力之下，开拓西域，打通和经营"丝绸之路"取得了很大成效。

2. 唐代"丝绸之路"繁荣

唐朝在遏制突厥的同时，展开了向周边地区积极拓展的强大攻势，先后征服了北部、西北部和东北地区的强权势力，尤其是征服东突厥，获得了控制北部广远地域的机会，并迅速建立起羁縻府州，起用各族部落酋长和首领充任都督、刺史，构建了将中原与周边联为一体的统治体系和分布格局。②

初唐时期，北方草原上的突厥民族是中原王朝的一支劲敌。贞观四年（630）三月，唐军生擒颉利可汗，将其送往京师长安。东突厥败亡，太宗以宽厚抚慰，"分突厥于灵、幽之间沿固有长城一线，西部地区则主要集中于河套以南直至今陕北、宁夏诸地"。③ 在宁夏境内也分布有安置突厥降户的羁縻州，这些突厥羁縻府州集中的突厥降户的贸易和文化往来及迁徙活动等，以灵州为中心，沿着四通八达河套驿道的，与周围区域联系密切，由长安到阴山、大漠的灵州道、夏州道、盐州道与胜州道等南北向干道贯穿了河套，灵州西经河西走廊或北绕大漠可通往西域，南可通往巴蜀，也可凭借黄河水运驶往下游的并州沿岸。胡部曾垄断东突厥的商贸活动，其南下河套后，离中原

---

① 蓝淇：《裴矩在开拓西域中的作用》，《贵州大学学报》1998年第2期。
② 罗丰：《北朝、隋唐时期的原州墓葬》，载宁夏回族自治区固原博物馆、中日原州联合考古队编《原州古墓集成》，文物出版社1999年版，第11页。
③ 李鸿宾：《唐朝朔方军研究——兼论唐廷与西北诸族的关系及其演变》，吉林人民出版社2000年版，第17页。

腹地更近，水陆交通更加便捷，经商条件更加优越，①对固原地区长途商业贸易产生了直接影响，扩大了贸易范围和经济文化交流。

"唐代中国控制了蒙古、西域的所有草原以及塔里木盆地、康居、大夏、今阿富汗的整个东部和北印度的部分地区，变成了世界第一大强国，并享有一种无与伦比的威望。它可以对所有这些在文化、语言和生活上，与唐朝格格不入的地区行使权力"。②尤其是在唐代前期，唐朝政府有效地掌控了西北陆路"丝绸之路"，固原与西域及西方世界的联系更加紧密。通过"丝绸之路"来往于固原的胡人主要是原居住在中亚阿姆河和锡尔河地区的粟特人。粟特人以善于经商而闻名于世，"父子计利""争分铢之利"，以财富多少衡量其社会地位，形成了积极经营商业的民族传统，从事商业活动者，几乎占到其国人口的一半。他们跨越千难万险，往来于各大文明中心之间。古代中亚与中国以及其他地区的交往，也经由"丝绸之路"陆上通道展开。③粟特人故地正位于东、西之间的"文明十字路口"上，受到东、西方文明的深刻影响。由于绿洲生活的特点，粟特人自古以来就是商海能手。至少自汉代起，他们就积极活跃在"丝绸之路"上，从事丝绸等东西方珍贵物资的中转贸易。"粟特商人正式见于我国史书记载，是在东汉时期"。④片治肯特、穆格山、碎叶等地，还有我国新疆吐鲁番、甘肃敦煌等，都有大量的粟特商人聚居。固原地区也曾有粟特人为主的粟特聚落，他们因贸易或其他原因，迁徙定居固原，形成聚族而居、聚族而葬的深受汉地文化浸润的粟特聚落，留下了丰富的历史和考古文化遗存。必须强调指出的是，粟特人与突厥民族之间一直有着密切的商贸联系，不擅长经商贸易的突厥人经常依赖粟特人帮其经商取利。⑤而突厥在隋唐时期的民族关系中占据十分重要的地位，

---

① 岳东：《唐代六胡州、洛阳间的粟特商队》，《晋阳学刊》2015年第4期。
② [法]鲁保罗：《西域的历史与文明》，耿升译，新疆人民出版社、人民出版社2012年版，第160页。
③ 芮传明撰，姜义华主编：《中华文化通志·中外文化交流典·中国与中亚文化交流志》，上海人民出版社1998年版，第10页。
④ 李铁匠：《大漠风流——波斯文明探秘》，云南人民出版社2001年版，第172页。
⑤ 冯敏：《北朝隋唐时期宁夏的粟特人的聚落》，《宁夏师范学院学报》2019年第6期。

隋唐两朝与之时和时战，纷争不断，但在双方和平贸易时期，物资交流和朝贡贸易非常频繁，大量汉地丝绸等物资进入北方草原地区，突厥贵族也消费不完如此数量巨大的汉地丝帛。因此，他们将这些丝绸经过粟特人的帮助，转手贩卖到中亚、西亚，甚至欧洲等地，获利颇丰，北方草原贵族也因此更加富足。

粟特人沿丝路东进到固原地区，有一部分逐渐定居，他们的商业活动在中西方文化交流史上扮演过重要角色。20世纪80年代，在固原城南郊发掘过8座粟特人墓葬，出土过大量具有中亚特色的珍贵文物，固原南郊隋唐粟特人墓地，墓葬等级高，有墓志、壁画及其他珍贵文物出土，为我们了解隋唐时期固原地区与中西之间文化交流的盛况和异域民族在固原的生存状况提供了宝贵的研究资料，见证了史姓粟特精英的显赫地位与雄厚的经济实力。其中，固原史射勿墓出土有波斯银币、金带饰等异域风格的文物。[①] 这些文物的出土，印证了隋唐时期固原中西文化交流的盛况，也有助于我们理解当时固原境内民族流动的复杂性和文化的多元化特征，这些短颅高加索人种（粟特人的体质人类学特征）墓地的发掘证明，隋唐时期的固原文化甚至有浓郁的国际化特征。

---

① 薛正昌：《隋唐宁夏粟特人与"丝绸之路"》，《石河子大学学报》2015年第5期。

第二章　佛教及其在华传播

佛教是沿"丝绸之路"传入固原地区且影响最大、最深远的外来宗教。它对当地人们的世界观、价值观、生死观等都产生了一定的影响，对人们日常生活的方方面面都有一定渗透，而且这种影响绵延千载一直延续到现代社会。事实上，佛教对中国文化的影响不仅限于固原所在的西北地区，其对整个中华民族的思想和文化，均产生了非常深远的影响。异域佛教与中华传统文化逐渐碰撞、交流并不断融合，佛教完成了其中国化的发展历程，逐渐成为中华文化的重要组成部分。

第一节　佛教传入中原

佛教产生于公元前5世纪的古印度。创始人名乔达摩·悉达多（前565—前486），是古印度迦毗罗卫国的释迦族贵族，后离家修行成道，被尊称为"佛陀"，意为觉者、觉悟了的人。中文文献记载："所谓佛者，本号释迦文者，译言能仁，谓德充道备，堪济万物也。"[1] 其所传宗教被称为"佛教"。

一　释迦牟尼创立佛教

古代印度绵长的文化传统和丰富的宗教文化资源，为佛教的产生和发展提供了肥沃的土壤。自原始宗教开始，到后来的吠陀教、

---

[1] （北齐）魏收：《魏书》卷114《释老志》，中华书局1974年版，第3027页。

婆罗门教、耆那教，乃至当时流行的沙门思想等，都直接或间接地为佛教提供了文化养分和思想元素。特别是在佛教产生前后，众多宗教派别在印度各地区流行，有所谓"六师外道""六十二见""九十六外道"等说法。各宗教派别的外在形态和思想特质有很大差异，不同宗教内部又有流派和观点上的分歧，这些宗教不仅为佛教的创立奠定了哲学思想基础，也从宗教仪轨制度上为佛教的创立提供了条件。①

佛教的创始者释迦牟尼，诞生于古印度迦毗罗卫国的蓝毗尼（今尼泊尔境内）无忧树下。其父净饭王是释迦族首长之一，母亲为摩耶夫人。在释尊35岁那年，得菩提之智，顿成大觉之师，于是开始游行各地倡行教化，救度众生。首先，前往波罗捺国的鹿野苑中的仙人住处，初转法轮，布教弘法。②

后来，佛教发展和传播异常迅速，成为世界三大宗教之一。佛教主要沿着西北陆路"丝绸之路"辗转传入中国，并在中国获得了巨大成功，究其特点，大致可以概括为以下四点：首先，它的教义，富于哲理性和学术性，善于吸收其他教派教义和古代神话、传说、故事等，传承发展中派系繁多。佛教经典繁富，结集成"三藏"，即"大藏经"。其次，它是逐渐形成的一种多神教系统，有"佛""菩萨""罗汉"等一系列庞大复杂的崇拜对象，并以图像显示。故，佛教亦有"像教"之称。再次，对各种信徒的要求宽严不同，接受的戒律不一。但加入组织时必须严格履行手续，即"受戒"。最后，以佛寺为主要根据地。③ 随着佛教的传入，寺院也在中华大地落地生根，佛教寺院对于中国僧人来说，是学习和探讨佛教理论，培养符合佛教理想的道德情操的学校。进入寺院，从师就学，修习和探究佛教理论，自佛教传入中国后逐渐成为中国僧人的一种传统制度。固原境内就有大大小小数十座佛教寺院。

---

① 汪小洋主编：《中国佛教美术本土化研究》，上海大学出版社2010年版，第11页。
② 汪小洋主编：《中国佛教美术本土化研究》，上海大学出版社2010年版，第34页。
③ 才吾加甫：《新疆古代佛教研究》，社会科学文献出版社2011年版，第14页。

二　佛教传入中原

印度佛教主要是从陆路"丝绸之路"传入中原内地的。① 以中印两国之间的一些小国为中介，经由西域辗转传播而来。需要指出的是，传入中原内地的佛教事实上也将所经过地区的民族及区域文化一并带入。所以传入中原内地的佛教与印度佛教并非完全一致，而是相差较大。早期佛法的弘扬主要是以翻译佛教经典为主，当时来华译经的主要是西域各国的僧人。② 东汉明帝永平七年（64）派遣使者12人前往西域访求佛法。67年，他们请两位僧人迦叶摩腾和竺法兰来到洛阳，并带回经书和佛像，开始翻译佛经。同时建造了中国第一座佛教寺院，即今天仍然名满天下的洛阳白马寺，据说该寺是以当时驮载经书佛像的白马而得名。③

1. 东汉时期佛教已经传入中原

佛教传入中原内地的具体时间，目前一般认为是东汉明帝时期，④但也有其他说法，⑤ 因史料记载不详，学术界争论多年，很难达成一致。《后汉书》中有两处记载：一是关于东汉楚王英接受佛教的故事，一是关于东汉光武帝夜梦金人的故事。⑥《后汉书·光武帝十王

---

① 近年来，有一些学者指出，早期佛教传入中国的途径并非只有陆路"丝绸之路"一途，海路也很重要，相关论文可以参阅吴廷璆、郑彭年《佛教海上传入中国之研究》，《历史研究》1995年第2期；杨维中《佛教传入中土的三条路线再议》，《中国文化研究》2014年第4期；宋晓梅《从考古遗存引发南北两路佛教初传问题的思考》，《西域研究》2003年第2期等。

② 冯敏：《中古时期沿丝绸之路入华佛教僧侣译经活动考述》，《广西师范大学学报》2013年第1期。

③ 何建平、张志诚编：《殡葬与宗教文化》，中国社会出版社2010年版，第107页。

④ 中国佛教协会编写：《中国佛教》，东方出版中心1980年版，第3—4页。

⑤ 对于佛教传入中土的看法学术界分歧较大，有不同的观点，有人主张西汉传入，有人认为是东汉等，如《魏略·西戎传》载称："昔汉哀帝元寿元年，博士弟子景庐受大月氏王使伊存口授浮图经。"汉哀帝元寿元年为公元前2年。当时在位的大月氏王是丘就却。使者伊存也是最早到中国内地传授佛经的大月氏佛僧，据此认为佛经已传入汉朝首都长安。认为应以汉明帝永平年间（58—75）"帝遣郎中蔡愔及秦景使天竺求之，得佛经四十二章及释迦立像"的记载，作为佛法传入中国之始。还有人认为，汉武帝时霍去病讨匈奴，所获"金人"即释迦牟尼佛像。

⑥ 汪小洋、姚义斌：《美术考古与宗教美术》，上海大学出版社2008年版，第150页。

列传》记:"楚王诵黄老之微言,尚浮屠之仁祠。"虽然楚王英所信仰的"浮屠"还和"黄老""方士"等没有区分开来,但它说明中国此时对佛教已经有了初步认知。大致可以确定,至少在东汉明帝时期,中原汉地已有佛教传播。但是传播范围十分有限,且主要在上层贵族间流传,民间传播则非常少见。

2. 佛教沿"丝绸之路"传入西北地区

佛教传入西域(即今新疆地域内)大约在3世纪。① 特别是贵霜王朝迦腻色伽王大力奉法弘佛,推动了相邻地区佛教的传播和发展,如安息、康居、于阗、龟兹等西域各国。② 贵霜月氏的北邻康居国,"其佛教先从大夏传入,后受月氏奉佛的影响,渐趋炽盛。今新疆和田县一带的古于阗国和新疆库车县一带的古龟兹国,佛教传入相对晚一点,大约是在西汉张骞开通西域前后"。③ 在西域地区,大、小乘佛教均有流传,但大乘佛教影响更大。从印度中土经由西域辗转传入西北地区的佛教,是以大乘佛教为主。古代固原境内流传的也主要是大乘佛教。

东汉时期的有关文献和佛教艺术遗存都说明当时的佛教活动与印度贵霜帝国的佛教活动有直接接触,传教者来自贵霜领土,这与贵霜帝国当时的疆域横跨中亚与南亚,成为"丝路"必经之地的历史事实是相吻合的。即佛教是通过陆路"丝绸之路"经中亚诸国,"逐渐传播并渗透到中国西北地区的"。④ 关于佛教传入中国的时间和路线问题,"学术界对这一问题至今仍有新发现和新观点。"⑤ 此处,暂且搁置不论。初期,西北地区佛教传播范围有限,影响亦不广,当时接

---

① 《高僧传》称"朱士行,誓志捐身,远求大本。遂以魏甘露五年(260年)发迹雍州,西度流沙。既至于阗,果得梵书正本,凡十五卷"(《高僧传初集》卷4,转引自刘义棠《维吾尔研究》,台湾中正书局1975年版,第481页)。
② 王宏谋:《贵霜帝国时期的佛教东渐与文化交流》,《中国文化研究》2014年冬之卷,第59—65页。
③ 张英:《彼岸世界:东方民族与佛教》,四川民族出版社1994年版,第115页。
④ 张英:《彼岸世界:东方民族与佛教》,四川民族出版社1994年版,第115页。
⑤ 杨维中:《佛教传入中土的三条路线再议》,《中国文化研究》2014年冬之卷,第24—31页。

触佛教的大多数是上层贵族。

3. 佛教传入固原

西汉初年，匈奴不断南侵，骚扰中原，固原是匈奴南下的重要通道。汉武帝元鼎三年（前114），析北地郡西北另置安定郡，辖21县，郡治高平（今宁夏固原）。① 其中乌氏、朝那、三水及月氏道全部或部分在固原境内。此处，"月氏道"值得注意，张骞曾历时十三载，冒着生命危险出使，"通西域，以断匈奴右臂"，② 就是为了联络大月氏共同抗击匈奴，这也证明大月氏的军事和地理位置十分重要。如所周知，月氏旧居敦煌、祁连间，两汉之际西迁中亚的大月氏一度兴盛，并建立了著名的贵霜王朝，奉佛教为国教。贵霜时期各王朝建佛寺、修佛塔、供养僧人、译经写经，并派僧人到中国境内传讲佛经。大月氏人对佛教东传中国，沟通中西文化起到了十分重要的作用。大月氏所处的地理位置正是横贯中亚"丝绸之路"的交通枢纽。早期对佛教传入中国起关键作用的高僧，事实上并非来自印度本土，而是大量来自月氏国的僧人。月氏人不仅把佛教传入中国，而且与中国及西域各国有着政治上的往来，同时还与中国及西域各国进行频繁的经济、文化交流。在与欧亚各国通商贸易的过程中，中国的丝绸、漆器、铁器等，印度的珠宝、香料，埃及和西亚的玻璃器皿等都要通过大月氏运输。③ "丝绸之路"开通以后，大月氏后裔不断地由西域向中原内地徙居。④ 并且在徙居过程中逐步接受、学习儒家文化，民族特性淡化，只留有姓氏——支姓这一特征。月氏人在中西文化交流、经济交流以及民族融合等方面具有重要作用。⑤ 虽然资料匮乏，并缺乏直接证据，但可以推测"月氏道"是一条与佛教传入固原地区密切相关的通道。

---

① 《太平寰宇记·关西道》云："'安定，昆戎壤也'。其郡在今原州高平县。"详见（宋）乐史《太平寰宇记》卷32《关西道八》，中华书局2007年版，第690页。
② （东汉）班固：《汉书》卷96下《西域传下》，中华书局1962年版，第3928页。
③ 阎万钧：《大月氏的佛教》，《敦煌研究》1988年第1、2期。
④ [日]桑原骘藏：《隋唐时代西域人华化考》，《桑原骘藏全集》第2卷，岩波书店2005年版，第347页。
⑤ 冯霞：《论月氏人入华的几个重要问题》，硕士学位论文，兰州大学，2017年。

三 魏晋南北朝时期佛教发展迅速

佛教虽然至少在东汉时期即已传入固原及中原内地，但是整个东汉时期，"佛教都是混杂在中国传统的神仙方士中流传，还没有得到人们的广泛认知，佛教成为一种专门的宗教为人们所接受，不会早于三国两晋时期"。①

1. 佛教进一步传播

游牧民族出身的鲜卑人，对佛教有着超越汉族的热忱。举国上下，大力弘扬佛教，建塔立寺、开窟造像等佛教活动十分发达。"北朝佛教重视禅修，《大集经》《法华经》《维摩经》《佛说观佛三昧经》等大乘经典比较流行。"②北魏明帝元诩在位时，由于年幼，其母胡充华以皇太后身份临朝称制。她变本加厉地提倡佛教，由她亲自奠基的洛阳永宁寺，"佛图九层高四十余丈，诸费用不可胜计"。③北魏皇室佞佛，建塔立寺活动空前活跃，到神龟元年（518），仅在洛阳的寺院就达五百所。④随着佛教的广泛传播，西来僧侣带来许多新说，中土流传的佛经较少全本，且辗转经由异族人传译，经义抵牾，不通之处较多，对教义的理解和统一极为不便，也制约了佛教的进一步发展。于是，获取印度佛经原本成为学习和研究的基本需要，由之掀起了中土僧人西天求取真经的活动热潮。并对整个西北各族的佛教发展产生了重要影响，"西北各族通过崇佛，不仅加强了族际间一体化意识的发展，而且促进了中西文化的交融"。⑤佛教的早期传播中，基本上西北地区各族人民都有参与，并作出了相应的贡献。

魏晋时期西北地区佛教文化的传播十分迅速，这是中西文化交融的重要途径，对我国各族人民文化意识的接近起了积极作用。"乱世的祸福不定与生死无常，使佛教受到名门贵族和大小君主的崇信。汉

---

① 齐东方、李雨生：《中国古代物质文化史·玻璃器》，开明出版社2018年版，第10页。
② 孔令梅：《敦煌大族与佛教》，博士学位论文，兰州大学，2011年。
③ （北齐）魏收：《魏书》卷114《释老志》，中华书局1974年版。
④ （北魏）杨衒之：《洛阳伽蓝记校注》序，范祥雍译，上海古籍出版社2011年版。
⑤ 杨建新、马曼丽：《西北民族关系史》，民族出版社1990年版，第194页。

魏时期，中土王化之地因受传统礼法与儒家思想的影响普遍认为佛教是戎狄之教，名士帝王多不屑与佛教徒接触。只有西域人可立寺、祭神，而且禁止汉人出家"。① 魏末，汉人朱士行出家西行，晋代丞相世家的竺法深等出家之后，佛教与王室联系日益紧密，竺法深死时，孝武帝特下诏哀悼。后赵时，经过高僧佛图澄的弘法，后赵统治者石勒、石虎亦好佛法。东晋诸帝大都奉佛，明帝曾亲画如来佛像，"哀帝后佛法、清言并盛于朝"。② 当时朝廷最流行的文化思潮是玄学但佛教义理也逐渐为士大夫所熟知，他们佛玄并修，形成了玄学与佛法并盛的局面。佛教因此得到了上层贵族的广泛接受和认可。"南凉自建和二年（401）起兴佛，百姓称释昙霍为大师"。③ 上述各民族的崇佛为西北地区佛教文化的发展影响颇大。

2. 建塔立寺——扩大佛教的流传

东汉永平十年（67）西域僧徒迦叶摩腾和竺法兰来到洛阳，住鸿胪寺，后改鸿胪寺为白马寺，寺中"盛饰佛图，画迹甚妙，为四方式。凡宫塔制度，犹依天竺旧状而重构之，从一级至三、五、七、九，"④ 成为各地建寺的最早模式。汉章帝时，楚王英也"喜为浮屠斋戒"。⑤ 东汉末年，据《后汉书·陶谦传》记载笮融"遂断三郡委输，大起浮屠寺。上累金盘，下为重楼，又堂阁周回，可容三千许人。作黄金涂像，衣以锦綵"。⑥《魏书·释老志》记载三国时魏明帝"将宫西浮屠徙于道东，为作周阁百间"。⑦ 这些都是文献记载中较早的以佛塔为主的佛教建筑。"世人相承，谓之浮屠，或云佛图。"⑧ 在佛塔四周建阁的做法，有可能是根据域外佛教寺院的描述所造。

---

① 《高僧传·佛图澄传》记载，石虎时著作郎王度称："汉明感梦，初传其道，唯听西域人得立寺都邑，以奉其神，其汉人不得出家。"
② 汤用彤：《汉魏两晋南北朝佛教史》，中华书局1963年版。
③ （梁）释慧皎：《高僧传》卷11《释昙霍传》，陕西人民出版社2010年版。
④ （北齐）魏收：《魏书》卷114《释老志》，中华书局1974年版，第3029页。
⑤ （北齐）魏收：《魏书》卷114《释老志》，中华书局1974年版，第3028页。
⑥ （南朝宋）范晔撰：《后汉书》卷73《陶谦传》，中华书局1965年版，第2368页。
⑦ （北齐）魏收：《魏书》卷114《释老志》，中华书局1974年版，第3029页。
⑧ （北齐）魏收：《魏书》卷114《释老志》，中华书局1974年版，第3029页。

魏晋南北朝时期（220—589），佛教传播到我国境内更多的地区。当时，佛教的传播除借由翻译经典、讲经说法外，还借用了佛塔、寺院、造像、壁画、音乐、舞蹈等术手段。因此，这一时期佛教艺术空前繁荣，发挥了奇妙、重要且巨大的宣教作用。庄严肃穆的佛像，威慑四方的天神，宏伟壮丽的梵宫琳宇，秀丽多姿的宝塔，清雅悦耳的佛教音乐等，都给佛教徒和文化水平差异较大，性别、年龄不同的信众以强烈的直观感受，从而扩大了佛教的传播和影响。

西晋泰始元年（265），月氏僧人竺法护在洛阳城西建法云寺，寺内供有各类经像。去西域取经的朱士行弟子弗如檀（法饶）于西晋太康三年（282）将《般若经》梵本送归洛阳，经许昌、陈留、仓垣等寺大德高僧翻译校定，广泛传抄，开启了大乘般若佛学的端绪。随后，东来西去的胡汉僧人络绎不绝，洛阳和长安成为两大佛教中心。据《释迦方志》《辩正论》《法苑珠林》等文献记载统计，西晋时汉地约有佛寺180所。① 由此可见，信仰佛教的风气，逐渐由上层社会流向民间。

在北方，西域佛僧不断沿着丝绸之路到达凉州、长安、原州、邺城等地，"凉州自张轨以后，世信佛教"，②"敦煌地接西域，……多有塔寺。"③ 寺庙主要是佛教园林和修禅的所在，也是尼姑与和尚的居所，寺庙有装饰各种佛教雕塑、造像和壁画等的佛殿，僧侣和俗家弟子可以在这里聆听法师说法或冥想沉思。许多寺庙的大殿逐渐向公众开放，并允许其跪拜佛像、供奉香火，一般寺庙大多是由富裕的贵族及地主们出资修建，但是大量的普通百姓也日渐发展成为重要的供养人。百姓们蜂拥而至，聆听大师说法、目睹奇迹的发生，聚集在寺庙礼拜，并参加相对自由一些的集会。寺庙经常举行一些大型的佛教节日庆典，各类人群因此聚集在一起，其功能也逐渐拓展，成为民间集会、娱乐、学习、交流等活动的重要公共空间。寺庙按照佛教的教

---

① 金维诺：《中国美术·魏晋至隋唐》，中国人民大学出版社2004年版，第7—8页。
② （北齐）魏收：《魏书》卷114《释老志》，中华书局1974年版，第3032页。
③ （北齐）魏收：《魏书》卷114《释老志》，中华书局1974年版，第3032页。

义向来自四面八方的人们开放，允许华人与"蛮夷"、男人与妇女、富人与穷人、僧侣与俗家弟子交往。于是，与佛寺有关的俗家弟子成立的一些小团体表明了新的自发结社形式的出现。发展到后期，佛寺甚至扮演了类似行会、茶馆和戏园子等的角色，但是寺庙是最早的联结政治领域与私人生活领域的半公共场所，尤其突出的一点就是，"寺庙成为一种新的公共空间"。[①] 日常的节日庆典和大型的公开演出、高僧讲法等经常在寺庙举行，各族人民、各色人群等都在这里聚集，"奇伎异服，冠于都市，像停之处，观者如堵。迭相践跃，常有死人。"佛教寺院的人流繁多，热闹非凡，以至有践踏死伤之事发生。

国内也出现了一批佛学造诣颇深的僧人，相继赢得了后赵石勒、石虎，前秦苻坚，后秦姚兴以及北魏鲜卑族拓跋部帝王们的敬重尊崇，为他们建造住所或寺院，逐渐改变了以往外来僧徒居无定所的局面。如佛图澄辅佑石赵，得到帝王仰戴，在邺时（335—348）居邺宫寺，寺在宫中寝殿之东，其得皇帝尊崇可见一斑；昙摩毗驻锡河州，训以禅道，营造石窟，为当地佛教事业的开拓颇有贡献；鸠摩罗什译经长安（401），被姚兴待以国师之礼，迎入宫中居住，后又为其单独建造宅邸。他以其高深精湛的佛教造诣和流利典雅的佛经翻译贡献名垂青史。由于这些高僧得到帝王的恩宠，拜在他们门下的弟子也日渐增多，寺院规模随之扩大。从此，西域到中原的广大地域内，"民多奉佛，皆营造寺庙，相竞出家。"[②] 后赵政权仅十数年间，各州郡建立佛寺竟多达893所，僧尼万余人。这时又出现了专为僧徒居住而设的僧坊。北魏天兴元年（398），道武帝在平城下诏，于京城修整宫舍，令信向之徒有所居止。在北魏各代帝后的大力支持下，自兴光元年（454）起，平城大肆兴建佛寺。466年，北魏献文帝起永宁寺，构七级浮图，高300尺，又于天宫寺造释迦立像，高43尺，用

----

① ［加］卜正民主编：《哈佛中国史·分裂的帝国南北朝》，李磊译，中信出版集团2016年版，第86页。
② （南朝梁）释慧皎撰：汤用彤校注：《高僧传》卷9《神异上·佛图澄传》，中华书局1992年版，第352页。

铜10000斤，黄金600斤。皇兴中，又造三级石塔，高十丈。① 域外高僧来华引法、译经活动空前高涨，并形成了大规模建寺立塔、开窟造像的社会风气，佛教在北方得以大兴。

439年，北魏太武帝拓跋焘攻灭北凉，俘掠凉州僧徒3000人及宗族吏民30000户迁入平城（今山西大同），大量的佛像和雕塑家来到北方地区，并逐渐出现了崇拜大尊佛像的风气，形成了"沙门佛事皆俱东，象教弥增矣"②的局面。太平真君七年（446），又徙长安工巧2000家于京师，中亚的工匠在平城建成了一座佛塔，皇家石窟——云冈石窟的开凿及其附近的早期佛塔日渐发展，皇室和俗家弟子都踊跃投身于佛寺和塔林的建筑中。修建佛寺或者舍宅为寺、诵经拜佛等成为一种增加政治权力和社会声望的手段，于是，平城遂成为北方佛教中心。虽然，其间经过太武帝拓跋焘灭佛，北魏佛法一度沉寂，但是文成帝拓跋濬即位后，佛法再兴，文成帝还命按照他的身材雕刻佛像，像成之后，颜面足部皆有黑斑，与拓跋濬暗合。兴光元年（454）又"敕有司于五级大寺内为太祖以下五帝铸释迦立像五，各长一丈六尺，都用赤金二十五万斤"③。而云冈石窟的开造，更是北魏佛教史上的重要事件。④"魏有天下，至于禅让，佛经流通，大集中国，凡有415部，合1919卷。"⑤ 这种崇饰佛寺、造立经像、传译佛经的风气，越演越烈，百姓为了逃避徭役赋税民族压迫等，纷纷投入佛门，导致僧尼激增，佛寺伪滥。"略而计之，僧尼大众二百万矣，其寺三万有余"。⑥ 正因为佛教极速发展，寺院广占良田、劳动力和大量人口，对国家和社会带来了十分不利的影响，终于导致了北周武帝宇文邕的强力灭佛事件。

北周武帝禁止佛道二教，经像悉毁，这对于农业生产的短暂恢复

---

① 金维诺：《中国美术·魏晋至隋唐》，中国人民大学出版社2004年版，第9页。
② （北齐）魏收：《魏书》卷114《释老志》，中华书局1974年版，第3036页。
③ （北齐）魏收：《魏书》卷114《释老志》，中华书局1974年版，第3036页。
④ 金维诺：《中国美术·魏晋至隋唐》，中国人民大学出版社2004年版，第84页。
⑤ （北齐）魏收：《魏书》卷114《释老志》，中华书局1974年版，第3048页。
⑥ （北齐）魏收：《魏书》卷114《释老志》，中华书局1974年版，第3048页。

产生了积极影响。不久，杨坚建隋，因其自幼与佛寺渊源颇深，称帝以后遂极力提倡佛教，听任民众出家，营造经像。开皇元年（581）诏于五岳之下各建一寺。开皇二年（582），诏立都城修建大兴善寺。以后接连下诏修复北周灭法时所毁寺院，开皇十一年（591），又下令天下州县各立僧尼二寺。凡杨坚未称帝时到过的45州，在他称帝之后，又统一兴建大兴国寺。到仁寿元年（601）以后，杨坚在全国113州建舍利塔，在帝王的积极推动之下，佛教以前所未有的速度兴盛起来。隋炀帝杨广在位时期，继续扶植佛教，营建寺观，造经铸像，规模更有过之。长安、洛阳寺宇宫阙壮伟豪奢。《法苑珠林》称："隋代二君37年，寺有3985所，度僧尼236200人，译经82部。"[①] 隋王朝国祚短促，但大一统王朝以帝王之力积极鼓励和发展佛教子业，对于全国范围内各地方等群佛寺建设，译经造像有极大的促进，僧尼数量更是大规模增长。

魏晋以来，社会持续动荡不安，宫廷政变、"八王之乱"、流民起义、五胡兴兵，此起彼伏。这个充满贫困、苦难和死亡恐惧的时代，为讲因果、重前生和来世、擅长宣传的佛教的发展提供了温床。不仅普通民众需要神仙思想来抚慰饱受创痛的身心，仅就统治阶级而言，对生离死别的忧患，对长保安乐富贵的梦想，对精神超脱的追求，对人生命运的探索，也成为从帝王到士大夫们最关心的问题。[②] 佛教以人生即苦和脱离苦海为教义号召，迎合了乱世帝王特殊的精神需要。于是，那些拥有丰厚钱财的王室贵戚们，便通过建造佛寺、布施财物、持斋供养等途径来祈福禳灾。这一时期有一种趋势也是我们要注意的，那就是在贵族和上层精英人士的提倡之下，佛教徒日益增多，他们的社会地位越来越重要，聚敛的财物也越来越多，寺院得到上自帝王贵胄。下自普通百姓的全力支持和丰富的供奉，变得富裕兴盛，豪华奢侈日益成风。

佛教初传时，侧重佛经的传播并辅之以佛教戒律来规范僧侣的行

[①] 金维诺：《中国美术·魏晋至隋唐》，中国人民大学出版社2004年版，第11页。
[②] 李国荣：《帝王与佛教》，团结出版社2008年版，第54页。

为举止，对佛教义理则缺乏钻研。随着佛教的进一步发展，人们开始重视义理的研究，于是佛经注疏和佛教论典等佛教研究著作开始出现。当地义学水平的高低可以在一定程度上反映这一地区的佛学水平和佛教的发展程度。魏晋时期，"般若"学说了较大的社会影响，大乘佛教的"般若"学说，实际上是极力迎合魏晋时期中土贵族知识阶层的玄学理论的。所谓"般若"，指的是佛教所讲的基本智慧。按照"般若"义理，世俗的认识及其面对的对象，都是虚幻不实的，只有成佛所需要的那种特殊神权的"般若"，才能超越世俗认识，才能把握诸法（即一切物质现象）的绝对真理。这种般若学说与当时中土地区广为盛行的玄学相表里，形成玄学化的佛教，成为一代学风。

佛教所谓的"格义"，便是用老庄、玄学，去比附佛教教义。正是由于佛教能够识时务地与中国传统的老庄、玄学结合，从而得到魏晋时期百姓的认可和扶植，并由此迅速传播和发展。流行于魏吴西晋的佛教般若学，渗透到上流士大夫阶层，涌现出的名僧和议论佛理的名士越来越多。这时玄学的理论重心，已转向佛教的义学方面。魏晋时期一部分名士奉佛，有两种思想倾向，一种是继承玄学中放浪形骸、不拘礼法的传统，同《般若》《维摩》的大乘空宗接近；另一种是趋向于佛教有宗，试图调和佛教同儒家的正统观念，注重因果报应和佛性法身等佛学思想。总之，这一时期，印度佛教与中国文化之间的联系越来越紧密，并对中国的思想文化形成了很大影响，丰富了中华传统文化的观念和思想范畴。

"东晋时期的皇帝及公卿名流信奉佛教，只是以研读谈论佛教作为陶冶性情或精神寄托的手段，传统文化仍然占据优势。但却为佛教的迅速传播提供了十分有利的条件，当时的佛寺大都是在上层社会的积极支持和资助下建立起来的。根据清代刘世珩所著《南朝寺考》，东晋时代建造的佛寺至少有30余所"。[①]

[①] 李国荣：《帝王与佛教》，团结出版社2008年版，第61页。

四　佛教的中国化道路

佛教的源头在古印度，但其发展繁盛却在中国。中国佛教的内容丰富多彩，学派众多。特别是隋唐时期，佛学代表了我国学术文化的主流。"佛教的因果轮回思想，教阶、体制化、修行模式等，也对政治生活和生产活动产生了重要影响"。①

1. 中国佛教哲学发展的阶段性特征

佛教在中国的历史演进可分为三个阶段：一是汉、魏晋南北朝时期，这是佛教传入到日趋兴盛的阶段；二是隋唐时期，这是中国佛教的鼎盛时期，也是佛教中国化的关键历史阶段，形成了体系众多、教义完整的佛教宗派；三是宋元明清时期，这一时期印度本土佛教式微，中国文化思潮中儒学的地位重新崛起，佛教日趋衰落，这一阶段也是佛教与儒学和道教充分融合的关键时期，并且呈现出世俗化和平民化的趋向。

第一，汉、魏晋南北朝阶段。佛教自传入以来到魏晋南北朝时期，其传播活动主要是翻译佛经。这一时期形成了"格义"式的佛教哲学，所谓"格义"，就是用中国固有的哲学概念、词汇和观念来比附和解释印度佛教经典及其思想。②

南北朝时期，宣扬佛性说的代表人物是竺道生。他的学说主要有涅槃佛性说和顿悟成佛说。"佛性是指众生成佛的原因、根据及可能，是成佛的根本前提，他提出'一阐提人皆有佛性，也能成佛'的观点，极大地激发了中国信众信仰佛教的积极性。"③顿悟说对中国化佛教宗派——禅宗影响最大，后被发扬光大。宣称"放下屠刀，立地成佛"，这也是普罗大众，积极迈入佛教门槛的重要推动力。该理论认为佛性人人都有，只要"顿悟"佛性，即可成佛。因此每个出身平凡、历经坎坷，甚至为非作歹、心怀愧疚的人，也都可能在禅师高

---

① 张志明：《北魏时期佛教文化的身份认同功能研究》，博士学位论文，中央民族大学，2013年。
② 黄文太：《中国民族文化研究》，西北工业大学出版社2013年版，第59页。
③ 黄文太：《中国民族文化研究》，西北工业大学出版社2013年版，第60页。

深佛法指引下得到救赎。这极大地打开了普通人进入佛教的大门，降低了佛教准入的门槛，所以之后中国佛教的发展越来越走向民间和普通百姓。

第二，隋唐阶段。隋唐时期在大一统王朝强大国力和文化繁华的时代背景下，佛教迎来了其在中国的辉煌时代。学界较为一致地认为隋唐时期最具代表性的学术文化即为佛学。就佛教教义的发展来讲，这一时期是佛教哲学与儒学逐渐融合的历史时期，是中国佛教的鼎盛和成熟期。隋唐时期的佛教主要是宗派佛教，著名的有天台宗、三论宗、法相唯识宗、律宗、华严宗、密宗、净土宗和禅宗等。[①] 特别是净土宗和禅宗是与中国风土民俗极为接近、高度融合的佛教宗派，其生命力也最强。

第三，宋元明清阶段。宋元明清时期，中国佛教进一步世俗化和平民化。信奉佛教的主体为广大平民百姓，教义进一步简化，其中融入了更多中国道教和儒家思想，以及民间信仰的成分，演变为中国化的宗教体系。这一时期也是佛教发展史上比较特殊的历史时期。佛教表现出一种汉传佛教"藏化"的现象。[②] 对于西北地区佛教"藏化"现象的形成，可以从历史背景上追溯其原因，自唐代晚期"会昌灭佛"以来，长安及关中一带的佛教元气大伤，汉传佛教在西北地区日趋衰落。此时，藏传佛教开始传入西北，创建寺院，广召僧徒，弘扬佛法，发展迅速，[③] 但其汉化进程也相对较快。

元朝对各种宗教原则上都采取了保护态度，蒙古统治者积极地笼络各种宗教的上层人物，以为自己的统治服务。[④] 元朝历代皇帝都以喇嘛为帝师，使藏传佛教和元王室的统治结合起来，佛教的地位进一步提高。由于元朝崇尚藏传佛教，藏传佛教获得较大发展，在青甘宁

---

① 黄文太：《中国民族文化研究》，西北工业大学出版社2013年版，第60页。
② 王军涛：《元、明、清时期河西走廊汉传佛教"藏化"现象浅析》，《西北民族大学学报》2006年第1期。
③ 介永强：《我国西北地区佛教文化重心的历史变迁》，《陕西师范大学学报》2005年第5期。
④ 先巴：《元明清时期藏传佛教在甘宁青地区的兴衰》，《青海民族学院学报》1999年第3期。

地区曾一度较为流行。① 固原地区成为藏传佛教从西藏地区向蒙古地区传播的过渡地带，因此也受到了藏传佛教的较大影响，固原须弥山石窟中的藏文题记和藏名高僧即为明证。明清时期，藏传佛教在西北地区继续发展。虽然西北地区仍以汉族为主体民族，但由于所处的独特地理位置，受到了迅速发展的藏传佛教的深刻影响，从而出现了部分汉传佛教寺院改宗藏传佛教寺院的"藏化"现象。这是汉藏文化交流、合流的特殊过程，它促进了不同民族之间的融合、壮大与和谐发展。② 但固原地区明清时期主流佛教还是中国化的汉传佛教，并且地方性特色十分鲜明。

2. 中国化佛教的主要特点

佛教传入中国后，在其本土逐渐衰落，到8世纪左右在印度的影响力大减，在中国却得到巨大发展。但是这并不代表在中国兴起发展的佛教仍完整地保有其原有的教义和宗旨。③ 佛教为了得到中国本土文化的接纳和认同，"通过义理、形式与政治三个方面的中国化，最终完成了佛教的中国化历程。"④ 中国佛教本土化的特点主要表现如下。

第一，重现实人生。与印度佛教消极"出世"的观念不同，在儒家思想深刻浸润的漫长历史时期里，即使是佛教信徒也深受儒家伦理道德和重现实、务实精神的影响，在社会上广大读书人信奉"学而优则仕"等积极"入世"观念的深刻影响下，中国化佛教更加务实，他们关注最多的主要是现实的人生，而非虚幻的前世与来生。天台宗、华严宗和禅宗等宗派自觉地吸取了中国的思维方式，融合儒家思想的重现实人生、强调和追求积极入世的观念。

第二，重个体心性。中国佛教认为要成就人生的最高理想境界，

---

① 先巴：《元明清时期藏传佛教在甘宁青地区的兴衰》，《青海民族学院学报》1999年第3期。
② 王军涛：《元、明、清时期河西走廊汉传佛教"藏化"现象浅析》，《西北民族大学学报》2006年第1期。
③ 林梅村：《"丝绸之路"考古十五讲》，北京大学出版社2006年版，第151页。
④ 黄向阳：《佛教在中国的三大改变与佛教中国化的完成》，《前沿》2010年第9期。

关键在于认识、重塑和完善主体世界,也就是认识、改造和提升人心、人心的本质(本性)。

第三,重直觉思维。中国佛教心性是阐述心的本性(自性)的理论,天台宗、华严宗和禅宗都重视"观心""见性",或观真心,或观妄心,或明本心,复本性。尽管法门不一,但共同强调的是直觉方法。[1]

佛教在中国本土化自主发展的历史进程中,不可避免地与儒家思想、道教文化经过激烈碰撞、争论,并互相学习、吸收,直至相互交融,从而顺应了中国的文化传统,发展成为适合中国文化土壤和风俗民情的新佛教。"用英国科学家李约瑟的话说:穿上了和尚的袈裟,戴上了儒生的帽子,拿起了道士的法杖,而宣称儒、道、释三位一体,都来源于同一的真理"。[2] 佛教的中国化,是印度佛教与儒家思想融合的结果,得到了统治阶级的赏识和认可。"与中国国情结合,使民众更加顺受。使得任何活动都有了更高的执行力度,提高了经济活动的效率"。[3] 在哲学思想上,弥补了中国人对前世、来生等精神世界探索的欠缺和不足,中国化佛教借用佛教的理论框架和基本概念,添加进中国文化的精神实质和内核,更好地适应和满足了中国的文化传统和信众的精神需要。

第二节 隋唐时期佛教的兴盛

隋唐时期在思想文化上有一种空前开阔的胸怀,高度繁荣的对外经济贸易与中西交流的发展,为佛教的进一步开拓起到了巨大的推动作用。上层贵族、士大夫阶层和平民无不对佛教产生浓烈兴趣,研究佛理、传写佛经、开窟造像蔚为风气。学者认为有唐一代,就学术思想而言,最重要的是佛学的繁荣。其主要表现在佛教

---

[1] 黄文太:《中国民族文化研究》,西北工业大学出版社2013年版,第63页。
[2] 杨知勇:《价值选择与民族文化重组》,云南民族出版社1989年版,第159页。
[3] 姚海涛:《丝路商旅》,甘肃人民出版社2015年版,第62页。

甚至超过儒、道，在较长的时期里取得了极大的成就和极高的社会地位，并对中国人的精神世界和社会文化、艺术科技等地发展产生了深远地影响。①

隋唐佛教是我国佛教史上的黄金时期，这一时期大多数统治者是积极提倡佛教的，他们广建寺塔、广度僧尼、广写佛经、广交僧侣、广做佛事、广给布施，以崇高的礼遇厚待高僧，并赐予高僧爵位等。这一时期，由于各地佛学林立，造像艺术精湛的佛教寺院也以为广大民姓频繁出入，参与各种节庆的重要场所。佛教和寺院越来越成为平民日常生活中重要的组成部分，也显露出世俗化的面貌，因而佛教在隋唐两代达到了鼎盛时期。②

一 隋代佛教的发展

史籍记载，隋文帝杨坚对佛教的扶植不遗余力。自开皇元年（581）登基伊始，即改变了北周武帝的灭佛政策，转而大力恢复和发展佛教。下诏允许天下人出家，并大建寺塔，鼓励度僧。原先北周所毁寺院，仍复其旧。在皇帝的积极鼓励之下，佛教发展十分迅速，名僧云集长安，组织佛经翻译，关中地区成为佛教重镇。隋文帝时期修建佛寺四五千所，所度僧尼达五十万之众，并写经三万余卷。隋文帝复兴佛教，有收揽人心、安抚流民回归家园，恢复发展社会生产等政治、经济原因。但在客观上为佛教快速的发展，起到了极大的推动作用。隋炀帝继续大兴佛事。大力建寺、造像、写经、度僧，积极倡导佛教。但也必须充分认识到，隋文帝与隋炀帝的推崇佛教，前提是以对皇权的巩固和国家的兴盛为根本的，即利用佛教的教化作用，协助治理天下。

二 唐代佛教的繁荣

唐代是佛教中国化的关键历史时期，已由域外神佛思想逐渐演变

---

① 冯敏：《唐代前期的学术文化研究》，博士学位论文，陕西师范大学，2014 年
② 韩星编：《中国古代思想简史》，陕西师范大学出版社 2006 年版，第 125 页。

为中国本土的人间佛教。① 中国佛教完成了此前各种派别理论的总结，汉地自成体系的僧团纷纷出现，各具特点又规模空前庞大，信众里中下层人民也越来越多，并且新的教派不断涌现。从而使汉传佛教发展到了黄金时期。

1. 统治者鼓励佛教

唐代佛教的兴盛与统治阶级的大力扶植和支持是分不开的，唐代帝王，除唐武宗外，大都懂得和擅长利用佛教为其统治服务。特别是武则天借助佛教僧侣和《大云经》的帮助登上帝位，在她执政时期佛教获得了巨大发展，高僧大德宠遇无比；晚唐时期的唐宪宗佞佛，曾不顾大臣反对，倾府库之力恭迎佛骨，不惜贬黜反对劳民伤财、奢侈狂热的迎佛骨事件的著名文人韩愈等。②

武则天是中国历史上唯一的女皇。她于天授元年（690）正式即位称帝，为了君临天下，她迫切需要来自社会各方面的支持。载初元年（689），僧人怀义、法朗等人表上《大云经》，并撰写《大云经疏》，宣称，根据佛经所说"即以女身当王国土"，武则天是弥勒（未来佛）下生，当做阎浮提（人类所居之处）王。意思是武则天当女王暗合佛经内容，顺应了佛的旨意。武则天随即敕令于两京（长安、洛阳）及天下诸州各建大云寺一座，寺中藏《大云经》，令法师升高座讲解，又度僧1000人以表庆贺。对撰写《大云经疏》的僧侣——"赐爵县公"，并且"赐紫袈裟、银龟袋"，③ 以示奖赏。

武则天不遗余力地发展佛教。她亲自组织80卷本《华严经》的翻译（此前已有60卷本）。《华严经》译成后，她特意亲自为其作序，并诏令法藏在佛授记寺大力宣传该经思想，给予充分的物质保证，推动华严宗的创立。她还给高僧以特殊的礼遇。如，义净

---

① 缪方明：《佛教与世间：中国佛教宗派对人间佛教的建构》，《中国社会科学报》2018年3月6日。

② 韩愈在刑部侍郎任上，上疏谏迎佛骨，触怒了宪宗被贬为潮州刺史。他的诗"一封朝奏九重天，夕贬潮阳路八千。欲为圣明除弊事，肯将衰朽惜残年！云横秦岭家何在？雪拥蓝关马不前。知汝远来应有意，好收吾骨瘴江边"即是在贬谪途中所作。

③ （宋）司马光：《资治通鉴》卷205《唐纪二十一》，中华书局1976年版，第6498页。

（645—713），取海道西行求法，带回梵本佛经近400部。在他返回洛阳时，武则天特地出迎。她热衷于建寺造像，史载，"太后命僧怀义作夹纻大像，其小指中犹容数十人，于明堂北构天堂以贮之"，制作夹纻大像，耗费人力、财力和物力巨大，每天需要工匠10000名，"所费以万亿计，府藏为之耗竭"。①

晚唐时期，唐武宗崇尚道教，为了提高道教的地位必须打压如日中天的佛教，而佛寺广占良田，隐匿人口，对国家经济的发展和社会稳定的维持构成了威胁，所以发动了"会昌灭佛"事件。唐武宗灭佛比较彻底，寺院财产被剥夺，僧尼还俗，寺庙废毁，经籍散佚，佛教也由极盛走向衰落。

2. 佛教寺院的繁荣

隋唐时期，官府的赏赐与信徒的布施仍然是寺院经济的重要来源。《续高僧传》卷25载："大众悲庆，积施如山。"② 历代帝王也常赏赐寺院田庄或农户，隋文帝开皇十三年（593）下诏于诸州名山之下各置僧寺1所，并赐庄田。《续高僧传》卷17记载，隋炀帝也曾"前后送户七十有余，水硙及碾上下六具，"③ 给佛寺"永充基业"。④ 唐高祖武德八年（625）赐给少林寺土地40顷；唐玄宗逃难至成都时，赐给新建的大圣慈寺土地1000亩。国家大寺基本都有"敕赐田庄"，且数量巨大，成为名副其实的寺院地主。唐武宗灭佛之前，佛教寺院占有的土地达数万顷之多。正如辛替否指出的"是十分天下之财而佛有七八"。⑤ 寺院经济的膨胀，一方面为隋唐佛教各宗派创立与发展奠定了雄厚的经济基础；另一方面也势必与世俗地主阶级的利

---

① （宋）司马光：《资治通鉴》卷205《唐纪二十一》，中华书局1976年版，第6498页。

② （唐）道宣撰：《续高僧传》卷25《唐新罗国大僧统释慈藏传》，郭绍林点校，中华书局2014年版，第967页。

③ （唐）道宣撰：《续高僧传》卷17《隋京师清禅寺释昙崇传五》，郭绍林点校，中华书局2014年版，第639页。

④ （唐）道宣撰：《续高僧传》卷17《隋京师清禅寺释昙崇传五》，郭绍林点校，中华书局2014年版，第639页。

⑤ （后晋）刘昫等：《旧唐书》卷101《辛替否传》，中华书局1975年版，第3158页。

益发生矛盾,与国家利益产生冲突。因此,武宗灭法就绝非偶然了。

三 隋唐时期的佛经翻译

"传译之功尚译",佛经传译是汉传佛教一切教化的基础。魏晋以来,佛教得到了统治者的信奉及推崇,此时佛经开始由私人翻译转为官方翻译。佛经中的主要经论不断被译出,形成中国佛教的第一次译经高潮。到了唐朝,佛经的翻译进入全盛时期。玄奘西行取得真经后,梵文佛经在官方组织的译场被全面系统地翻译,汉译佛经的数量日益增多,梵文佛经基本均在此期翻译完毕。①

隋唐时期的译经基本上由国家主持,译场组织渐趋完备。隋代的外来僧侣在译经活动中扮演了重要角色,其中主要译师有那连提耶舍、毗尼多流支、达磨阇那、阇那崛多和达摩笈多,他们5人共译出经论等59部,262卷。隋代由于国祚短促,但译经事业颇有成效,译经总数据《续大唐内录》记载为"170部,700卷",《开元释教录》说是"64部,301卷"。

唐代的佛经翻译事业无论数量还是质量,都达到了前所未有的水平。据圆照所撰的《贞元新定释教目录》统计,从唐初到德宗贞元十六年(800)的183年间,共有译者46人,译出佛典435部,2476卷。唐代最著名的译师有玄奘(译经75部,1335卷)、义净(译经61部,260卷)、不空(译经104部,134卷)等,这三人的译经各有所长,义净重律典,不空专密教,玄奘则瑜伽、般若、大小毗昙,面面俱到。

盛唐时期,印度大乘佛教的精华基本上都译介过来了。"唐代的佛经翻译,有两大特点:一是重译经典多,二是密教经典多。与以往相比,佛经翻译的系统性明显加强,不再像以前那样,遇到什么经就译什么经,而是有了选择性,译出的也大都是全集,不像以前多为节

---

① 毛立新:《须弥山空间模式的图形化研究——兼论其对佛教建筑的影响》,硕士学位论文,河北工业大学,2016年。

选。"① 译经的系统性与选择性大大增强，而且译经的质量、规模和水平都是空前的。

唐代出现了许多西行求法的高僧，如玄奘、义净等人。他们归国后，以精深的佛学造诣和兼通梵汉两种文字的身份主持译场，改变了过去依靠西域高僧为译主的局面。他们熟悉两种文字及其文化，学术水平极高，译文既能不失印度佛经原意，又能以更适合中国文化特点和阅读习惯的方式呈现，质量大大超出前代。国家组织庞大的译场，设翻经馆（经院），高僧大德掌译事，宰相重臣充兼理，供给丰渥，译经完全成为官方的宗教文化事业，在此基础上编订出了国定本的大藏经。宋初赞宁从佛学修养、中印语言文化水平方面，综合分析了魏晋以来的历代译经者。他说唐代以前的译经人，从佛学、语言及文化知识结构上看，要么熟谙西土，要么熟谙东夏，"唯西，唯东，二类之人，未为尽善"。宋齐以来，多有东僧西去求经，然而大都浅尝辄止。"若入境观风，必闻其政者，奘师、（义净）法师，为得其实"，"此二师者，两全通达"②。他们二人的取经和译经弘法事业，对后世中国佛经翻译事业树立了一个标杆，所以，可以说中古译业的全新境界，是玄奘和义净两位大师开创的。

玄奘（600—664）的译经事业，据《开元释教录》记载，自返京当年即在弘福寺翻经院开译《大菩萨藏经》起，至麟德元年（664）在玉华宫寺玉华殿译毕《咒五首经》止，玄奘完成译著75部，1335卷，③ 数量为古今译经者之最。"于显庆五年首译《大般若经》，至龙朔三年，合600卷。"④ 后感身力衰竭，第二年译出《咒五首经》后圆寂。玄奘既是佛学精深的高僧，法相宗的开创者，又堪称"八备"具足的大翻译家。玄奘以前的译经，先是依照梵本"倒写本文"，再直译成汉文，然后整理文句。其间转换程序多，难免"增

---

① 吴平：《图说中国佛教史》，上海书店出版社2009年版，第64页。
② （宋）赞宁：《宋高僧传》，中华书局1987年版，第711页。
③ 关于玄奘译经的准确数字，各处有所不同。《大慈恩寺三藏法师传》后所附《请御制〈大般若经序〉表》，玄奘自述为："获归中国十有九年，翻译梵文千三百余卷。"
④ 释迦言：《大慈恩寺三藏法师传》，中华书局2000年版，第241页。

损"经文原意。玄奘译场的翻译，"都由奘旨，意思独断，出语成章，词人随写，即可披玩"。"他开辟了译经史上的新纪元"①。玄奘译经勤勤恳恳，"法师还慈恩寺，专务翻译，无弃寸阴"②。玄奘对佛经事业鞠躬尽瘁，他翻译的重点是瑜伽行派和说一切有部的论著。玄奘是开宗立派的佛学大师，他的事业不止于译经，还在很多方面都有突出贡献，如对般若经类也进行了系统的编纂。

义净（635—713），法显和玄奘同为我国佛教史上西行求法最著名的高僧。他于咸亨二年（671）西行，证圣元年（695）回到东都，历时25年，游历30余国，得梵本经律论近400部。回国后就开始翻译佛经，据唐卢璨《义净塔铭》：自此年起至先天二年（713）止，前后所译佛经107部，428卷。义净译经态度严谨，往往为了一个术语的定名而四处翻检梵本，详细分析论证。对于那些中印习俗差异较大的内容，为了便于中国读者理解，他又略加变通，用汉语的表达方式来翻译。义净还撰成《大唐西域求法高僧传》《南海寄归内法传》等。③ 得到高度赞誉，"义净一生，著译之功甚巨。"④

开元年间，密宗发展迅速，"盛极一时"。⑤ 开元五年（717），中印度僧善无畏，奉诏在西明寺译《虚空藏求闻持法》，仅一卷。开元十二年（724）随唐玄宗赴洛阳，重开福先译场，译《大毗卢遮那经》。与此同时，南印度僧金刚智，奉敕在洛阳资圣寺开译场，译《瑜伽念诵法》二卷；又重开西京大荐福译场，译《瑜伽法要》等数卷。⑥ 天宝年间，金刚智弟子、北印度僧不空，自五印度携来瑜伽法门诸经论五百余部，得唐玄宗允许，立译场于大兴善寺。"到大历六

---

① 张德宗：《玄奘译经活动述论》，《史学月刊》1996年第3期。
② 释迦言：《大慈恩寺三藏法师传》，中华书局2000年版，第158页。
③ （唐）义净：《大唐西域求法高僧传》附录《义净生平编年》，王邦维校注，中华书局1988年版，第261页。
④ （唐）义净：《大唐西域求法高僧传》附录《义净生平编年》，王邦维校注，中华书局1988年版，第267页。
⑤ 石世梁：《佛教密宗释论（一）》，《西藏研究》1988年第3期。
⑥ （宋）赞宁：《宋高僧传》，中华书局1987年版，第710页。

年（771），共译出77部120余卷。"①

善无畏（637—735），开元四年（716）来到长安，受到唐玄宗的优待和礼遇。先后译出《大日经》6卷，开元十三年（725）又译《供养法》1卷，合为7卷，沙门宝月译语，一行笔受，崔牧书《序》。"十四年（726）译出《苏悉地经》3卷、《苏婆呼童子请问经》3卷等密教经典。"②其中，《大日经》阐明了密教的基本教义和各种仪轨、行法等，为密宗的形成奠定了理论基础。

僧一行（673—727），是开元时期著名的科学家，在密宗发展史上也是举足轻重的人物。《旧唐书》本传云："一行尤明著述，撰《大衍论》三卷。"一行应召至京，得到唐玄宗的隆重礼遇。《内证佛法相承血脉谱》说："圣上欣然，待以师礼，累岁居内，日益钦敬，时一外出，参讯师友，衣服资给，御亲持伪。"一行译注密典，"扣枢真言"，为唐代密宗的建立和发展奠定了理论基础。开元十五年（727），一行完成《大日经疏》，这"是解释《大日经》的权威性著作"。③

对梵文佛经的汉语翻译是传播佛教文化的重要途径。唐代佛经翻译在组织形式与方法技巧等方面均有所调整，就组织方式来讲，这一时期的佛经翻译主要是由私人译经转为官方译经，出现了大规模的官方组织人力、物力、财力，规范、严整的译场中，组织了大批专业翻译人才，且分工精细，译场由中国僧人主持，佛经的翻译成为一种集体合作性质的工作。就所选择的译经内容来看，当时通过较多僧人的西行取真经，也使这一时期较之以往的译经可以有很大的自主选择权，组织性和系统性大大增强，目的也更明确。通过新译和对旧译经典的重译，印度佛教的基本理论，绝大多数被介绍到了中国。

---

① （宋）赞宁：《宋高僧传》，中华书局1987年版，第713页。
② 吕建福：《中国密教史》，中国社会科学出版社1995年版，第204页。
③ 吕建福：《中国密教史》，中国社会科学出版社1995年版，第232页。

四　宗派发展

隋唐时期南北政治统一，国家经济繁荣，国际文化交流活跃，佛教也顺着组织异说求同求通的趋势，综合南北思想体系，由学派进而演变成若干新的宗派。[①]摘其要者，略述如下。

1. 三论宗

吉藏（549—623），曾由父亲带领谒见高僧真谛，真谛为其取名吉藏。陈末隋初，江南战乱，吉藏乃率其所属，往诸寺中，收集文疏，广览博学。之后来到会稽（今浙江绍兴），住在嘉祥寺，讲经说法，活跃一时，问道者常有千余人，被称为"嘉祥大师"。隋统一全国后，应炀帝之请，完成了"三论"的注疏及《三论玄义》等，创立了三论宗。

2. 唯识宗

唯识宗的创始人玄奘和弟子窥基常住慈恩寺，窥基还有"慈恩大师"之称，因此又称"慈恩宗"，也称"法相宗"。唯识宗所依据的主要典籍，号称"六经十一论"，其中最主要的有"一经二论"，即《解深密经》《瑜伽师地论》和《成唯识论》。其中，又以《成唯识论》最重要，它基本上涵盖了唯识宗的全部思想学说。

玄奘取经与创立宗派。玄奘取经的故事在固原地区流传甚广，妇孺皆知。回到沙州（今甘肃省敦煌市）后，玄奘又上表报知行踪，当时唐太宗正在洛阳，准备征伐辽东，遂命京城留守、左仆射、梁国公房玄龄负责接待。玄奘恐来不及与唐太宗会面，便兼程而行，终于在贞观十九年（645）正月二十四日到达长安西郊。自贞观元年（627）八月出发西行，至此首尾已19年。玄奘归国，共带回佛典

[①]　唐代佛教宗派的研究，在学术界一直是大家很关注的话题。其中，石峻、方立天《论隋唐佛教宗派的形成》（《哲学研究》1981年第8期）；陈士强《佛教宗派史上的谱系》[《复旦学报》（社会科学版）1991年第1期]；汤用彤《中国佛教宗派问题补论》[《北京大学学报》（人文科学版）1963年第5期]；潘桂明《论唐代宗派佛教有情无情之争》[《世界宗教研究》1998年第4期]；许结《隋唐佛学：中国古代学术文化（五）》（《古典文学知识》2004年第3期）等，都提出了很有价值的观点。

520夹，657部，包括大乘经224部，大乘论192部，上座部三藏14部，大众部三藏15部，正量部（音译"三弥底"）三藏15部，化地部（音译"弥沙塞"）三藏22部，饮光部（音译"迦叶臂耶"）三藏17部，法藏部（即法密部）三藏42部，说一切有部三藏67部，因明论36部，声明论13部，此外，还有佛像7躯，如来肉舍利150粒、骨舍利等1函。这些佛典法物当天被集中在朱雀街之南，而后送往弘福寺安置。① 玄奘因精通佛教经、律、论三藏而被尊称为"三藏法师"，俗称"唐三藏"。据说精通20部经论的有1000人，精通30部的有500多人，精通50部的"三藏法师"只有10人，玄奘便是其中之一。玄奘也是我国译经史国最伟大的翻译家，译有大乘空宗的根本经典《大般若经》600卷和集瑜伽学之大成的《瑜伽师地论》100卷等。玄奘同时讲学授徒，培养了一大批杰出的境内和来自新罗等域外的佛教学者。

窥基（632—682）是玄奘的弟子，在协助玄奘创宗立派方面发挥了巨大作用，唯识宗实际上是经由他才完全建成的。玄奘的主要精力放在译经上，窥基则致力于著述，发展了玄奘所传唯识宗的学说，有"百部疏主"之称，唯识宗的主要理论著作大都出自窥基之手。其中，《成唯识论述记》是最重要的1部，历来受到高度重视，其影响甚至超过了《成唯识论》本身。窥基的弟子慧沼及其再传门人智周，也都有不少著作，他们进一步发展了本宗学说。其中慧沼的《成唯识论了义灯》和智周的《成唯识论演秘》与窥基的《成唯识论述记》并称"唯识三大部"②。

3. 华严宗

华严宗是在武则天的直接支持下建立起来的佛教宗派。该宗的传法世系，一般认为是初祖法顺，二祖智俨，三祖法藏，四祖澄观，五祖宗密。法顺俗姓杜，又称"杜顺和尚"，著有《华严五教止观》《华严法界观门》等。弟子智俨著有《华严经搜玄记》《华严一乘十

---

① 傅新毅：《玄奘》，云南教育出版社2009年版，第83页。
② 华方田：《中国佛教宗派——唯识宗》，《佛教文化》2005年第3期。

玄门》《华严五十要问答》《华严孔目章》等，创造性地发挥了华严教义。法顺与智俨为华严宗的创立准备了理论条件，智俨的弟子法藏正式创立了宗派。

4. 禅宗

禅宗是中国化的佛教宗派，也是唐代以后在我国流传最广，信众最多，发展最繁盛的佛教宗派，对中国文化产生了重要影响。禅宗所依经典，先是《楞伽经》，后是《金刚经》。六祖慧能曾应州刺史韦琚之请，在韶州城内的大梵寺演讲佛法，由其弟子法海等记录，称为《坛经》，被尊为禅宗的宗经。禅宗的创立，是中国佛教史上一件值得大书特书的盛事，"佛学来中国，远在魏晋，但直到唐代慧能以下，禅宗大行，佛学才开始深入中国社会之各阶层。因为禅宗把佛教教义简化了，易于传播。"[①] 禅宗养生重在禅修，它是探究生命意义的极高智慧，可以借此打开一条心灵解脱的途径。禅宗简单易行，讲究"顿悟"，特别是符合中国文人士大夫的心理习惯，故而逐渐发展成为势力和影响都极大的中国化佛教宗派。

禅宗六祖慧能融汇佛教各派学说，又以佛学为基点，吸收儒家的性善论、尽其心性的心性论、内圣外王、天人合一等精神追求以及老庄玄学的顺应自然、道通万物等自然主义哲学和物我两忘、安时处顺等人生态度，对佛法的体系进行了创造性的阐释，主张要从自身求得对佛理的理解与认知。《坛经》是对佛法的全新探索，它摒弃了印度佛教复杂的教义和理论，将其改造为内心简易直截的符合中国文化传统的佛教信仰。

5. 净土宗

净土宗因专修往生阿弥陀佛净土法门而得名。该宗倡导简易的念佛法门，故又有"念佛宗"之称。相传东晋慧远曾在庐山邀集僧俗18人成立"白莲社"，发愿往生西方净土，慧远被奉为净土宗初祖，净土宗也因此又称"莲宗"。一般认为，净土宗的实际创始人应该是

---

① 钱穆：《"四部概论"》，详见罗联添编《国学论文选集》，台湾学生书局1985年版，第7页。

唐代的善导，而其先驱则可上溯到昙鸾与道绰。中原的净土信仰并非始于慧远，而慧远所倡导的净土法门修持的是"观想念佛"，这也与后世净土宗的"称名念佛"有异，因此，慧远至多只是为净土宗的创立准备了条件，不能算是创宗人。慧远以后，专修净土法门的不乏其人，但到东魏的昙鸾才奠定了后世净土宗的基础。

道绰（562—645）继昙鸾之后在玄中寺传播净土信仰。在道绰以前，中原修"净土"者尚偏重"观想念佛"，至道绰而专以"称名念佛"为务。据说道绰"劝人念弥陀佛名，或用麻豆等物而为数量，每一称名，便度一粒，如是率之，乃积数百万斛者"，《续高僧传·道绰传》云："口诵佛名，日以七万为限，声声相注，弘于净业。"① 道绰著有《安乐集》2卷，系统地阐述净土思想，并依难行、易行之说，立圣道、净土二门，认为在此末法时代，只有凭借阿弥陀佛的愿力往生极乐净土、入圣证果的净土法门才是唯一的解脱之路。道绰为净土宗的创立进一步奠定了基础，他的弟子善导则完成了创宗。

善导（613—681），临淄（今山东淄博）人。幼年出家，贞观年间（627—649）至玄中寺从道绰学佛，后到长安光明寺弘传念佛法门。他曾先后写《阿弥陀经》十万卷，画净土变相300壁，有弟子无数，被称为"弥陀化身"。著有《观无量寿佛经疏》《观念佛法门》《往生赞》等，主要解说为何念佛及如何念佛，较完备地形成了净土宗的宗义及行仪，完成了净土宗的创立。当时长安从善导修习净土法门者不可胜数，有的竟诵《阿弥陀经》十万至五十万卷，念佛日课万声至十万声。净土信仰得到了空前的传播与发展，它与禅宗一道，成为后世中国最流行的两大佛教宗派。②

6. 密宗

密宗亦称"密教""真言宗"等。是7世纪以后印度大乘佛教部分派别与印度教相结合的产物。所依经典主要是《大日经》和《金

---

① （唐）道宣撰：《续高僧传》卷20《唐并州玄中寺释道绰传》，郭绍林点校，中华书局2014年版，第762页。

② 梁启超：《论中国学术思想变迁之大势》，上海古籍出版社2006年版，第73页。

刚顶经》，自称受法身佛大日如来深奥秘密教旨传授。"密宗是大乘佛教、婆罗门教和印度民间信仰的混合物，是佛教吸收印度民间婆罗门教和民间信仰诸种因素，并结合佛教高层次的教义和理论形成的一种特殊的宗教形态。"[1] 相比之下，显教以理论探索为主，而密教则注重修持实践。密教在教理上以大乘中观派和瑜伽行派的思想为理论前提，在实践上以高度组织化的咒术、礼仪、坛场、仪轨和俗信、本尊等各种神格信仰崇拜为主要特征。

密宗仪轨复杂，对设坛、供养、诵咒、灌顶皆有严格规定，需经阿阇梨（导师）的秘密传授，具有浓厚的神秘色彩，中唐以后，颇为唐朝王公贵族所信奉，盛极一时。

总之，隋唐时期，佛教在魏晋南北朝近四百年持续发展的基础上，进一步与中国文化相融合，取得了辉煌的成就。在两朝帝王的普遍支持下，形成了国家开窟建寺，组织官方译场译经的新局面，并由中国僧人主持译场，卷帙浩繁的佛典被有选择、系统化地翻译。正是精湛的译经工作为写经、诵经，宣传、注释佛典奠定了基础。高僧纷纷著书立说，将佛教与中国文化相融合，各种佛教宗派创建，迎来了中国人以中国文化理解、阐释佛教义理，开宗立派的佛学新时代。这一时期，佛教取得了巨大的成功，甚至在印度本土佛教日渐衰微以后，唐代中国佛教却蒸蒸日上，并成为周边邻国仿效学习的模本，日本、高丽、朝鲜、新罗等都有佛教僧侣来到唐朝取经学法。隋唐长安、洛阳等佛教胜地俨然成为新的世界佛教中心。

---

[1] 夏广兴：《密教传持与唐代社会》，上海人民出版社2008年版，第22页。

第三章　固原佛教概述

位于宁夏南部山区的固原市（辖原州区、西吉县、隆德县、泾源县和彭阳县），历史悠久，文化底蕴丰厚，是我国西北军事、文化重镇之一。固原地域相对辽阔，陇山纵贯其间，成为黄河中下游四大水系的源头和泾、渭、祖历、清水河东西南北流向的分水岭，其山川秀美、宜耕宜牧。自古以来，固原就是沟通与传播东西方文化的桥梁和孔道，又是历代王朝与各种政治势力囤积粮草、养兵牧马、开拓进取的基地，因而遗留有中原农耕民族与游牧民族的西戎、羌、狄、匈奴、鲜卑、铁勒、突厥、吐蕃、党项、蒙古人交往的大量活动遗迹。

佛教在固原历史上地位十分重要，固原佛教是经陆上"丝绸之路"，由西域或中亚、天竺等地僧人辗转传播而来，其佛教宗派教义、寺院建筑、石窟形制和礼佛活动等与西域佛教有较大的相似之处。但是在固原地区传播和发展的佛教经过与本地文化的碰撞与融合，逐渐形成了较强的区域特色。固原佛教与固原的区域文化之间有着极大的亲和力，它符合固原地区繁衍生息的各族人民的现实需要和精神追求，富于地方文化特色。

固原历史上是连接东西方和南北贸易往来的要道，丰富的文化遗存与考古遗址等，显示了固原辉煌、丰富和沧桑的历史。固原境内现有新石器时代遗址200多处，西汉至元代古寨、古战场、古养马场等遗址40多处，西汉至明代古城址50多处。明清时期古建筑4处，北魏至明代石窟寺5处，战国至元代古墓葬群100多处，各类出土文物3000余件。固原彭阳县姚河源商周遗址入选"2017年度全国十大考古新发现"，并新增为国家重点文物保护单位。

固原佛教是西北地区佛教的重要组成部分，在我国佛教史上具有重要地位。主要流行的是大乘佛教，禅宗、净土宗、密宗、藏传佛教等均有流传，境内的佛教遗迹和遗存十分丰富，具有年代跨度大、佛教石窟寺遗迹多、洞窟规模庞大和造像艺术精湛等特点。其中，佛教文化资源保存最完整的须弥山石窟，宗教与文化相互交融的东岳山为固原市佛教文化的最重要遗址。①

第一节　固原历史勾勒

固原在西汉、东汉、魏、北朝（386—581）曾前后几次被称为"高平"或"平高"；三国时期固原属魏雍州；前后秦时，陇东郡部分属今固原；北魏孝明帝正光五年（524）设置原州；西魏初为太平郡，后为高平郡，高平县。西魏文帝大统八年（542）到陈宣帝太建元年（569），李贤担任原州刺史，大兴营田，整顿军队，精兵强将，保卫一方领土平安，使百姓安居乐业，远离战争，贸易活跃、市场繁荣。太建元年（569）正月，李贤在高平城的外围加筑了一道外城，名为原州城。这不仅加强了军事防御功能，更提升了固原城的地位和影响力。

一　先秦时期的固原

黄河流域，是中华民族的重要发祥地，固原地区伴随着华夏民族的发展进程，拉开了历史活动的帷幕。早在旧石器时代，固原境内已有人类活动。②距今约5000年，固原地区的居民进入了以定居农业为主要经济生活的发展阶段。固原位于黄土高原上，境内丘陵起伏，覆盖着深厚的黄土层，为发展农业提供了较为优越的自然条件。考古工作者在固原地区调查和发掘的，以反映定居农业为主要经济生活的原

---

① 高军、云志霞：《论固原市佛教文化旅游资源开发——以须弥山石窟为例》，《丝绸之路》2012年第6期。

② 罗丰：《固原地区历代建置沿革考述》，《固原师专学报》1986年第3期。

始文化遗址和遗存，有属于"仰韶文化北首岭类型"的隆德县北塬遗存，有属于"仰韶文化"的隆德县页河子遗址，有属于"马家窑文化石下岭类型"的隆德县凤岭遗存，有属于"马家窑文化类型"的海原县曹洼遗址，海原县菜园村林子梁遗址以及广泛分布于海原县、西吉县、隆德县、固原县、彭阳县等地的遗存。

距今约4900年的隆德县页河子遗址的居民已过着定居生活。生产工具以陶片打磨成的两侧带缺口的陶刀和骨锥、石纺轮、鹿角器及骨镞为主。这说明当时隆德县页河子已进入原始农业时期，居民们除以农业为主外，畜牧业和狩猎仍是重要的经济活动。从考古学者们在遗址和墓葬随葬品中发掘的盛于罐中已炭化的粮食品种来看，当时固原境内先民们的粮食主要是粟。粟是耐干旱的农作物，也是最早被培育的农作物之一炭化粟的发现，也让明固原地区农业历史之悠久，与固原地区的气候和土壤条件是相适应的。从一些遗址中发现的动物骨骼化石分析，当时居民除从事农业生产以外，还饲养家畜，主要是羊。原始狩猎仍继续存在，上述遗址中发现的石箭头或骨箭头以及镶有细石片的骨柄刀，便是这种情况的有力证据。①

夏商周时期，固原一带为北方游牧民族西戎的活动区域，随着其势力不断壮大，周人与秦人兴起时，与戎人战争频繁。西周时期，中原王朝与犬戎的关系恶化。周人曾多次用兵西北，以扩展疆域。2017年，宁夏文物考古研究所发掘的固原市彭阳县姚河源遗址的古城址和墓葬群意义十分重大，它是一处商周遗址。且有西周诸侯国大型墓葬发现，并出土有两块甲骨文，这是目前发现的最靠西的甲骨文。特别是一块微刻甲骨文的发现，更表明此地与周原的密切关系秦昭襄王灭义渠国，设"乌氏县"和"朱挪县"。公元前114年，汉武帝置安定郡，治高平城，标志着固原古城初次建成。

文献记载，固原在夏、商、周之际属雍州之域，世居戎狄部落。《史记·五帝本纪》卷一称："黄帝轩辕北逐荤粥。"索隐曰："荤粥，夏曰淳维，殷曰鬼方，周曰猃狁，汉曰匈奴。"春秋战国时期（前

---

① 陈育宁：《宁夏通史·古代卷》，宁夏人民出版社1993年版，第20页。

770—前221），秦穆公"攻破西戎十二国，开地千里，遂霸西戎"。义渠戎、乌氏戎与秦抗衡几百年，后被秦孝公攻灭，始置乌氏、义渠两县。秦汉时期（前221—220），固原先属北地郡（郡治义渠），领有义渠、乌氏两县，武帝时分北地郡增置安定郡，郡治高平（今宁夏固原），隶属凉州刺史部，领有高平、乌氏、月氏、朝那四县。为防御匈奴侵扰，汉在乌氏设瓦亭关，在朝那设萧关。武帝曾3次出萧关北击匈奴，迫使匈奴西迁，部分匈奴降汉，南下朔方。光武帝进军高平，大败隗嚣，平定叛乱。传统上一直认为在秦汉以前，固原地区一直是乌氏戎、义渠戎等游牧民族的活动中心。但固原市彭阳县姚河源商周遗址的考古发现，使得人们对固原境内的政治归属、民族构成、社会状况、经济与文化等，有了全新的知识。秦汉时期，固原成为汉与匈奴争战之地。①

  宁夏文物考古工作者对这一地区西周、春秋战国及秦汉墓葬的系统发掘，发现了柳叶形触角兽头青铜剑、管銎斧、鸟形纹饰件、车马饰件和大量圆雕动物金属饰件、单体或多体动物形饰牌、怪兽透雕饰牌、斗兽搏噬纹饰牌、B形斗兽搏噬纹饰牌、人物车马犬纹饰牌、长方形动物纹饰牌等文物。它们大都是北方民族青铜文化发展期和鼎盛期较为典型的器物，并且自成系列，是西戎、北狄文化区中特征较为鲜明的器物标本。② 这些器物的出土说明在"丝绸之路"开通以前，就存在着一条途经固原的草原之路，从西方输入金属（这与匈奴人当时在固原地区的活跃有密切关联，固原地区出土的大量有北方动物级饰的青铜牌饰、车马饰件等，证明了证明了北方草原游牧文化对固原的深刻影响）和玻璃制品（宋代以前，我国玻璃器中有很大一部分不是国产的，玻璃易碎，在古代这种舶来的玻璃器弥足珍贵，主要供贵族，主要提供贵族享用。考古发现的外来玻璃器保存完整的极少见，但固原李贤墓出土的一件凸钉玻璃碗，经科学鉴定并非国内生

---

① 雷润泽：《原州文化在古代东西文化交流中的地位》，宁夏回族自治区固原博物馆、中日原州联合考古队编《原州古墓集成》，文物出版社1999年版，第26页。
② 雷润泽：《原州文化在古代东西文化交流中的地位》，宁夏回族自治区固原博物馆、中日原州联合考古队编《原州古墓集成》，文物出版社1999年版，第27页。

产，表明此地曾有沿丝路输入的玻璃器皿），从东方输出丝绸制品等。学者们将固原地区发现的大批戎狄文化遗存与同时期的国内外有关遗物进行了对比，认为固原地区上古以来就是华夏文明与西域文明最初接触的地带，戎狄游牧民族既与商周交往，又与西域各民族交往。乌氏戎、义渠戎等游牧部落在这一地区充当了早期东西方文化交流的媒介。[1]

先秦时期以戎狄为代表的"原州文化"，是北方游牧民族与中原农耕民族交融的一种地域文化。它是商周时期戎族在吸收欧亚草原民族优秀文化成果和传统的基础上，又在向关中等地区传播的过程中吸收了中原农耕民族的先进技术和传统，发展起来的一种过渡型文化。戎狄部落的广泛活动，使中原文化向西北传播和西方文化向东南传播，促进了青铜时代东西方的交往和民族的发展，形成春秋、战国以来中国北方游牧民族不断华夏化、北方华夏诸侯国不断戎狄化的融合倾向，导致北亚地区部落联盟的出现和游牧国家的不断崛起与南下，为扩大东西方交往和"丝绸之路"的开通奠定了基础。[2]

二　汉魏晋时期的固原

随着秦汉王朝在固原地区的着力经营，先秦的戎狄部落消失，部分没入匈奴。被汉武帝攻击的匈奴主力西迁，降服的南匈奴与东渐归服的月氏、羌人进入该地，形成汉、匈奴、月氏、羌等混杂的局面，进一步促进了东西交往和固原地区的经济文化发展。东汉末年，由于地方豪强割据势力的争斗和游牧民族的反叛与农民起义，动荡的社会为北方游牧民族的大量内迁和迅速崛起提供了契机。史载，匈奴别部休屠胡，在其首领梁元碧的率领下，共两千余落自凉州内附雍州，被置于高平一带。与此同时，鲜卑鹿结七万余落也屯居高平川，并与乞伏部迭相攻击。后乞伏国仁五世祖桔邻战胜鹿结，"尽并其众，因居

---

[1]　雷润泽：《原州文化在古代东西文化交流中的地位》，宁夏回族自治区固原博物馆、中日原州联合考古队编《原州古墓集成》，文物出版社1999年版，第27页。
[2]　雷润泽：《原州文化在古代东西文化交流中的地位》，宁夏回族自治区固原博物馆、中日原州联合考古队编《原州古墓集成》，文物出版社1999年版，第27页。

高平川"。其子后徙居牵屯，史称"陇西鲜卑"。十六国时期，乞伏国仁趁前秦苻坚败亡，自称大单于，建立西秦政权。从拓跋部分出的一支鲜卑，在秃发乌孤的率领下，从塞北迁往西南，后被曹魏的镇西将军邓艾纳降数万，"置于雍、凉之间，与民杂居"，史称"河西鲜卑"。在其四世孙树机能领导下，攻占高平，杀死秦州刺史与凉州刺史。晋室南迁后，北方广大地区长期处于混战割据状态，而高平则成为前赵、后赵、前秦、后秦、西秦、大夏、代魏争战的中心。匈奴族刘曜建立的前赵，以关陇地区为中心，"以朔州牧镇高平"，[1] 后被羯人石勒建立的后赵攻灭。[2] 羌族姚苌渭北起兵，杀死前秦苻坚，自安定攻占长安，史称"后秦"。前、后秦在秦陇地区进行了长期的拉锯战，西秦乞伏乾归乘机攻占高平，高平鲜卑没奕于败逃他楼（今宁夏固原北），被后秦封为车骑将军高平公，西秦势力从河西扩展到高平一带。匈奴铁弗部是匈奴男子与鲜卑女子婚配产生的部族，这时迁徙到朔方一带，并逐渐强盛起来。因攻打鲜卑兵败，其首领刘卫辰与子直力鞮被擒杀，三子勃勃率部众出逃投靠薛干部，被没奕于招为驸马，助其镇守高平。[3] 407年，勃勃谋叛，偷袭没奕于，尽并其众，遂称"大夏王"。其建高平等城，改姓赫连，与姚兴连年征战于秦陇之间，不断消灭诸部扩大势力范围，并乘晋太尉刘裕灭后秦东还中原之机，入长安即皇帝位。[4]

魏晋南北朝时期是中国历史上的民族大融合时期。固原地区既成为各民族征战逐鹿之地，又是各民族大融合的基地。作为西域连接中原的交通要塞，固原在古代陆路"丝绸之路"上发挥了重要作用。[5] 不仅如此，固原一直都是中央王朝的军事屏障。《民国固原县志》

---

[1] （唐）房玄龄等：《晋书》卷14《地理志上》，中华书局1974年版，第431页。
[2] 雷润泽：《原州文化在古代东西文化交流中的地位》，宁夏回族自治区固原博物馆、中日原州联合考古队编《原州古墓集成》，文物出版社1999年版，第27页。
[3] 雷润泽：《原州文化在古代东西文化交流中的地位》，宁夏回族自治区固原博物馆、中日原州联合考古队编《原州古墓集成》，文物出版社1999年版，第27页。
[4] 雷润泽：《原州文化在古代东西文化交流中的地位》，宁夏回族自治区固原博物馆、中日原州联合考古队编《原州古墓集成》，文物出版社1999年版，第27页。
[5] 余贵孝：《固原城的军事地位及其作用》，《宁夏师范学院学报》2010年第4期。

载："治城形势如磐石，东岳辅于左，西坪翊于右，九龙槟于前，北塬拓于后，清水河襟带于东南，饮马河纡轸于西北。"① 固原古城的东门和南门都修建在斜坡上，居高临下。北门和西门前面是一马平川，利于攻防。② 因此，固原城一直都是一座军事和文化价值极高的边防古城。

三 隋唐时期的固原

隋唐时期"丝绸之路"空前繁荣，作为重要的交通枢纽，随着诸多西域民族与隋唐王朝关系交好，原州经济得到迅速发展。③ 东西方往来的商人、僧侣、使者皆汇集于此，他们带来了各自的信仰、文化与艺术，极大地丰富了固原地区的思想文化。

1. 固原经济迅速发展

开皇元年（581），固原地区经秦、魏、北周割据政权更迭后，并入隋朝版图，360多年的分裂局面，终归一统。隋代鉴于原州的地理位置与经济状况，设立马牧、羊牧、驼牧等，畜牧业获得进一步发展。另外，农业经济仍持续发展，游牧文化和农业文化得到了很好的糅合。其间虽有突厥的大规模侵略，但基本保持了民情的稳定和经济的增长。

唐朝初年和突厥处在对立状态，唐"禁约百姓，不许出蕃"，贞观四年（630），唐太宗派遣六路大军出征突厥，东突厥颉利可汗政权被攻灭。六年，置缘州，领突厥降户，寄治于平高县他楼城。唐太宗采纳温彦博"全其部落，顺其土俗，以实空虚之地，使为中国扞蔽，策之善者也"④ 的建议，对投降内附的突厥民族，"处降人于朔方之地"⑤；即其部落列置州县，其大者为都督府，以其首领为都督，

---

① 民国《固原志（上）》，宁夏人民出版社1992年版，第632页。
② 余贵孝：《固原古城（寨）调查与研究》，《宁夏师范学院学报》2014年第5期。
③ 李世荣：《唐王朝对固原地区之经略研究》，《宁夏师范学院学报》2018年第12期。
④ （宋）司马光：《资治通鉴》卷193《唐纪九·太宗贞观四年》，中华书局1956年版，第6076页。
⑤ （宋）司马光：《资治通鉴》卷193《唐纪九·太宗贞观四年》，中华书局1956年版，第6077页。

皆得世袭，突厥降户内迁之后，学会了种植技术，向唐朝请求赐给田种、农器等，他们逐渐学会汉地农业耕作的生计方式，"突厥遂强"。

这一时期的固原地区，在与北方突厥、回纥等政权的"绢马贸易"及与中亚各国的远距离长途贸易中地位更加重要。这一时期，"丝绸之路"的开拓进一步推动了中西之间的经济、贸易、军事文化等的交往与交流。东来西往的僧侣、商人、使节、艺术家等，大量进入固原地区，他们在固原地区的贸易活动，丰富了固原地区古代居民的人种和血缘结构，促进了固原文化的多元化发展，并推动了佛教在固原地区的传播与发展。

2."丝绸之路"上的商贸重镇

唐代经济繁荣文化发达，吸引了许多国家来中国进行贸易。唐都长安城是世界上最重要的国际贸易中心，聚集着大量西方来的异域人群，其中以商人、僧侣为主体。唐朝的对外贸易比汉朝、魏晋南北朝时期有了进一步的发展，其中丝织业、陶瓷业和金属铸造业都很发达，这些手工业部门制造的精美产品成为当时中国的主要出口产品。由于唐朝实行开明、开放的对外政策，许多国家的商人纷纷来到中原内地经商，其中不少域外胡商经过固原，有的甚至举家长期定居在固原地区。尤其是隋唐时期，固原地区成为当时亚洲各国商业往来的重要城市，经济活动和商业贸易异常活跃。但是，必须认识到这一时期，固原地区的对外贸易活动仍有一定的局限性，其大宗也都是过境贸易。而且外贸输入的主要是奢侈品，这些奢侈品主要是满足贵族和统治阶层对异域奇珍的好奇和奢侈享受，与改善普通百姓的生活无关。但在中外文化交流方面，起到了很大的促进作用。[①] 推动了固原商业贸易的发展，从某种意义上讲，固原的商业贸易城镇的地位亦由此奠定。

四 宋元明清时期的固原

唐末以来，中央集权进一步衰落，藩镇坐大，国家陷入各种纷

---

① 李浚源：《中国商业史》，中央广播电视大学出版社1985年版，第91页。

争，契丹、党项、女真和蒙古民族相继崛起，民族政权先后建立，特别是五代十国乱世以来，战争不断，严重阻碍了商路的畅通。由于国家经济、文化重心南移和海上丝路的开通，陆上丝路整体渐衰。此后很长的历史时期里，固原由商贸重镇转为军事要塞。赵宋王朝建立以后，固原便成为宋朝与西夏政权的交接处，也是两国战争中的必争之地。① 曾发生过数次激烈战役。宋康定元年（1040），李元昊领兵进攻镇戎军（辖区在今固原境内），由于镇戎军疏于军务，节节败退。宋仁宗便在位时为了加强对边防的管制，以原州城为核心，向四周筑城、堡、寨，形成了独特的军事防御体系。

8世纪中期至9世纪中期的80余年间，原州被吐蕃武力控制，唐朝所设州县皆废。至道三年（997）宋在旧原州平高县置镇戎军（一说至道元年置军），据《宋史·地理志》及《元丰九域志》卷三所记镇戎军户口数，估计在今固原的人口约有两万多人。② 人口数量超过唐代的原州，人口数量的增加，表明经济的稳定增长，其对土地的利用效率和水平必然高于前代。③ 吐蕃信奉佛教，在其统治时期，并没有对固原佛教采取大规模的抑制和破坏。据其对须弥山石窟的局部修葺可知，他们对固原佛教应是给予过支持的。

宋朝在固原地区建立镇戎军、德顺军。久居内地的吐蕃等族"恋土田"转入农业生产，逃入内地的汉族百姓返回故里，重建家园。蕃户内附者为熟户，余谓生户，"（大中祥符四年）九月丁丑，泾原钤辖曹玮言，笼干川熟户蕃部以闲田输官，请于要害地募兵以居，从之。"④ "蕃部养马者众多"。生户中咸平六年（1003）八月，原、渭等州言西蕃8部25族纳质来归；次年，秦翰率所部按行山外，召戎落酋首，谕以恩信，凡3000余帐投镇戎军；景德三年（1006）六月，有叶市、潘、薛、保四族投镇戎军；天圣三年（1025）生户6族首领

---

① 罗丰：《固原地区历代建置沿革考述》，《固原师专学报》1986年第3期。
② （宋）王存撰：《元丰九域志》卷3《镇戎军》，中华书局1984年版，第135—136页。
③ 固原市原州区文物管理所、宁夏文物考古研究所：《开城安西王府遗址勘探报告》，科学出版社2009年版，第3页。
④ （元）脱脱等：《宋史》卷8《真宗本纪三》，中华书局1977年版，第156页。

潘征等2000余帐内附。宋代前期的固原地区藩汉杂居，经济恢复，社会相对稳定。

大定二十二年（1182）金朝改宋镇戎军为镇戎州（一说大定二十三年），属平凉府，下设二县，其中的东山县即今彭阳古城，按《金史·地理志》所记镇戎州户数为一万四百四十七户。① 元代初期六盘山地区既是在军事上对西夏故地进行有效控制，又是在政治上与中亚诸蒙古汗国联系的交通要县，战略地位十分重要。成吉思汗在征服西夏过程中、蒙哥汗及忽必烈在征服云南大理时都曾驻跸六盘山。六盘山地处军镇要塞，夏季草场丰茂，气候凉爽，非常适合蒙古军队与战马的休整与备战。至元十年（1273），忽必烈第三子忙哥剌分治秦、蜀，改原州为开成路，"立开成府，仍视上都，号为上路"，② 放弃旧原州城，在城南三十多里的开城一带兴建新城，作为开成路的治所。开成路下辖广安州、开成县，广安州设在旧东山县即今彭阳古城，开成县与路同治开成一带。至治三年（1323）降为州。开成路及其所领广安州均在六盘山，其地"经乱荒废……安西王封守西土……募民居止，未几户口繁多"。③ 元初在六盘山地区移民屯田，开成路置屯田总管府、④ 管领六盘山等处怯怜口民匠都提举司⑤等机构。大德十年（1306）八月开成路地震，"压死故秦王妃也里完等五千余人"⑥。这些讯息均反映了开城地区一度经济繁荣、人口兴旺的社会现实。

元代固原境内的六盘山地区还是蒙古军在西北地区的军事要地。元世祖忽必烈第三子忙哥剌（安西王）在开城修建了安西王府，是安西王的避暑府邸，也是西北地区的行政中枢。⑦ 王府地处南北交通

---

① （元）脱脱等：《金史》卷26《地理志下》，中华书局1983年版，第646页。
② （明）宋濂等：《元史》卷60《地理志三》，中华书局1976年版，第1428页。
③ （明）宋濂等：《元史》卷60《地理志三》，中华书局1976年版，第1428页。
④ （明）宋濂等：《元史》卷10《世祖本纪》，中华书局1976年版，第207页。
⑤ （明）宋濂等：《元史》卷88《百官志四》，中华书局1976年版，第2232页。
⑥ （明）宋濂等：《元史》卷21《成宗本纪四》，中华书局1976年版，第471页。
⑦ 固原市原州区文物管理所、宁夏文物考古研究所：《开城安西王府遗址勘探报告》，科学出版社2009年版，第4页。

要道，是古萧关道、"丝绸之路"东段北道的要塞。随着政治、军事、经济、文化的重心转移至开城，固原地区成为安西王府的屯军驻跸之所。有元一代，固原的社会发展与民族文化多姿多彩，内容十分丰富，各族群大规模地混融杂居，文化习俗渐趋为一致，汉族文化、草原文化、佛教文化，在固原地区都找到了适合其发展的土壤，并且互相交汇，构成这一时期固原佛教发展史上的显著特色，固原地区信奉喇嘛教、祀奉白马大王等，即在此时形成。

明王朝建立伊始，忙于稳定中原，无力顾及西北地区，只好采取移民政策。洪武二年（1369）四月，徐达率军进攻固原，将西安州所获男女7000余口，送北京安置。洪武五年（1372）又徙其民于陕西。洪武九年（1376），中原政权大局稳定，才开始西顾，设立固原卫，"实以齐、晋、燕、赵、周、楚之民"。固原地区所实之民以山西洪洞为多。移民诏令每下，动辄数十万皆驱于洪洞县广济寺大槐树下，编排队伍，发放川资凭证，分期迁出。因此，至今固原民间好多人都说其家族原籍山西大槐树。固原地区的风俗多同于山西、方言用词也类似于山西地区，与这次大迁徙应有很大关联。另外，明代在固原地区的军屯，也和山西人有关，洪武二年（1369）正月，迁山西马步官兵27600人，筑城屯田，固原一带的军屯之民，修筑了头营至八营堡寨。今头营镇南屯、上北屯、下北屯等村名，皆为当年军屯取名流传至今。洪武九年（1376）后，明王朝由山西等地向宁夏南部地区的移民屯田，他们不仅带来了先进生产技术和经验，而且生活习俗文化传统等也逐渐渗透进当地的社会生活中①。明初，还从江南调发吴越军民移民宁夏地区。来自各地的移民的屯垦、开发意义重大，促进了固原地区的经济恢复和社会发展。

明初，蒙古大军仍保有一定的军事实力，经常南下、骚扰、掳掠明朝。为此朱元璋采取了加强边防的对策，固原城的修筑也进入辉煌时期。明建文四年（1402），为抵御蒙古黄金部落的侵扰，建立了包括固原城在内的九个军事重镇，史称"九边"。明中叶以前，蒙古余部鞑靼、瓦剌等不断入侵北方，明政府不得不加强防御能力，以有效

---

① 陈静主编：《宁夏通史》，宁夏人民出版社2008年版，第226页。

地抵御他们的进犯。明王朝对固原的经营格外重视,先后在固原设置卫、州,直至"三边"总制府。成化十年(1474),固原城被定为三边总督封疆驻节之所,陕西提督也移驻固原,固原古城的军事地位随之提高。① 明弘治十五年(1502),三边总督秦纮主持扩展修筑外城。万历年间,固原城的规制得到进一步完善,万历二年(1575),三边总督石茂华主持衣砖甃城,② 增筑了角楼、炮台、水沟、车道,加修垛墙,修缮了城门,建成了名震西北的固原砖包城。③

六盘山地区属半农半牧地区,由于最宜农耕的清水河谷地已被划入监牧的范围,农垦面积自然受到很大限制,六盘山区的屯田面积不会很大。明初将元开成路降为开成县,撤废了元代所设的广安州。"固原"一名正式出现于景泰二年(1451)。④ 成化三年(1467)徙县于固原,成化四年(1468)升为卫。弘治十四年(1501)设固原镇。弘治十五年(1502)置固原州。据嘉靖十一年(1532)和万历四十四年(1616)《固原州志》刻本所记户数等推算,嘉靖、万历年间固原州的人口不足一万户。清朝沿袭明制,仍设固原州。按宣统元年成书的《固原州志》记载,光绪末年固原城人口一千二百五十户,开城人口一千八百多户,固原州人口近一万五千户。⑤ 固原一直被当作关中地区对西北的门户或屏藩,其历史时期人口数量的增减浮动,乃是地区开发程度的一种指标。⑥

清兵入关,首先收服了蒙古各族,使蒙古贵族成为清王朝统治西北的重要助手,与满人关系十分密切,从而结束了长期以来少数民族和汉族对立的局面,固原地区的少数民族成为编户。民国时期,迁入

---

① 佘贵孝:《明代固原的军事设置》,《固原师专学报》1993年第1期。
② 衣砖甃城:即用砖石砌护墙体外表。
③ 苏银梅:《宁夏固原早期丝绸之路遗址——回中宫、瓦亭驿、朝那古城、固原古城》,《文博》2010年第3期。
④ (清)顾祖禹撰:《读史方舆纪要》,贺次君、施和金点校,中华书局2005年版,第2802页。
⑤ (清)王学伊纂修:《固原州志》,台湾学生书局1967年版,第176—177页。
⑥ 固原市原州区文物管理所、宁夏文物考古研究所:《开城安西王府遗址勘探报告》,科学出版社2009年版,第4—5页。

固原地区的移民多是周边地区的流民及山西、陕西等地来经商的寓居者。① 他们寓居固原，为固原地区佛教文化的维系增添了信众。

第二节　佛教沿"丝绸之路"传入固原

"丝绸之路"东起长安、洛阳，西至罗马，它不仅是一条东西方政治、经济、文化联系的大动脉，同时也是一条佛教传播之路。印度的佛教就是循着此道传入中原的，故而"丝绸之路"又被称作"佛教之路"或"信仰之路"。② 日本学者池田大作指出："佛教在东方超越了民族、风俗和习惯的差异而得到人们的信仰。"③ 佛教以自身的宽容性和超越民族的特殊性而具有世界宗教的特点，④ 曾广泛传播于世界各地，固原也是古代佛教流波重镇。

一　佛教初传固原

印度佛教传入中国的路线，至少有三种说法。即西域陆路传入、南方海路传入和南方陆路传入。与固原地区有关的，则是西域传入路线，即沿着古"丝绸之路"经中亚、西域进入固原地区的路线。固原地处中国西北边地，位于"丝绸之路"东段北道的交通枢纽地带，多种文化在这里交相融会。是佛教文化较早传播的地区之一，中西文化在固原地区交融的集中表现即是佛教文化的传播与发展。

因便利的地理位置和多元开放的文化传统，固原地区成为佛教早期传入地之一，但是史籍记载和相关资料匮乏，至今已弄不清楚具体准确的佛教传入时间。根据前文所述佛教传入中原内地的时间及佛教传播路线推算，佛教传入固原地区只会更早，至少在东汉后期即已传入。

---

① 张家铎等编：《固原民俗》，宁夏人民出版社2008年版，第25页。
② 杨富学、彭晓静：《"丝绸之路"与宗教文化的传播交融》，《中原文化研究》2014年第5期。
③ [日]池田大作：《佛法·西与东》，王健译，四川人民出版社1996年版，第16页。
④ [日]池田大作：《佛法·西与东》，王健译，四川人民出版社1996年版，第22页。

二 佛教在固原的传播

汉魏时期，佛教在固原地区传播有限，信仰佛教的大多数是上层贵族。佛教给战乱中的人们提供了精神避难所，加之北方游牧政权异族统治者的大力提倡，特别是北魏时期，普遍扶持寺院和佛学的发展，给固原人民带来一种新的精神寄托，他们渴望法力无边、慈悲为怀的佛祖和菩萨能拯救众生于水火之中，希望疾病可以得到医治、饥饿可以消除、幸福的生活可以长久、子嗣繁衍家业兴旺等，正是在乱世纷争不已的政治环境下，由于人们强烈渴望和平、追求幸福生活的心理需求和世俗愿望的驱使下，固原佛教获得了较快地发展。另外，有一点必须指出的是，汉魏时期的固原地区儒家思想的影响相对有所减弱，道教也尚未全面深刻地影响到普通百姓，这也给佛教的宣传和弘扬提供了比较宽松的文化环境。

佛教在固原地区传播和发展的主要形式是：石窟寺的兴建、佛雕造像的兴起、僧侣讲经弘法、翻经译典等佛教活动的陆续开展。在一代代高僧大德们坚持不懈的努力下，在历代固原信众的积极践行和虔诚供奉中，这一外来宗教终于在固原大地上落地生根，而远离政治中心，相对宽松的文化环境也进一步推动了固原佛教的生长和发展。

必须指出的是，在早期佛教东传过程中，固原是通道性质的过渡地带，它不是佛教传播的终点和最后的目标地段，因此，固原承担了二传手①角色，这与其所处的边塞环境密切相关，主要体现在以下几个方面。首先，"丝绸之路"的开通，提供了佛教东传的通道。"丝绸之路"从宗教层面来看，称之为"佛教之路"更为恰切。匈奴的强大，给西汉政权带来了空前的压力。汉武帝建元三年（前138）张骞出使西域正是本着联络月氏，打击匈奴的目的出发的。霍去病的两次强力出击，打通了蒙古高原和青藏高原之间的阻隔，匈奴和羌族夹缝中的东西交通线路，但要形成一条以汉文化为主体的绿洲通道，军

---

① 李智君：《边塞农牧文化的历史互动与地域分野——河陇历史文化地理研究》，博士学位论文，复旦大学，2005年。

事开拓只是拉开整个工程建设的序幕而已。当初这样一条沟通东西的道路建设,并不是为了"沟通东西",而是为了军事上的联络大月氏结成同盟,以"断匈奴右臂",但其客观效果是促成了"丝绸之路"的开通。从西汉王朝出兵的本意来看,也是为了更好的防守,不得已才采取进攻的手段。①

其次,汉王朝通过移民实边和地方郡县制度的建立,使固原地区成为真正意义上的农耕民族聚居之地,从而保证了中原内地与西方世界之间持续不断的文化交流。固原地区被中原王朝控制并设置建制,为固原与佛教国家之间的沟通交流起到了非常重要的作用,仅从赴西方取经高僧可以在这里得到休整与补给这一项来看就功不可没。同时,这一浸润中原文化的通道的存在,也为汉族与周边民族的交流提供了更多空间和机遇。所以,汉族的定居及其与相当一部分游牧民族的杂居相处,使这一地区成为真正意义上的东西文化交流的窗口。而完整的地方行政制度的建立,保证了这一文化交流的地域空间和人群的持续存在。

再次,月氏人的东、西迁徙及皈依佛教,促使佛教由西向东传播。大月氏西迁,是在老上单于杀月氏王时。西迁后的月氏,遂移住于妫水之北,复征服阿姆河之南的大夏,后建立大月氏贵霜国。约在公元前1世纪中叶,皈依佛教。②月氏人皈依佛教,使得河陇和西域之间出现了一个东西游动的信仰佛教的人群,也使得地处河陇文化边缘的固原地区首先得以接触佛教,从而形成一个佛教东传的地域中心。③值得注意的是,月氏人皈依佛教,还导致其统治下的其他民族与周边民族信仰佛教,从而在中亚地区形成了一个强大的佛国。佛教早期的向东传播,实际上是有一个多民族组成的强大宣教阵营,他们中包括商人、流民、使节以及内附的游牧民族等。在他们持之以恒地

---

① 李智君:《边塞农牧文化的历史互动与地域分野——河陇历史文化地理研究》,博士学位论文,复旦大学,2005年。
② [日]羽西了谛:《西域之佛教》,贺昌群译,商务印书馆1999年版,第50页。
③ 李智君:《边塞农牧文化的历史互动与地域分野——河陇历史文化地理研究》,博士学位论文,复旦大学,2005年。

宣传、推动之下，佛教逐渐缓慢地在固原地区传播开来。

最后，就目前所掌握的资料来看，固原佛教并非直接传自佛教的诞生地——印度，而是由多民族的僧侣和使节等，经过西域诸国辗转传来。因此，在这个漫长的历史和地理空间转移的进程中，佛教本身又经历了不断的地方化和民族化，才缓慢传入固原境内。因此，固原佛教与原汁原味的印度佛教之间，在其传播之初就已经有了很大差异。固原地处边塞，境内居民多元复杂，宗教环境相对开放包容，为佛教的传播与发展提供了宽松的环境和有利的条件。传到固原地区的佛教，经过一代代固原佛教僧侣和信众的持续创造与改革，逐渐发展出了具有固原地方特色的佛教文化。因此，固原佛教是印度佛教中国化的重要组成部分，是受固原本土民族和文化影响的地方宗教。

三 佛教的持续发展

固原地区接触佛教比中原内地更早，自佛教渗透到固原地区之始，就开始了其对佛教的逐步调整和缓慢发展的本土化过程。固原佛教的生存与发展的历史过程受到多种因素的综合影响，诸如当地的政权兴衰、主流文化的演变、价值观念的变化、思想意识、风土人情等各种因素的变化。

1. 固原佛教的多元开放性特点

独特的地理和军事地位，使固原地区成为与多民族文化相遇、冲撞、叠加与融合之地。所以固原文化绝非单一的直线发展，而具有"中国文化的复数性"特点，[①] 偏居西北一隅的固原地区居民在文化信仰上，文化传统上是复数的，而不是单数的，既有草原民族的萨满遗俗、汉民族的民间信仰传统，也受到中原内地道教思想的强烈影响，更有儒家思想的深厚积累。通过两千多年来不同文化之间的叠加与凝固，保持了积极开放的文化态度，乐于接受各种外来文化的再次"叠加"，汉族农牧结合的民俗文化与西域传入的佛教文化逐渐融合、叠加，它们之间彼此冲突也互相融合、互为补充，形成了多元复合的

---

① 葛兆光：《叠加与凝固——重思中国文化史的重心与主轴》，《文史哲》2014 年第 2 期。

固原佛教，并展现出不同类型文化的开放性与包容性。

固原佛教历史遗迹、文化遗存及考古资料丰富，印证了固原地区历史上佛教的繁盛。固原佛教文化与石窟寺艺术在传播过程中呈现出中西文化交融的特点：一方面，具有犍陀罗佛教和西域佛教风格。如须弥山石窟中的中心柱窟形制就明显受到西域龟兹佛教石窟形制的影响，须弥山石窟的穹隆顶形制也具有西域游牧民族的文化特色。另一方面，又结合本地传统文化与社会习俗，对佛教进行了适应固原社会历史文化特色的本土化调整。经过固原文化的过滤筛选，加工创造之后，又向西方回流，并对周边地区的佛教文化产生了影响。

2. 固原佛教的边塞特点

固原既是直接面对游牧民族冲突的前沿，历代边塞重点经营的地区，又是中原派遣移民屯田开发的主要区域，同时也是内附游牧民族的主要安置区域。边塞地带多元的政治环境，给佛教在这里的传播与发展提供了适宜的地域环境。同样一件新鲜事，在同族同类里发生常常是不能接受的，但如果发生在异族异类人群里，自然就多了几分宽容。佛教的早期传播，主要在西北边塞少数民族中，对汉族士人的出家修行最初是禁止的，即"佛是戎神"，因此游牧民族信仰与传播佛教不在禁止之列。[①] 在儒家礼制控制的地域和人群中是不允许出家和建立佛寺的，只有西域人可以，甚至在都邑也无大碍。一旦生在边壤的佛教信徒掌握政权，佛教占领这一地域则是大势所趋。固原地区的边塞地缘环境，为北方民族徙入，东向传播佛教提供了非常便利的条件。事实证明，北方民族在佛教东传过程中居功至伟。它们是佛教发展早期重要的信徒和寺院建设的资助者，而西域游牧民族也在佛教向北方地区大范围传播的进程中有重要的推动作用，正是他们带来的内容丰富的佛教经典，刺激了中土高僧不断西去求取真经。[②]

最迟在东汉时期，佛教经西域传入固原地区，三国西晋时期初步

[①] 李智君：《边塞农牧文化的历史互动与地域分野》，博士学位论文，复旦大学，2005年。

[②] 李智君：《边塞农牧文化的历史互动与地域分野》，博士学位论文，复旦大学，2005年。

流传。十六国时期，固原地区先后归前后赵、前后秦和大夏统治。在此期间，尽管饱受战乱之苦，但这些游牧政权为了维护自身的统治，少数民族统治者大力提倡佛教。而各族人民也幻想通过求神拜佛解脱苦难，所以这一时期，除了少数民族政权的统治阶层崇佛外，固原地区民间信佛者的数量亦剧增。

杨坚立隋，革除北周宣帝苛政，定刑律，轻刑罚，复佛道二教。重用原州世胄李穆"执威柄以熨安天下"。[①] 炀帝时，国库充裕，人口增加，户增至五千万。大业五年（609）冬，征集四方艺人到东都参加表演，历时一月，参加者十余万人，其间三市店肆张挂帷帐，置备酒食，各族人民入市贸易都以酒食款待，是一次全国性民俗文化的汇展交流，这也为佛教的交流和传播提供了有利条件。

隋代建立马政，原州是苑马监牧中心，设有羊牧、驼牧、牛牧总监。唐朝政府在原州设监牧总管。"安史之乱"后，吐蕃占据原州，是唐由盛而衰的转折，也是原州经济文化衰落的历史起点。原州处于"丝绸之路"必经的萧关古道上，商人、僧侣、使节各色人等东来西往，有意或偶然地因其东西流动促进了佛教及石窟艺术的互动，承载着佛教传播与文化交流的重任。虽然，唐末吐蕃占领原州地区，滞缓了社会进步，但佛教在崇佛的吐蕃人统治下，仍得到了继续发展。

3. 受中原佛教政策影响明显

固原作为中原王朝的边疆之地，从考古资料来看，大一统的中原政权大多数时候都可以对此地进行有效管控，将其纳入行政版图之内，所以固原地区的社会文化与经济发展无不受到中原内地政权政策和文化传统的直接影响。固原佛教的发展也与中原王朝的佛教政策有着紧密的关联，并深受中原佛教政策的影响。如，唐朝是佛教最兴盛的时代，也是道教迅速发展的阶段，李唐皇室大多推崇道教，佛道之争贯穿整个唐代。相对来讲，佛教盛行于民间，道教更为统治当局所喜爱，但武则天、唐宪宗执政时期例外。武则天改唐为周，登上皇帝宝座在舆论和思想方面借助了佛教的帮助，因此，她对佛教大力支

---

① （唐）魏征等：《隋书》卷37《李浑传》，中华书局1973年版，第1120页。

持；唐武宗在藩邸时，即好道术，即位后在宫中修符箓、炼丹药，在赵归真等道士的劝说下，决定灭佛，发动了历史上著名的"会昌灭佛"事件。这次灭佛事件沉重地打击了佛教，之后固原佛教亦逐渐衰落。

宋代建国之初，确立"削平诸国，废藩镇，留州郡"，"严守令劝农之条，而稻、粱、桑、枲务尽地力"①的国策，命官诣诸道均田，凡州县旷土，许民请佃为永业，令各县选知土地之宜，明树艺之法者一人，补为农师，协助地方官员推广新技术。西夏腹地生产秩序正常，虽边境时有摩擦，但"朝贡""岁贡"基本未断，边境贸易得以维系，边境之民风气强悍，民俗强梗尚气，重然诺，多勇武，敢战斗。沿（镇戎、德顺）边蕃民熟户吸取农耕文化精髓，"岁时以耕稼为事，略与汉同"。②

佛教早在女真人建立金国前即在女真人中有所传播。太祖反辽后，大片辽地并入金国，金初的佛教沿袭辽代佛教继续发展，并且受到了北宋佛教的影响。在辽与北宋佛教融合之后，形成了改良后的金代佛教。金代对佛教采取了既保护又限制的谨慎政策，只是到了金末，由于全真教大兴，蒙古人南下，才打破了这种政策。辽朝密宗和净土宗的势力较盛，而北宋禅宗和律宗较盛，二朝佛教融于一域。因此，金初佛教势力虽然发展并不十分明显，但其宗派较多，也比较活跃。③

元朝以畜牧兴国，虽以武力征服封建经济发达的中原大地，但不能将落后的畜牧经济强加于内地，以改变历史悠久的农业生产方式。元代皇帝忽必烈汉化较深，他积极吸取前代统治经验，"考之前代，北方之有中夏者，必行汉法乃可长久。"④元朝统治者糅合了蒙古旧制"万世国俗"和汉族治道，建立了既有汉制因素，又有蒙古旧制成分；既行汉法，又有国俗的"二元"性政治体制。如，忽必烈采

---

① （元）脱脱等：《宋史》卷173《食货志》，中华书局1977年版，第55页。
② （宋）李焘：《续资治通鉴长编》，中华书局1985年版，第3222页。
③ 崔广彬：《金代佛教发展述略》，《黑河学刊》1996年第5期。
④ （明）宋濂等撰：《元史》卷158《许衡传》，中华书局1976年版，第3718页。

用中原封建王朝传统干支纪年法纪年。元代建立了一个空前辽阔的统一多民族国家，开创了成功经略先例，使民情归一，民俗融合，民事一统。为文化的发展创造了十分有利的客观环境。中原文化、北方草原文化、边疆文化、佛教文化都有发展，并且在更广阔的地域范围内进一步、互相交流、互相融合，形成了固原佛教发展史上的新特点。

明朝大将徐达，曾转战固原地区，军师刘伯温也曾经过固原。固原地区的百姓把明代消灭大元、扫平天下，取得江山的胜利归功于刘伯温的能掐会算。又杜撰出刘伯温的师傅是铁冠僧，铁冠僧是固原隆德县人的传说。这种说法将政治兴衰和"佛教"高僧挂钩。既是僧人，当宣扬佛法，但铁冠僧"天文地理、阴阳顺逆无不通晓"，似乎又是道家行为，故又称玄真。后人借铁冠僧教刘伯温之言，撰成《透天玄机》。《透天玄机》序载："玄真乃隆德僧人，能经养精练气，详识三元之气数。周天之劫数，祸福吉凶、盈虚清长及一切天文地理，阴阳逆算无不知晓""曾以天文地理、奇门遁甲，阴阳逆算、星斗分野，并推算中华外夷一切吉凶及一万五千年三元劫数，尽教于伯温。"[①]

白莲教在固原地区比较流行，清代仍蔓延不断。乾隆五十五年（1790）十月，白莲教首领刘松及其弟子刘子协、宋之清充发固原隆德，刘松在隆德倡立白莲教并与湖北樊学明、齐林，陕西韩龙，四川谢添福等联络，被陕甘总督额勒登保捕获，刘松及其子刘四儿被杀。白莲教的故事在民间广为流传，许多民间降妖捉怪、打卦问卜等习俗来源于白莲教，至今，仍有一定的社会影响，如白莲教的"点豆成兵""隔墙入室""呼风唤雨""点石成金""炸山喝雨"等故事和传说在固原民间还有流传。

佛教的盛行对固原地区影响颇大，在现存固原佛教遗物中，须弥山石窟以其独特的佛教造像艺术在全国石窟造像中占有重要地位。固原境内还发现和出土了大量的佛教造像。固原地区的佛教造像经魏晋南北朝时期的发展变化，隋唐时期的兴旺繁盛，宋元明清时期的承袭

---

① 转引自李连斌《推背图点注详析》，北京师范大学出版社1992年版，第137页。

固原古代石窟佛像概览

延续，从未断绝。石窟寺院遍布固原大大小小的村落，至今仍有多处遗存。佛教造像的供奉非常普遍，从贵族到普通百姓都有参与，其规模与数量，在固原雕塑艺术史上是其他任何内容的雕塑作品都无法与之相匹敌的。由此可见，佛教造像艺术在固原雕塑艺术史上具有重要地位，甚至在一个较长的历史时期里还是固原雕塑艺术的主体。

由于长期的民族融合以及频繁的中西文化交往，加上固原地区多民族、多元文化和多样性的地理环境，形成了开放包容的文化环境，为佛教文化的输入、发展和输出，提供了便利和宽松的社会氛围。首先，汉族及各民族对外来文化表现出了一种包容和汲取的积极态度，对西方和各民族文化兼收并蓄，积极改造。无论是十六国时期的前后赵、前后秦、大夏，还是北魏前期，其政治体制、经济生活、礼仪风俗、学术思想等都不是单一汉文化或某一种少数民族的特征，而是表现出胡汉混合、多元交融的复合型发展的特点。如十六国时期占据宁夏地区的匈奴铁弗部，在建国初期就仿照内地政治制度，设置百官，修筑城池。赫连勃勃称帝后，还仿照汉族帝王建都筑城的方式，建元凤翔，其都城统万城，位于今陕西北部榆林境内，规模宏大，仿汉建制，非常坚固，历经千余年风雨剥蚀和人为损坏，至今仍保存较好。据《魏书》记载："城高十仞，基厚三十步，上广十步，宫墙五仞，其坚可以砺刀斧。台榭高大，飞阁相连，皆雕镂图画，被以绮绣，饰以丹青，穷极文采。"① 完全类同于中原汉地的宏伟都城，是匈奴铁弗部吸收中原文化的结晶。在大夏和北魏统治时期，佛教文化也得到了这些少数部族的积极支持，并进一步传播和发展，这也反映了固原地区与中原、北方草原游牧文化及西方世界的密切联系。

"中国的佛教石窟寺一般分布在既远离尘世的干扰、环境优美、便于僧侣们静心修行，又接近交通要道、生活方便及便于香客们朝拜的地区。"② 虽然佛教一度在固原非常昌盛，但开窟造像首先要满足信仰者焚香礼拜的需要，因此既要考虑石窟开凿的地质基础，又要尽

---

① （北齐）魏收：《魏书》卷95《赫连昌传》，中华书局1974年版，第2059页。
② 宿白：《中国石窟寺研究》，文物出版社1996年版，第16页。

可能地靠近民众集中的城镇及周边地带,"整体上来看,石窟与中心城市之间的距离基本上在 50 公里的范围之内"。① 这样的距离刚好能够满足焚香礼佛之人一日之内往返的需求。毕竟固原须弥山石窟根本上还是地方性佛教石窟寺,并不能保证来自皇家贵戚们持续稳定地供养。距离固原市区西北 55 公里处的须弥山石窟,历史上的持续发展和繁荣,开窟造像活动的兴盛,除了官府和达官贵人的财物供奉之外,还要依靠来自固原城内及周边地区大量信众的财物布施和虔心供奉,他们为须弥山石窟的持续繁盛及千年传承提供了源源不断地财力、物力和人力资源和支持,以及广大的信众群体。

四 佛教对固原人民社会生活的影响

魏晋南北朝时期蓬勃发展的佛教,对中国文化产生了巨大影响,给固原人民的社会生活与文化发展注入了新鲜元素。"佛教义学成为中国哲学的组成部分。"② 此外,佛教的功德观、布施观等对固原社会也产生了巨大影响。

1. 布施——功德观对固原人民的影响

布施是佛法中的重要内容,"布施度作为大乘佛教六度之首,是大乘菩提心修行的重要法门之一"。③ 丁福保《佛学大辞典》指出:"布施,以福利施与人也。所施虽有种种,而以施与财物为本义,得大富乐之果",④ 布施就是将福利施予他人,布施的方式虽然有很多,"但最普遍的方式还是财布施,并且布施得福报"。⑤ 佛教将捐施行为神圣化,在佛教话语体系中,布施表面上是信徒对寺院的给予和付

---

① 李智君:《边塞农牧文化的历史互动与地域分野——河陇历史文化地理研究》,博士学位论文,复旦大学,2005 年。
② 任继愈:《禅宗与中国文化》,《社会科学战线》1988 年第 2 期。
③ 刘龙杏:《佛教布施思想及当代价值研究》,硕士学位论文,青海师范大学,2016 年。
④ 布施(术语):梵语曰檀那,译为布施。以福利施与人也。所施虽有种种,而以施与财物为本义。得大富乐之果。
⑤ 刘龙杏:《佛教布施思想及当代价值研究》,硕士学位论文,青海师范大学,2016 年。

出，实质上是信徒对自身罪孽或灾难的赎回。①

为了实现现世的平安顺遂、幸福喜乐，为了消灾祈福，疗疾治病，获得精神的救赎和心灵的安宁，固原境内的广大普通信众逐渐舍弃了苦读经书、刻苦修行等以求实现灵魂解脱、涅槃成佛等遥不可及的梦想的传统佛教活动，而是转向通过财物布施等更简便的方式，以类似物质交换的方式实现对现世安稳与往生西方净土世界的追求。"这种新的宇宙观是在城市文明的商业气氛中产生的。商人的价值观念不可避免地影响了佛教教义的发展。这个时期编纂成书的佛教梵文经典大谈拜佛，强调通过拜佛和捐赠所积累的功德能为此生或来世带来实际的好处"。② 这就为宗教信仰淡漠，又对现实境遇不满的人们，提供了一种便捷和实用的信教方式，即通过财物的布施获得心理上的安慰和精神上的护佑，他们愿意向寺院布施财物以获得富裕、顺遂、安乐等福报。其中，为了能在外部环境变幻莫测的情况下，保障贸易的顺利进行，并获得高额利润，商人往往是积极布施财物给寺院的群体，他们将对佛教寺院的供养与自律命运和倒齐利益直接起来，以财物的布施，换取精神和心灵上的护佑与安慰，因此，为了生意兴隆、旅途顺利平安，商人往往是佛教寺院平民资助者中最重要的供养人。他们雄厚的经济实力也是支撑其宗教资助供养和物质基础。

2. 固原地区佛教寺院的兴起

"从公元5世纪末开始，中国大城镇和村落遍布大大小小的寺庙、高环矗立的佛塔、戒坛、佛堂和兰若。当时还存在一些朝圣进香的中心以及中国佛教史上的名山，佛教建筑与日俱增，其内居民均为僧尼。"③ 一直到隋朝开国，所有的佛教建筑，无论规模大小和居住僧侣人数的多寡，一概都以"寺"名相称，这是一个通称，"中国在很

---

① 周建波、毕悦：《中古寺院经济的共享特征与现实镜鉴：基于共同信仰的视角》，《世界宗教研究》2019年第4期。
② 刘欣如：《古代丝绸贸易与宗教活动》，《世界历史》1993年第2期。
③ [法]谢和耐：《中国5—10世纪的寺院经济》，耿昇译，上海古籍出版社2004年版，第6页。

早以前就使用它指供僧侣们居住的建筑"。① 但是早期寺庙的规模不会太大，在公元6世纪中叶的3万—4万座寺庙中，大部分只能是小道场，其中有一些是只居住几位僧侣的小规模佛教活动场所。唐武宗会昌灭佛期间（845—846），4万多个兰若中，有20万余名出家人。② 数据显示，从晋代到唐末这段时间内是佛教寺院大举发展的时代，寺院激增，僧尼伪滥，数目增长迅速，成为社会上一个非常重要且醒目的群体。"在中国长达数百年的中古史上，寺院扮演了加速财货流转的中介角色。自魏晋以来，寺院经济渐成规模。"③

随着固原佛教的不断发展和布施功德观的日渐深入人心，固原地区的统治阶层积极布施佛教寺院，主动出资供养财物、土地等，或开窟造像、传抄佛典、诵经弘法等，为的是保佑一方平安或自身家族的福乐安康。在这种风气的带动之下，越来越多的固原信众和佛教徒自觉自发地将重要的财富慷慨地赠送给寺院，积极地供养佛陀、菩萨与诸神。他们坚信这种财物的布施可以换取自己需要的功德，所以积极性普遍比较高。这其中，丝绸、粮食等物资成为普遍的佛教寺院供养物品，被赠送或转卖给佛教寺院，成为寺院经济的重要来源之一，"丝以及丝织物是官府用以外销的物资，也是重要的财源"。④ 这些物资被大量布施给寺院，一方面满足了寺院建设的需要，另一方面也为寺院的繁荣和佛教的发展，提供了重要的经济基础和物资保障。

3. 佛教成为固原文化的重要组成部分

首先，佛教的输入给固原地区的传统文化注入了许多新的观念，如新的神灵体系，因果报应、六道轮回、灵魂转世，相信死后的生命等。佛教以其体系化的教义，丰富的哲理，祀奉众神及对诸神的塑像、佛教绘画艺术，庄严的礼拜仪式，丰富的佛教活动，浩如烟海的

---

① ［法］谢和耐：《中国5—10世纪的寺院经济》，耿昇译，上海古籍出版社2004年版，第12页。
② ［法］谢和耐：《中国5—10世纪的寺院经济》，耿昇译，上海古籍出版社2004年版，第12页。
③ 王德朋：《金代佛教寺院经济生活探析》，《中国农史》2016年第5期。
④ 王德朋：《金代佛教寺院经济生活探析》，《中国农史》2016年第5期。

佛教经典，特殊的宇宙观及精密的宗教仪规等，极大地拓展了国人的思维空间和精神领域。作为一种外来宗教，佛教的某些教义与传统文化是相悖的，所以早期佛教在固原地区的传播也绝非一帆风顺，而是经历了与本土文化思潮，特别是与儒家、道教的生死较量、激烈角逐和互通融合之后，扩大了其在本土文化中的影响。所以南北朝时期，儒、释、道三者之间曾有过关于"夷夏论""白黑论""神灭论""危国论"之争，甚至最高统治者出面举行儒、释、道之间的大辩论等，都反映了作为来自遥远的印度的外来信仰，佛教在内地的传播与本土化过程是相伴而生的。儒、释、道三方在不断的斗争中，又相互吸收与融合，知识阶层中研究佛学之风大兴，有深厚儒学功底的贵族大臣，名士学者，乃至普通教徒，在保持儒学正统地位的条件下兼容佛道，成为这一时期文化思潮的主流。中华文化以其博大的胸怀，在接纳佛教的同时，保持了民族文化传统的独立和民族精神的延续。

其次，在民间，佛教对固原百姓的传统观念及风俗习尚也产生了较大影响。人们开始相信前世、今生和来世的三世说，生有所来，死有所往的观念日渐深入人心。信天道轮回及因果报应，积德行善，注重悔恶除罪，修德祈福等，对人们的行为规范有较大影响。必须指出的是，广大下层百姓对佛教的热忱主要源自于对佛的神性和无边法力的强烈迷恋，它为广大身处现世困境中的百姓推开了一扇通往西方极乐世界的窗户，也让人们因为寄希望于来世的福乐安康，而吃斋念佛、布施财物、诵经祈福、抄写佛经等。而这类仪式化的宗教活动和行为，更强化了人们在佛教活动中的获得的心灵依赖和归属感，这种心理和精神上的极大满足，产生了相对强烈的宗教情感和独特的宗教体验，更进一步激发了人们参与佛教活动的积极性。①

佛教在固原的传播，经历了漫长而曲折的过程，本来就是佛教文化与固原区域文化、中华传统文化之间碰撞交融的结果。最初即是以与民间巫术、神道信仰类似的形式传播，当东汉明帝遣使迎佛、在洛阳首建白马寺时，士大夫们普遍认为佛教思想就是道家思想，是老子

---

① 郑晓云：《文化认同与文化变迁》，中国社会科学出版社1992年版，第113页。

西行化胡的产物。但随着西域高僧的相继东来和佛教经典的大量译介，士大夫们产生了研究佛学的浓厚兴趣。魏晋隋唐时期，不少僧侣不辞辛劳地跋山涉水，赴印度留学、求取真经。唐代，在历时久远的西行求法和佛典译介的基础上，中国僧人和西域僧人合作开创了八个佛学流派，是为中国佛学的鼎盛时期。但是由于种种原因，此后，除禅宗和净土宗外（这是两种简单易行，符合中国文化特色的佛教宗派），其他教派均一蹶不振了。[1] 其他教派相对烦琐复杂，且修行要求较高，对于普通百姓来讲，修习不易，所以难以长久兴盛。这也进一步证明了中国佛教文化的世俗性与功利性特征。

佛教讲"三世"，即过去世、现在世、未来世。其中前一世为后一世的因，后一世为前一世的果。因果有轮回，在任何一世都不能做违背伦理、道德的恶事。它与儒家教化思想有相通之处。"三世说和因果报应，自传入华夏以来，逐渐引起国人的深刻思考，甚至被较为广泛地接受，特别是对于无法掌握其现世命运的芸芸众生，形成一种通过深入佛教体系，寄希望于遥远未来的观念和希望"。[2] 这种观念对社会的影响是值得重视的，它在一定程度上维系了现实社会的阶级结构和社会等级秩序，让人们知道今生所有的际遇都是前世的"因"所导致的，为了能在来世改变命运，就应该安分守己，积福行善，好好修行，为来世的安稳和家人的平安喜乐而努力积极向佛。这些观念对于安定社会秩序、维持稳定和安居生产是有一定积极意义的。因此，中原王朝或少数民族的统治阶级也乐意接受，他们中的大部分非常善于利用佛教的这些理论和思想观念，为其实现和维护统治的稳定及对普通民众的精神控制服务。

固原佛教还以其强大的生命力和文化韧性不断调和不同文化之间的矛盾，协调彼此之间的关系。特别是适应固原地区特殊的风俗民情，积极地本土化，不论是仪式活动上的地方化适应，还是教义及理

---

[1] 郭太风、陆益军：《传统文化与民族自信》，文汇出版社1998年版，第90页。
[2] 尚永琪：《3—6世纪佛教传播背景下的北方社会群体研究》，博士学位论文，吉林大学，2006年。

论上的在地化创新与调整，都表现了佛教文化对固原本土文化的强烈认同，如此一来，固原的佛教文化已与印度原始佛教之间有了很大区别。

4. 佛教为固原百姓提供了精神支撑

固原地处边塞，历来都是用兵之地，分裂战乱之世，百姓乱离，固原普通百姓们对佛教"普度众生""轮回转世""因果报应"等教义越来越了解，越来越多的人积极投身佛教，他们寄希望于佛陀、菩萨及佛教诸神能拯救其于水火之中，并能带来心灵宁静和精神安慰。而佛教教人向善，特别是律宗的快速发展，促使佛教僧侣严守清规戒律，以良好的形象赢得了百姓的爱戴，救苦救难、慈悲为怀的佛教宗旨给人们极大的精神护佑与支持。

不只是固原地区的普通百姓越来越倚重佛教的精神支撑，就连沿"丝绸之路"经商贸易，长途贩运的粟特商人，沿途所在的佛法也对其精神信仰产生了强烈冲击和影响。他们来到佛教盛行的固原地区，利用修整、贸易的间隙，进入固原境内的大小佛教寺院，焚香礼佛、供奉财物，以寻求佛陀的保佑和庇护，这对危机四伏的丝路商贸旅程来讲，无疑是非常重要的，佛教给他们提供了巨大的精神支撑和心灵慰藉，是帮助和支撑其贸易活动的重要因素。"北朝隋唐时期，粟特人大量进入固原地区，由于当时盛行佛教，也有许多粟特人转信佛教"。[1] 入华粟特人对佛教的皈依，"实际上预示着其对佛教文化的认同，也是对汉族社会普遍谨守的价值观念的认同，体现出外来移民对汉地信仰的认同。正是在这种大趋势下，这些入华粟特人逐渐融入了汉族社会"。[2] 最终成为固原佛教信众重要成员的入华粟特人，积极出资供养佛陀和菩萨等尊神，在固原须弥山石窟等的开窟造像中积极出资出力，为固原佛教石窟艺术的发展作出了贡献。

---

[1] 毛阳光：《唐代洛阳粟特裔居民的佛教信仰》，载荣新江、罗丰主编《粟特人在中国——考古发现与出土文献的新印证》（上册），科学出版社2016年版，第318页。

[2] 毛阳光：《唐代洛阳粟特裔居民的佛教信仰》，载荣新江、罗丰主编《粟特人在中国——考古发现与出土文献的新印证》（上册），科学出版社2016年版，第319页。

第三章　固原佛教概述

5. 佛教的胡汉社会整合作用

本土文化的特性，与其对外来佛教文化的接受和因地制宜的改变，以及佛教文化对固原人民的社会生活和精神文化生活的重要影响，促使人们积极地吸收佛教文化的精髓，发挥佛教在固原社会文化与精神领域缔造和谐社会的巨大作用。

4—9世纪，大量来华的粟特人主要因为逃离战乱和经商贸易之需，他们在固原或开展贸易活动，或以技艺谋生，甚至发展到定居、从事农业生产等，并逐渐形成了以粟特人为主的社会聚落。粟特人作为隋唐时期"丝绸之路"贸易的重要参与者，① 其在佛教传播中的独特贡献和佛教石窟艺术发展过程中的重要地位，有着不同寻常的历史意义。一方面他们促进了固原人民对新信仰方式的理解和接受。另一方面，借助其雄厚的经济实力和独特的艺术创造，在固原佛教石窟寺的建设和石窟艺术的发展中，他们也发挥了重要作用。

粟特胡人之外，进入固原地区的其他各种游牧民族、异域族群等，面对其本民族文化同固原地区传统文化之间的巨大差异，很难在短期内实现差异文化之间的相互理解和融合认同。但是对于同样由异域传播而来的佛教，则比较容易形成思想和文化上的共识。佛教的"众生平等"观念，有利于淡化和消解那些外来的不同于汉族的其他民族的文化特征、"胡汉之别"等文化差异所导致的矛盾冲突，佛教"包容了胡汉两种民族的意识形态，并具有从中发挥作用的可能性"。② 进入固原地区的其他各民族和族群的人们，要顺利融入固原的社会生活之中并落地生根，甚或希望取得更高的社会地位，得到固原社会的认可和肯定，就必须消解原来那种与华夏文明敌视的心态，而佛教作为外来的宗教信仰，往往的类似中介的他者身份传教，更易于被胡、汉社会双方所理解和接受。

---

① 如姜伯勤、荣新江等先生都不止一次地强调、指出过这一点。
② ［日］佐藤智水：《北朝造像铭考》，载刘俊文主编《日本中青年学者论中国史》（六朝隋唐卷），古籍出版社1995年版，第71页。

第三节 固原佛教的多元特征

由于地理区位、历史传统、中西交流、民族杂居等因素的影响，固原地区的佛教形成了开放、多元的文化特征。它积极吸收各种外来文化艺术元素，并将其融入本地佛教及石窟艺术当中。除了印度、西域等地佛教文化的影响之外，中原内地的佛教宗派等也直接或间接地影响了固原佛教的发展。另外，固原地区游牧文化的痕迹非常明显，游牧文化对固原佛教及石窟寺艺术都有直观的影响。

唐代中期以后印度佛教式微，中国化佛教宗派——禅宗获得了巨大发展，禅宗在固原的地位非常重要。事实上，迄今为止，固原地区最深入人心的佛教宗派莫过于禅宗和净土宗了，而对于一般信众来讲，禅宗的影响更甚于净土宗。因其中国化程度最是最深刻，也流传最广泛、生命力也最强。此外，密教、藏传佛教的某些影响对元代以来固原佛教也是比较显著的。

一 外来胡僧在固原佛教传播中的贡献

必须指出的是，胡人僧侣在固原佛教的传播与发展中作出了重要贡献，特别是在固原佛教传播的早期阶段，胡僧是传播佛法的中坚力量。在佛经翻译、开窟造像、寺院建设、佛法传播方面作出了不可磨灭的贡献。也是在他们的努力之下，更多地固原本地平民百姓开始走进佛教寺院，聆听僧人讲经说法，参与寺院活动，用佛教教义约束自己的言行举止，通过诵经、供奉等方式拉近其与佛教的距离。他们中的很多人开始时也许只是为了祛病消灾、避祸就福才抱着试试看的心态进入佛教寺院，在了解和学习了更多佛教知识之后，逐渐对其理论产生了兴趣。可以说，他们充当了早期固原佛教传播者的角色。

二 固原须弥山洞窟题记所反映的多元文化

印度佛教在中国社会大动荡的魏晋南北朝时期，在固原地区迅速发展，并进一步深入民间普通大众之中，其原因是多方面的，其中最重要的有两点：一方面，边塞文化的特征促使固原的佛教传播与发展一直奉行开放多元的策略。此外，通商、旅游、民族迁徙以及其他人员的流动也是传播文化的重要媒介。另一方面，文化传播是引起社会变迁的重要原因之一，批判地借鉴和吸收外来文化是实行社会改革、推动社会进步的必要条件。在唐代前期创建佛教宗派的历史潮流中，佛经翻译是非常重要的环节，译经是佛教传播与发展的基础。汉文僧传表明，多数通过中亚语言译成汉文的早期佛典是粟特人和汉族文士合作的结果。①

北魏时，中国禅宗始祖菩提达摩从南朝来北朝弘扬禅宗佛法，创立禅宗，经历代高僧持之以恒的努力开拓，此后禅宗发展十分迅速，社会影响非常广泛，当时，北方主要是游牧民族建立的政权，他们的文化水平相对较低，对精密严整的佛教教义与理论缺乏深入研究的耐心和文化修养，他们更容易用给寺院和僧侣提供供奉，坐禅观想等方式学佛，于是形成了北方重禅修的宗风。"随着北方禅理的兴盛，修凿石窟的风气也日渐炽盛，固原须弥山石窟就是在此影响下开凿的"。②须弥山石窟的开凿大约经历了北魏、西魏、北周、隋唐五个时期。特别是在魏晋南北朝时期，都是在少数民族游牧政权统治之下，他们大部分非常崇佛，自北魏时期开窟以来，除北周武帝短期灭佛外，均能坚持造像活动。隋唐时期，更是进入到佛教发展的黄金时期，也迎来了须弥山石窟艺术史上最辉煌的时期。

须弥山石窟第46号窟，③有两则题记在施主姓名前冠以"奉伏"二字。"伏"疑为"祆"字之演变或俗体。奉伏即奉祆。奉祆者，信奉祆教者也。南北朝时，祆教传入我国，西北尤盛。祆教为波斯琐罗亚斯德教，是已知人类文明史上最古老的一个宗教，是中亚粟特人最重要的宗教信仰之一。波斯版的琐罗亚斯德教因传入粟特地区被先粟特化，又随着粟特人大量入华而不断受到中华文化的影响。中古时

---

① ［法］鲁保罗：《西域的历史与文明》，耿昇译，新疆人民出版社、人民出版社2012年版，第196页。
② 李裕群：《古代石窟》，文物出版社2003年版，第109页。
③ 温玉成：《中国石窟与文化艺术》，上海人民美术出版社1993年版，第183页。

期，随着粟特人入华而得以传播，曾对"丝绸之路"沿线民族和地区产生过重要影响。国人通过观察其事火、拜天的礼俗，专门为之造字，将其命名为中国化色彩浓厚的"祆教"。① 唐代两京（西安、洛阳）、凉州等地皆有"祆祠"。唐武宗会昌毁佛时（845），同遭禁止。但事实上禁而未绝。直至北宋中原地区仍有流布，北宋张邦基《墨庄漫录》卷四云，开封城北有"祆庙"，庙祝姓史，世代相传。其家藏有牒文3件，最早一件是宣武节度使令狐绹于862年所付。固原地区曾有大量粟特人聚居，带来其祆教文化也不为奇怪，本窟题记如确系奉祆之义，则意义重大，② 唯待做进一步之研究。

在内部，固原地区不仅是北方游牧民族南下的重要活动区域，也是与中原王朝争夺的重要区域。"固原地方夷汉杂居，风土劲悍"：自两汉以来，羌、胡、匈奴、鲜卑、突厥、吐蕃、党项、蒙古等民族先后活跃于此，形成汉族与各兄弟民族交错共居之格局。③ 由于长期的民族融合及频繁的中西文化交往，打破了原来的封闭状态。固原文化对外来文化表现出了一种汲取和包容的积极精神，对西方和各少数民族文化兼收并蓄，并借助多种文化和艺术形式对佛教及石窟艺术积极改造。

三 禅宗对固原影响重大

禅宗是佛教中国化的产物，"它也是佛教在中国本土化、世俗化和平民化的结果"。④ 禅宗对本系外来的佛教进行了最彻底有效的中国化的改造，倡导一种极为简易的修行方式，其观点与儒、道意蕴多有相合之处，因而能迅速风靡固原及周边地区。禅宗之所以能久盛不衰，在于它简便易行，没有过于烦琐的礼仪约束，较好地顺应了文化水平不高的固原本地信众的需要。他们并不特别在意佛教教义理论体系的逻辑性与哲学性，而主要看重的是禅宗能为信众提供的来自佛

---

① 冯敏：《中古时期入华粟特祆教的本土化浅析》，《寻根》2019年第3期。
② 温玉成：《中国石窟与文化艺术》，上海人民美术出版社1993年版，第184页。
③ 陈育宁：《宁夏通史》（古代卷），宁夏人民出版社1993年版，第87页。
④ 王宁：《佛教对宋朝火葬盛行的影响》，《五台山研究》2008年第2期。

陀、菩萨和诸神的神异和无边法力。帮助功利和现实的信众们通过简单的仪式和方法,就能获得极大的宗教安慰和神佛的护佑。因而自其形成以来,就以无与伦比的速度广泛传播。

从禅宗的最高修行目标来看,它继承了大乘佛教普度众生的宗旨,宣扬地藏王菩萨"我不入地狱,谁入地狱"的精神,不仅要拯救一切众生,而且要拯救一切坠入地狱备受煎熬的痛苦灵魂。这种普度众生的精神,与儒家思想中"修身、齐家、治国、平天下"的追求和理想具有内在一致性,容易被儒家士大夫理解和接受,因而被逐渐认同和较快传播;禅宗提出了全新的佛性理论,指出"佛不远人""佛性人人皆有"的基本观点,使原本可望而不可即的佛性,潜入人们的内心深处,消除了佛与人之间的巨大隔阂。禅宗认为人人均有佛性,都有可能成佛。正是因为"一阐提人皆可成佛",对生活在固原大地上的普通百姓、粟特人和其他外来民族来讲,他们也不例外,这就为他们提供了进入禅宗的可能和机会,从而拉近了佛教与入华粟特人的距离,鼓舞了其向佛、修佛和成佛的勇气与热情。[①] 禅宗对固原地区的其他游牧族群和北方民族也曾产生过同样的影响和作用。

禅宗虽然以遵循佛教的基本戒律为主,也宣扬不受世俗礼法约束的思想,但是承认遵循世俗礼法是最基本的修行基础,这和儒家思想并不相悖。禅宗的伦理规范基本上吸纳了儒家思想,非常贴近中国人的思想、心理和习惯,较少文化隔阂,相对亲切、自然的禅宗教义,极易获得士大夫和大众的理解和支持,从而扩大了佛教的传播和社会影响。禅宗的魅力吸引了越来越多文人士大夫的加入,他们赋予了禅宗中华文化的神韵,在精英阶层形成了参禅悟道的社会风气。徙居固原的粟特人中有很多是经济实力雄厚、社会地位显赫的上层精英人物,他们更愿意向固原乃至中原的上层社会靠拢,禅宗就成为胡汉双方顺利实现文化交流、促进社会融合的媒介。当然,作为本来有祆教或摩尼教等其他宗教文化传统的入华粟特人来讲,其宗教信仰上的这

---

① 郭太风、陆益军:《传统文化与民族自信》,文汇出版社1998年版,第91页。

种新变化，必然是漫长和渐变的。但是禅宗宽松自由的信仰要求和较少的礼仪程式等，不会给他们造成学习和模仿上的巨大困难，相反，少有烦琐的宗教仪轨与程式的束缚，为他们信仰佛教降低了门槛。他们不需要过多地改变，甚至很少改变就可以实现与固原地区的人们在生活方式、精神信仰上的趋近和融合，就可以得到精神安慰和实惠的社会效益，包括经济贸易中的不菲收益等。因此，禅宗对其产生了较强的吸引力和向心力。

第四节　固原佛教的地域特点

特定地域人群文化习性的形成，受到多种复杂因素的影响和制约。其中，人群赖以生存的自然环境和历史文化条件，是十分重要的因素。"地域"特指文化区域，"即在一定历史阶段形成的、相对于其他地区有自己文化传统的文化区域。一种文化区域的形成，与历史传统有关，也与其所处的地理环境有关"。[①]

固原是一个历史悠久、文化积淀十分深厚的地理区域，漫长的历史文化进程中，在诸多不同民族的不断传承和创造的基础上，形成了特色鲜明的地域文化。人烟稀少的黄土高原，地势开阔、起伏不平的地貌，厚重、源远流长的历史。使固原境内的地域文化结构趋于多元和开放，固原文化也更易于接受异质文化的影响。固原人古道热肠，沉郁内忍、强悍坚毅，个性豪放不羁，不拘礼法等。这些精神、生活行为渐渐成为一种历史积淀，形成固原人厚重激扬和豪爽粗犷的性格特征。[②] 这种区域文化特征对远道而来的佛教产生了潜移默化的影响，经过了固原本土文化的改造，形成了具有地方特色的佛教文化。概括来说，固原佛教的地域特点主要体现为以下几点。

[①] 张兵、李子伟：《陇右文化》，辽宁教育出版社1998年版，第8页。
[②] 李天道：《西部地域文化心态与民族审美精神》，中国社会科学出版社2010年版，第38页。

一 固原佛教重视禅修践行

1. 固原民风勇武、尚武任侠

先秦时期，固原先民与戎狄杂居，文化相尚，初步孕育了一种尚武精神，居民已具有果敢彪悍、勇猛强健的鲜明性格。秦汉以降，固原仍保持了汉族与氐羌等多民族交错分布的格局，并进一步奠定了当地半农半牧的社会经济生活。在统一王朝时期，固原还是民族冲突和战争的缓冲地带，事关中原王朝的安全与稳定，成为用兵要地。这种文化与社会背景进一步促进了固原社会文化中尚武精神的大发展，以至于"关东出相，关西出将"成为人们的普遍共识。班固《汉书·地理志》说："天水、陇西及安定、北地、上郡、西河，皆迫近戎狄，修习战备，高上气力，以射猎为先。汉兴，六郡良家子选给羽林、期门，以材力为官，名将多出焉。"① 唐代杜佑《通典·州郡四》亦云："安定、彭原之北，汧阳、天水之西，接近胡戎，多尚武节。"② 就连皇家卫戍部队的选拔和组建，也多出自西北六郡之地。

固原尚武社会风尚的形成绝非一日之功，而是有着悠久的历史传统和深刻的社会根源：其一，是因为当地"接近胡戎"，风俗习惯上必受其影响；其二，杂居的各民族由于文化习俗的差异，往往具有较高的戒备心理，容易造成某种民族冲突，因此，民俗"修习战备，高上气力""士则高尚气略，人以骑射为先"。③ 此外，固原尚武任侠风尚还受游牧射猎经济生活的影响，并与封建国家政治、军事制度和选官制度及家学传统、个人志向等因素密切相关。④

2. 固原佛教重视禅修践行

魏晋时期，固原地区政权交替频繁，且多是少数民族政权主政，对他们来讲，如何更大范围地征伐和获取更广泛的疆域、维持和巩固少数民族政权才是最重要的任务。就统治者的立场而言，他们更看重

---

① （东汉）班固：《汉书》卷28下《地理志下》，中华书局1962年版，第1644页。
② （唐）杜佑：《通典》，中华书局1988年版，第4560页。
③ 详见（宋）乐史《太平寰宇记》卷32《关西道八》，中华书局2007年版，第691页。
④ 雍际春：《陇右文化概论》，甘肃人民出版社2005年版，第97页。

佛教带来的管理社会和维护安定以及巩固统治的便利，有的君王并不在意佛教的义理与教条。

固原地区并非北方文化中心区域，且文化传统中明显受到戎狄风俗影响。粗犷豪爽、任侠尚武的百姓对宗教与哲学的兴趣相对不高，这与魏晋南北朝时期北方战乱，且主要为匈奴、鲜卑、羯、氐、羌等少数民族政权统治有直接关系，这一时期传统经学衰落，士人南迁或偏居一隅，造成了北方广大地区，尤其是固原一带儒家文化的衰落。

战乱时期，固原一带习文儒越来越没有市场，战乱带来的灾难和福祸不定为佛教的迅速传播，提供了时空的便利和现实基础。但是相对来讲，固原一带文化艺术与哲学思想并不发达，一般百姓和信众对佛教教义、哲学思想等也少有研究。他们满足于佛教活动或仪式等具体的宗教活动，所能带来的世俗利益和回报。禅修就是一种非常适合固原地区佛教信众的修行方式，在《高僧传·亡身诵经》篇我们常看到诵经法师禅诵结合的修行方式。[1] 其对固原地区佛教信众的修行方式与活动产生了较大影响。

固原百姓的修行与佛教活动，主要以禅修、诵经、拜佛、开窟造像等为主，这与印度佛教是有很大区别的。而中国佛教自初传时起，就提倡抄写和诵读经书，佛较诵经的主要目的是为亡魂超度及信徒修行，是成佛证果的手段。所谓"法身即远，所寄者辞沉吟反复，惠利难思"。[2] 即诵经可以得功德，对于普通百姓来讲，诵经也是相对简单易行的修行方式。诵经、坐禅、观佛就需要开窟造像，所以这种重视禅修诵经的方式促进了固原地区佛教石窟寺的修造和发展，重视禅修践行的特点也导致固原佛教的理论水平相对不高。

在其影响之下，魏晋时期固原佛教石窟开凿艺术随着佛教的发展日益重要，造像活动也迅速展开。当时的佛像，有来自西域各地的，也有中土自制的。如十六国时期的后赵匈奴族统治者崇佛，佛图澄在北方广造寺院，"所历州郡，兴立佛寺八百九十三所，弘法之盛，莫

---

[1] 范丹：《〈高僧传〉早期宣教现象研究》，硕士学位论文，四川省社会科学院，2012年。
[2] （梁）释慧皎撰：《高僧传》，汤用彤校注，中华书局1992年版，第475页。

与先矣",① 逐渐形成了北朝佛教重修持，重禅定的特色。② 而在上层和王公贵族的带领之下，普通民众的佛教信仰也越来越普遍，从寺院和僧众的数量上可以反映出来。而且这一时期北方佛教信仰比南方更加普遍。仅北魏一朝，京都平城一地就有寺院一百多所，僧尼两千多人，全国则有寺院67478所，僧尼770250人。③ 结合固原地区魏晋时期开窟造像的史实来看，固原地区的佛教寺院和僧尼数量也不会少。到南北朝后期，佛教在北方地区已成为一种不可忽视的社会力量。④

二 固原佛教的现实性与功利性

相比较而言，汉唐时期固原地区的学术文化与哲学思想算不上特别发达，哲学思想领域也较少开宗立派的大师和学者出自固原，这也导致了世俗生活的精神追求相对较低。固原地区的一般信众对佛教义学、理论传承与创新发展的追求不高，加上庶民信众居多，对他们中的大多数人而言，信仰和供奉佛教尊神主要是基于现实的利益考量，而较少教义、理论探究的热情，整体理论修养并不高，所以一般民众信仰和供奉佛教往往出自某种现实利益的考量。具有突出的现实性和功利性。突出体现在希望通过相应的佛教活动能实现某种功利目的或达到特定效果，如得福报、获钱财、延寿命等。受传统文化浸润，固原百姓信教和供养佛陀的初衷，有很大一部分是追求"福、禄、寿、喜"等世俗愿望，追求平安、健康、喜乐、顺遂成为多数固原百姓信教或参与佛教活动的出发点，佛教抓住广大百姓的这种心理特点，刻意强调相关佛教活动所能带来的现实利益，并广泛宣传，扩大影响。双方各取所需，互利互惠，促进了佛教的大规模发展。

固原佛教信众中女性居于主体地位。佛教信徒及僧侣们对偶尔出现的神迹或灵验的佛教经验大肆宣传，这种类似巫术式的传教方式最能蛊惑一般百姓和知识水平不高的家庭妇女，因为广大妇女是固原地

---

① （梁）释慧皎撰：《高僧传》，汤用彤校注，中华书局1992年版，第356页。
② 赖永海主编：《中国佛教百科全书·历史卷》，上海古籍出版社2000年版，第77页。
③ 赖永海主编：《中国佛教百科全书·历史卷》，上海古籍出版社2000年版，第91页。
④ 赖永海主编：《中国佛教百科全书·历史卷》，上海古籍出版社2000年版，第120页。

区佛教信仰的中坚力量。这与其普遍受教育程度不高、文化水平较低及相对低微的社会、经济和家庭地位有直接关系。磨难的生活和自身力量的渺小，在男尊女卑的时代背景下，传宗接代和健康平安等目标的实现，对广大固原妇女形成了巨大的生存压力，这是促使家庭妇女进入佛教寺院，或者作为在家居士自我修行，甚至形成信仰的重要现实原因。① 有学者指出，妇女精神风貌上的这种变化与魏晋南北朝时期大乘佛教的流行有关。②

概括来讲，固原佛教的功利性和现实性主要体现在下列方面。

首先，宣传念佛、抄写佛经、诵经、开窟造像等宗教活动可得福报，累积功德。固原地区的佛教活动，最常见的一种功利性礼佛活动就是"念佛"，在很多信徒的生活中，"吃斋念佛"已成为他们每日修行的主要内容之一。文化水平的局限也是导致念佛拜佛非常流行的重要原因，事实上，很多人也不是"念"佛经，因为他们大多不识字或文化水平不高，诵经很可能是日复一日刻苦聆听僧人念佛，认真模仿形成的机械记忆。另一项重要的佛教活动就是"诵经"或抄写佛经。在历史上，不仅是出家的僧尼，而且众多的俗家男女佛教居士们，也对此类佛事活动乐此不疲，积极参与。佛教宣称，"诵经"拜佛或抄写佛经既可以消灾除难，也可以在来世获福长寿。③ 不识字或不会写字的百姓也会出资请人代写、代抄佛经，以获取和累积佛教功德。

其次，宣传信仰佛教可获钱财。僧传记载，晋朝越城寺释法相，常山居，品行超卓，"诵经十余万言"。在山上有"太山祠"，祠中有一个贮存财宝的大石函。一日法相山行，"忽见一人玄衣武冠，令相开函，言绝不见"。"其函石盖，重过千钧，相试提之飘然而起。"于是法相取出石函中的财宝布施给贫苦百姓。广大百姓对这类故事、神

---

① 张勇：《论魏晋南北朝大乘佛教对妇女精神风貌的影响》，《中国社会科学院研究生院学报》2008年第1期。

② 张勇：《论魏晋南北朝大乘佛教对妇女精神风貌的影响》，《中国社会科学院研究生院学报》2008年第1期。

③ 张国庆：《论辽人佛教信仰的功利性特征》，《论草原文化》2009年第6辑。

迹传说等，往往变现出极大热情，自发口口相传，对佛教信仰在平民阶层中的传播极为有利。

最后，宣扬诵经可延长寿命。因诵经而延寿命的有释慧豫。慧豫"寝见有三人来扣户，并衣冠鲜洁，执持华盖。豫问：'觅谁？'答云：'法师应死，故来奉迎。'豫曰：'小事未了，可申一年不？'答云：'可尔。'"慧豫因此延长一年寿命，"至明年满一周而卒"。镰田茂雄先生认为中国信众讲求实用，最信仰"有求必用"的神。① 所以经、律、论三藏中，固原信众最熟悉的主要是经，特别是大量的佛经故事，包括佛本生、佛传故事等，这些佛经都是最具文学性的佛教作品，并非最深奥的佛教要义。② 但在这些佛经故事中，大量宣扬的是佛、菩萨与诸神法力无边、佛陀舍身救度众生的思想，其中病弱者信佛、崇佛获得福报，积福向善等思想被广泛传播和发扬，这些思想与固原地区的传统文化、哲学思想和价值观念有某种一致性和关联，所以当地交错杂居的不同民族和百姓更容易达成文化上的认同。

当然，固原地区的佛教信徒们还有其他各种形式的表现，出于现实和功利目的的佛教祈愿、禳灾活动，宣扬"惩恶劝善"，笃信"因果报应"，善因得善果，恶因得恶果。为得福报、善报，信徒们在日常生活中按照佛教教义的要求，主动遵守佛教戒律，如，不杀生，不妄语、吃斋念佛、抄写佛经，积极供养、出资建塔立寺等，他们主动自觉的积德行善，并由此在一定程度上规范和约束了其心性与行为。从这个角度讲，世俗化和功利性的佛教信仰特点，也并非没有任何益处。相反，信徒们在佛教戒律和信念的驱使下，自觉自愿地行善、"戒杀""素食"等，客观上对维护社会秩序、保护生态环境的可持续发展也起到了一定的积极作用。③

---

① [日]镰田茂雄：《中国佛教通史》，关世谦译，佛光出版社1980年版，第257页。
② 邬宗玲：《灵验记中的佛典信仰》，《世界宗教研究》2011年第5期。
③ 张国庆：《论辽人佛教信仰的功利性特征》，《论草原文化》2009年第6辑。

三 固原佛教属于民间信仰

固原地理位置虽然重要，但对其城市化水平也不能过高评价，它绝非通都大邑，亦非政治、经济、文化中心，历史上也没有中原政权建都于此，其文化具有非皇室、非贵族、非中心的特点，而较多地呈现出地域性、边塞性和民俗性的民间文化特质。固原佛教发展史上较少来自皇室的直接支持，也比较少有高僧大德生长于固原地区，少有名僧驻锡弘法。所以固原佛教究其本质来讲，是一种地方性的民间佛教。尽管如此，在中古时期，全国佛教快速发展，如日中天的大环境下，固原佛教文化曾一度十分繁盛。

固原佛教的传播，在形式上简单易行，重视利用民间佛经的讲唱形式、通过寺院的各种宗教活动、定期的庙会聚集等方式达到广泛深入传播的目的。因此，直接和群众生活联系的佛教活动极大地拓展了佛教的传播空间。

佛教民俗在固原文化中也有全面渗透，不分老幼，妇孺皆知的"家家观世音，户户阿弥陀"，就是对固原民俗文化中佛教蕴含丰富的生动概括。包括佛教的一些传统节日与节庆习俗，也成为固原民众普遍接受的民俗节日，如与佛教关系密切的腊八节，农历腊月初八相传是佛祖的成道日，宋代以来佛寺就于每年的腊月初八供应和腊八节施粥等习俗，腊八节和喝腊八粥如今仍是固原地区重要的节日和民俗。固原方言俗语中也有佛教文化的影响，如"苦海无边，回头是岸""因果轮回，报应不爽""种瓜得瓜，种豆得豆""五体投地""宁拆十座庙，不毁一桩婚""善有善报，恶有恶报，不是不报，时候未到"等，使用频率非常高，这些普遍流行的源于佛教文化词汇与俗语等，成为固原方言俗语的重要组成部分。

四 丝路兴衰对固原佛教有决定性影响

"丝绸之路"贸易的兴衰与佛教的东西传播有密切联系。固原是佛教东传的必经之地，僧侣、商人积极传播佛教，开凿石窟、雕造佛像、抄写佛经进行供养，极大地促进了佛教的传播与发展。

第三章 固原佛教概述

　　中古时期固原佛教的发展具有自身特点，这是百姓自发自愿、积极主动弘扬和传播佛教文化的历史时期。特别是魏晋南北朝时期，国家动乱、中原板荡，人们普遍对未来感到无望，佛教以悲悯众生的姿态出现，给固原人民带来了西方净土——极乐世界的一线希望。[1]

　　处在东西方商贸的通道上的固原，同时也是丝路商人云集之地，热闹的市场、流动的人群和浓厚的商业气息，都为佛教的发展提供了信众和财物等支持。对于弘法僧人而言，他们需要得到这些商人的援助。在许多情况下，商人也承担了传教者和供养人等身份和角色。丝路沿线城镇的民族文化和佛教信仰、社会公约、管理制度、政权组织形式等，都存在兼收并蓄的多元化变异，语言文字、文学艺术、风俗习惯、心理特征等都随着民族变迁、佛教文化的侵润逐渐融合渗透于原有的民族文化中，固原本土文化从内容、结构、模式、风格等均发生着不同程度的变化，但受到佛教的影响最为深入，逐渐形成具有佛教文化基础的多元文化。[2]

　　固原地域不广，境内经济条件和生活发展水平不高。但是在"丝绸之路"畅通和兴盛时期，由于丝路贸易的发达和境内流动人口的增加，僧侣、使者、艺术家、官员等大量往返于固原，商品交换的频繁等也会促进佛教的发展。反之，在丝路闭塞，流动人口锐减，商业贸易衰落，中原政权无暇顾及固原地区的时代，佛教信仰和发展水平也必然会受到影响。宏观梳理固原佛教史会发现：即固原佛教最兴盛的时候正好是北魏到隋唐这一历史阶段，也正是陆路"丝绸之路"的黄金时期，这充分说明固原佛教的兴盛与"丝绸之路"贸易的繁荣有着非常密切的关系。此后，随着中原王朝对西北地区控制的衰落，陆路"丝绸之路"也失去了往昔的繁盛，固原佛教亦归于寂寥。虽然到元明清时期，又稍有恢复和起色，但这时的固原佛教再也难以恢复北朝隋唐时期的盛况了。因为海上"丝绸之路"已经全面取代了

---

[1] 胡永祥、杨芳、夏华：《固原古城及其历史文化价值》，《宁夏师范学院学报》2009年第4期。

[2] 范少言、王晓燕等：《丝绸之路沿线城镇的兴衰》，中国建筑工业出版社2010年版，第195页。

陆路"丝绸之路"的地位，发挥了更重要的作用。而固原中西交通通道的地理位置也逐渐衰落了。所以从这个意义上讲，固原佛教的兴盛衰败实际上决定于陆路"丝绸之路"的兴衰。这与固原地域狭小，本土人口规模有限，依赖过境贸易带动经济发展的特点有关。也与固原佛教义学水平不高，高僧大德较少，本土佛教文化的根基相对薄弱有关。

五　固原佛教的民俗化特点

前已述及，固原地区佛教理论水平不高，也没有京都、长安、洛阳等中心城市的学术中心的地位，因此，固原地区的佛教信仰呈现出民俗化的特点，有受大环境影响，被文化潮流裹挟的现象。在中华大地佛教如日中天的兴盛时期，固原百姓也纷纷模仿，依葫芦画瓢，诵经拜佛、开窟造像，赶庙会，积极向寺院布施财物，甚至出家为僧尼等，他们优礼佛教僧侣的种种行为，较少是建立在对佛教哲学和宗教义理的充分理解和学习的基础上的理性崇拜，而在很大程度上，有农牧交接带上的文化多元特点影响下的盲目跟风。

固原佛教的庶民信仰是多元的，功利性十分明显，他们一面口诵"佛弟子"要"修持五戒、专修十善"，希望佛法庇护，一方面又念念不忘五道大神等。所以佛教在世俗化过程中必然受其影响，结果杂糅了许多其他宗教因素及民间信仰，如佛教中的关公、布袋和尚等世俗偶像或神异僧人等。最典型的是固原地区出现了老子、释迦、孔子同处一山的"三圣殿"。宏观上看，作为异域文化的佛教欲根植于中华大地，必须吸纳中国传统文化和精神信仰，最终本土化，或至少在表面上是以中华民族能够接受的形态呈现，而汉传佛教的世俗化或可视为其本土化的最终实现。

1. 固原浓厚的观音信仰

固原佛教的民俗化特征的重要表现之一，就是观音信仰和崇拜非常突出。这可以分为两种情况：一种情况是遇有厄难紧急情况时向观音乞灵求救；另一种情况则是每年几度的纪念仪式，如观音菩萨圣诞、出家纪念日、成道日及各种祈福法会等，这些纪念活动和佛教仪式除了纪念观音之外也包括其他诸佛菩萨。而且在寺院和民间极流行。广大世俗百姓渴望升官发财、子嗣绵延、平安喜乐、富贵吉祥等都可以向观音菩萨祈求。观音菩萨也因此成为固原百姓最喜欢的佛教神祇，是民间最喜闻乐见的佛教偶像。

特别是唐代以来，固原地区的观音菩萨信仰和崇拜有了明显发展，无论是从现存的唐代观音造像资料来看，还是有关观音的变相都显示观音信仰在唐代颇为流行。据《妙法莲华经》卷7《观世音菩萨普门品》，观音菩萨主要在以下方面救助众生：自然灾害、社会性苦难（如牢狱之灾、经商遇贼等）、个人情欲烦恼、鬼怪之害乃至于生男生女的愿望等，国家或百姓的世俗愿望被较为广泛地寄托于观世音菩萨的大慈大悲和无边法力。① 观世音是现世世界的救苦救难者，这是观世音菩萨最大的特点。

2. 观音菩萨造像的女性化

观音信仰自东汉时期随佛教传入中国，经魏晋南北朝时期民族和南北文化大融合的洗礼，隋唐佛教中国化的进程明显加快，其形象和性别产生了很大变化。② 从石窟造像艺术中我们了解到观音菩萨的艺术形象在印度佛教中乃是男身，传入中原以后，其性别慢慢发生变化，其女性化的过程，是观音信仰逐渐深入人心的过程，也是观音信仰逐渐本土化、世俗化的历程，这意味着观音造像的神圣性在逐渐减弱，世俗性逐渐上升。③

观音菩萨的慈悲属性、重视生育的传统观念、世俗的审美心理期盼、阴性化的文化特质，是佛教东传中土以来观音菩萨女性化的主要原因。④ 观音菩萨的女性化是一个奇特又合理、复杂又渐变的文化现象。佛教典籍对菩萨性别的表述没有明确，主要的态度是菩萨不为男

---

① ［日］宫治昭：《弥勒菩萨与观音菩萨——图像的创立与演变》，贺小萍译，《敦煌研究》2014年第3期。
② 谢立君：《从神圣到世俗：观音艺术形象的女性化研究》，硕士学位论文，华中师范大学，2015年。
③ 谢立君：《从神圣到世俗：观音艺术形象的女性化研究》，硕士学位论文，华中师范大学，2015年。
④ 支景：《观音菩萨的女性化及其审美意蕴》，《南京师范大学文学院学报》2018年第2期。

性也不为女性，可根据需要显男身或女身，这为菩萨在中国的女性化提供了发挥的自由空间。①

北朝观音菩萨像，受到印度、西域的直接影响。最早经西域传入的观音菩萨形象，一律是英俊轩昂，头束高髻，赤裸上身，饰以璎珞臂钏，下着长裙，整体形象带有印度人的特质。但是，随着时间的推移，观音菩萨的艺术形象逐渐发生了细微变化，由原来的深目高鼻的异域特征逐渐转变为眉目清秀的中土人物形象。北周的菩萨像仍然具有西域龟兹石窟艺术的风格特点，五官面容继承了北魏后期菩萨像的清秀小巧特征，面相开始变为方圆，同时表现出女性美的特点。②北周的菩萨像特征已渐渐接近隋唐菩萨像的审美特点。北朝时期，菩萨服装在本土化的趋势下，还出现了"披肩""柄裆衫"和"羊肠裙"等，这些都是女性化的服饰。③这些服饰成为菩萨的服饰，说明北朝时期菩萨在本土化的影响下出现了女性化的趋向。隋代观音菩萨像完成了五官、体形、体态的过渡和基本定型。④唐代观音菩萨造像，服饰、装饰复杂华丽，形象高贵、优美绝伦。菩萨身上装饰的珠宝璎珞越来越繁复奢丽，花蔓冠、项圈、璎珞、臂钏、腕钏种种佩饰遍布全身，各种金银饰物颗粒硕大，观音菩萨珠光宝气，光彩照人。⑤

观音菩萨造像的这种变化大概与佛教信众中女子数量增加有关，在隋唐时期，尽管比其他时代女子的社会地位要高一些。但总体来讲，女性作为弱势群体，有太多的苦难不能在现实生活中得到解决。而佛教则给这些信众们提供了一种解脱的道路，至少是一种精神安慰和支持。但是这么多女性在家整日对一尊男神拜念祈福，在男女大防甚为严苛的时代，难免会有诸多不便，此其一。愚以为国人心目中女子的本性是贤良温淑，慈悲阴柔的，特别是要满足世俗女信众"求子"等愿望时，女性的菩萨更亲切，供拜起来也更方便，此其二。当

---

① 汪小洋：《中国佛教美术本土化研究》，上海大学出版社2010年版，第86页。
② 汪小洋：《中国佛教美术本土化研究》，上海大学出版社2010年版，第94页。
③ 汪小洋：《中国佛教美术本土化研究》，上海大学出版社2010年版，第95页。
④ 汪小洋：《中国佛教美术本土化研究》，上海大学出版社2010年版，第97页。
⑤ 汪小洋：《中国佛教美术本土化研究》，上海大学出版社2010年版，第102页。

然，这是一个多种社会文化因素综合作用造成的结果。也不排除佛教僧侣和工匠等群体在其中所发挥的作用和影响。

3. 佛、道、儒偶像并尊

固原百姓信仰佛教，祈求凡世的安泰幸福：风调雨顺、福禄寿喜、婚嫁生育、金榜题名、禳灾息祸等。人们不仅出外朝山进香，许多信众还在家中设佛堂、供佛像，每日晨昏礼佛、烧香磕头、称名念佛、放生吃素、布施行善等，是他们信仰生活的全貌。[①] 并因此设立了许多民俗节日，在习俗上兼容儒、道、佛三者的内容。而佛教本身的宽容，也使其文化因素掺杂进世俗的佛教信仰中，在民间社会生活中产生了直接影响。

综上所述，经"丝绸之路"传播而来的佛教自传入固原伊始，就开始了与当地传统文化碰撞、交流与融合的历史。佛教在向固原的流播过程中，因适应形势的不同而有所变革，并未拘泥于原始经典之窠臼，而是朝着本土化和世俗化的方向转变。"在这个过程中，佛教所奉祀的神祇也悄然发生了分化，其与儒、道教等中国主流文化和民间信仰相互融合，依存发展。"[②] 当然，固原佛教的民俗化与中国佛教的民俗化有很大的一致性，是构成我国世俗化佛教的重要组成部分。

第五节　固原佛教的时代特点

固原佛教的发展，在不同的历史时期，呈现出不同的特点，无论是佛教宗派、佛教造像等都有较大的差异，此处暂且称之为固原佛教的时代性特征。概括来讲，固原佛教的发展大致经历了四个历史阶段。分别是初传时期的汉、晋、南北朝时期，这一时期主要是对外来佛教的学习和接受阶段，佛教造像及石窟艺术有一些本土化的倾向，特别是北周时期佛教石窟艺术发展极为迅速。蓬勃发展的隋唐时期是

[①] 雷闻：《论中晚唐佛道教与民间祠祀的合流》，《宗教学研究》2003年第3期。
[②] 顾伟康：《论中国民俗佛教》，《上海社会科学院学术季刊》1993年第3期。

固原佛教史上的黄金时期，在国家大力支持之下，佛教寺院香火鼎盛，信徒众多且来源广泛，各种佛教宗派交融创新，繁荣了佛学思想及其理论体系，造像活动盛极一时。继续发展的宋元时期，是佛教与儒家思想和道教相互吸收、互相影响的关键历史时期。加上此期辽、西夏、金等崇佛的民族政权的影响，固原佛教的多元化、世俗化和平民化趋势更加明显。逐渐衰落的明清时期，虽则此期藏传佛教和密宗对固原佛教有一定影响，但是与全国的情形相似，此期的固原佛教日渐衰落，开窟造像活动基本停滞。不过某些方面仍有一定的突破和发展。虽然期间偶有破坏，但仍然得以延续至今。

一　魏晋南北朝时期的固原佛教

220—589年是魏晋南北朝时期，这是我国历史上一个民族大迁徙和大融合的重要历史阶段。此期，边疆各族人民纷纷入居中原，建立了政权，形成"五胡十六国"和南北朝对峙的局面。北魏政权的北部（大漠南北）还有柔然和高车（敕勒）等游牧民族政权。581年杨坚建立隋王朝（都长安），结束了自东汉末年以来近400年的分裂割据局面。

这一时期虽然时值乱世，但是，西域和内地之间文化上的密切联系及一致性并未削弱。[①] 东来传法的佛教僧侣与西行求法的中土僧人，不辞辛劳，克服重重障碍，来往于"丝绸之路"上，他们不遗余力地进行佛教的传播，进一步促进了佛教在固原地区的发展。固原地区的佛教石窟艺术也持续较快地发展，并能有所开拓和创新，形成地域化的艺术风格。

1. 少数民族政权统治者大多支持佛教

魏晋南北朝时期，佛教思想在中国迅速发展，并逐渐深入民间。少数民族统治者进入中原内地后，并不能立即接受儒家思想文化，因其博大精深，难以速成，但是对异域传入的佛教却更容易形成理解和

[①] 周泓：《论魏晋十六国时期中原王朝对西域的管辖经营》，《新疆师范大学学报》2003年第2期。

接受。如，后赵统治者就非常崇信佛教，后赵羯胡是一个以西域胡人为首的族群，提倡并弘扬西域文化，石虎崇佛，佛教几乎成为后赵的国教。① 这使得西域佛教文化能较快地在西北和中原流播，固原也是佛教传播和发展的重镇。

氐族的前秦苻坚（338—385），攻破襄阳后，获得了高僧道安，长安城因为有高僧道安授徒传法，成为北中国名副其实的佛教中心，"僧众数千，大弘法化"，"四方学士，竞往师之。"② 僧众济济，译经讲经，井然有序。前秦国力强盛，影响远至西域，苻坚在建章宫为吕光饯行的时候嘱命说："朕闻西国有鸠摩罗什，深解法相，善闲阴阳，为后学之宗，朕甚思之。贤哲者，国之大宝，若克龟兹，即驰驿送什。"③ 前秦统治者为了获得西域名僧鸠摩罗什不惜发生战争，其向佛之虔诚与热切态度可见一斑。后秦姚兴（366—416）击败后凉，迎鸠摩罗什入长安，集沙门五千，译经弘法，开启了十六国中佛教文化最繁荣的朝代；匈奴酋长沮渠蒙逊（368—433），称王北凉，畅通了与西域诸国的往来。他大力兴造佛像，又请来高僧昙无谶译经，促进了佛经翻译的系统化，影响远及长安、建业等地，受其影响固原佛教也获得了持续发展。

这些北方地区的少数民族割据政权，大都扶植佛教。究其原因，固然十分复杂，但对其自身民族文化的不自信应是其中重要因素之一。汉族儒学向来强调"华夷之辨"，主张"内诸夏而外夷狄"，博大精深的中华文化具有一种天然的文化自信和极其强烈优越感。对于进入北方和固原地区的少数民族统治者来说，他们不容易在较短的时间里就能达到较高的汉文化水平，而为了能更好地实现对汉族地区的统治，他们需要一种能为其短期内迅速掌握，并得到汉地士人、平民认可的文化体系或宗教信仰作为精神支柱，外来的佛教恰恰比儒家思想、道教更有亲和力，更容易被游牧民族统治阶层所接受和利用。④

---

① 王青：《石赵政权与西域文化》，《西域研究》2002年第3期。
② （梁）释慧皎撰：《高僧传》，汤用彤校注，中华书局1992年版，第179页。
③ （梁）释慧皎撰：《高僧传》，汤用彤校注，中华书局1992年版，第49—50页。
④ 李国荣：《帝王与佛教》，团结出版社2008年版，第54页。

由匈奴、羯、氐、羌、鲜卑五个游牧民族在北方建立的十六国割据政权，种族偏见极深，互相敌视，战胜者对战败者往往不分贵贱尽行屠戮。儒家教义被视为中原汉族的精神支柱，而佛教来自西方，相比之下更容易为游牧民族接受。佛教当时在汉地也已经有着相当的信众基础，也更容易被胡汉民族共同接受。于是，佛教很快成为北方各族人民共同信奉的宗教。佛教在五胡十六国上下各阶层取得信仰的统治地位后，对消除种族隔离，融合民族习惯，具有一定的促进作用。后赵石勒说："佛是戎神，正所奉祀"，其后继者石虎也说"朕出自边戎，忝君诸夏，至于飨祀，应从本俗。佛是戎神，所应兼奉，其夷、赵百姓，有乐事佛者特听之"。[1] 这些文献记载足以表明这些北方游牧民族统治者是信奉佛教的。佛教宣传因果报应，戒杀生，劝说统治者少杀戮，为来世积功德，对当时文化落后的少数民族上层贵族来说比较容易接受；对饱受苦难的下层群众来说，也可以从中得到精神安慰和对"来世"虚幻幸福的期盼。因此，佛教在十六国时期的固原地区得到了比较快速的传播。[2]

北魏统治者为了防御漠北柔然等游牧民族南下侵扰，一方面，在高平与灵州设立军镇，加强西北防务，保障"丝绸之路"的畅通。另一方面，将大量降附的柔然、敕勒（高车）部族安置在高平镇与薄骨律镇之间，其中大量少数民族移民迁入固原境内，并且将内地汉人迁来屯垦，发展定居农业，同时采取各种改革措施，推行汉化。一时北魏王朝威震漠北、西域、中亚，平城（今山西大同）与洛阳成为东西交通线上的政治、经济、文化中心。而高平自北魏正光五年（524）改建制原州（治高平）后，成为北朝时期过往贡使、商客、僧侣教士活动频繁的重要地区之一。结果，佛教在北魏强盛时期社会相对安定，经济恢复发展的固原地区，不仅没有削弱，反而蓬勃发展起来。

北朝佛教虽初兴于北魏拓跋珪时，但中经拓跋焘废佛，几乎湮灭

---

[1] （唐）房玄龄等撰：《晋书》，中华书局1974年版，第2487—2488页。
[2] 李国荣：《帝王与佛教》，团结出版社2008年版，第56页。

殆尽。及至拓跋濬重开佛法，才再度兴起。而佛法之盛则是自孝文帝拓跋宏开始，史载孝文帝倡导佛理，广集名僧，造寺缮塔，在北朝佛教发展史上，可谓开创了一个新时代。有学者指出，孝文帝的崇佛是与冯太后有着密切关系的。① 孝文帝"由于自小耳濡目染，加上冯太后的影响，使孝文帝成为了继文成帝、献文帝之后的又一大力崇佛者，比之其父祖更甚"。② 因此，北朝佛教的发展在孝文帝治下进入极盛时期。

"丝绸之路"开通以来，固原地区长期保持了文化传播与经济交流的重镇地位，在各种文化激荡下的固原，佛教发展尽管也曾遭遇挫折，但总体发展态势良好，并伴随佛教传播，各种经贸活动十分兴盛。1983年，考古工作者在固原南郊发掘了一座汉墓，出土了许多镶嵌有绿松石的几何形残断金佩饰，说明西亚的金属加工工艺，在汉代是通过"丝绸之路"传播到高平的。魏晋至北朝以来，西亚波斯的戎装甲胄、佩刀服饰、金银器、玻璃器、货币、佛教及其生活方式，大量传入中原，极大地丰富了原州居民社会生活和精神文化。

2. 固原佛教的迅速发展

由于魏晋南北朝时期统治阶层崇奉佛法，西行求法和翻译经典日趋兴盛。这一时期佛教的快速发展带来了两个方面的重要影响，一方面，南朝萧梁和北魏政权大规模地修造佛寺，佛寺的僧侣享有政治特权，并拥有大量土地，成为大地主和高利贷者；僧侣不服徭役，不纳捐税，过着日益奢侈堕落的生活，社会矛盾越来越尖锐。另一方面，佛教的传播、佛经的大量传译和众多寺院的兴建，对固原地区的思想文化和石窟艺术等有很大影响。特别是在文学艺术方面，佛经里包含了印度古代的文化知识，还有一些优秀的文学作品和生动的民间故事或寓言等；佛经中还含有印度的逻辑学（因明学）和切韵的方法，南齐周颙"泛涉百家，长于佛理"，他根据平上去入四声音律及反切成韵，著有《四声切韵》，成为中国汉语声韵学早期最有影响的著作

---

① 夏毅辉：《北朝皇后与佛教》，《学术月刊》1994年第11期。
② 夏毅辉：《北朝皇后与佛教》，《学术月刊》1994年第11期。

之一等。总之，佛学的传入，丰富和促进了中国科学、哲学和文化艺术的发展。佛教寺院的修造和图像的传入，使中国的佛教艺术得到了长足的发展。①

三国时，曹操允许少数民族进入中原内地。南匈奴初附时被安置在北地等缘边八郡，留在安定、北地的约为五部，近五万部落。曹魏末年，由漠北迁至大阴山一带的乞伏鲜卑到达宁夏境内，与屯于高平川的鲜卑鹿结七万余落相攻击，鹿结败，乞伏祐邻尽并其众，因居高平川，成为清水河流域最大的部落，为建立西秦割据政权奠定了基础。东晋和前秦"淝水之战"后，臣属于苻坚的豪酋乘机叛离独树旗帜，固原地区也成为他们互相攻杀的战场：秦乞伏国仁兴兵，先后攻降鲜卑大人密贵、裕苟、提伦三部，大败高平鲜卑没奕于、东胡金熙连兵，讨降牵屯山（固原六盘山）比卢乌孤拔和休官阿敦、候年二部；前秦苻登被后秦姚苌攻退至陇东，388 年率众进入朝那（今固原彭阳县）境内，至太元十九年（394）在马毛岭被杀，其间一直战乱不休，直到太延二年（436）北魏灭夏，设高平镇，农民才有了喘息和定居生产的机会，北魏永熙三年（534）宇文泰军至高平，安辑百姓，李贤出任原州刺史，固原地区从此融合豪酋，整顿民证，劝农耕桑，逐步恢复了农业生产。

二 隋唐时期的固原佛教

隋朝初年即与西域之间有所交通，但是并不发达，直到隋炀帝即位，他一方面进行军事扩张，开拓疆域；另一方面遣使与海、陆两道丝路沿途国家进行交通。② 隋炀帝在位前期，南北统一，国力强盛，在隋文帝的基础上，加强了对西部的经营，进一步完成了"混一戎夏"的空前大业。③ 由于隋朝积极的外交活动，隋与西域各国保持着频繁交往和友好联系。④ 这也为唐朝政府与西域之间的友好往来奠定

---

① 金维诺：《中国美术·魏晋至隋唐》，中国人民大学出版社 2004 年版，第 3 页。
② 石云涛：《隋朝中西交通的开展》，《国际汉学》2003 年第 1 期。
③ 李清凌：《隋朝对西部地区的经营》，《西北民族学院学报》1988 年第 1 期。
④ 石云涛：《隋朝中西交通的开展》，《国际汉学》2003 年第 1 期。

了基础，佛教也继续在"丝绸之路"上发展与传播，甚至形成了西北地区佛教发展的鼎盛时期。①

佛教至隋唐时期进入成熟阶段，在隋唐300余年的时间里实为民间信仰的主流。这一时期佛教思想空前活跃，涌现出一大批像玄奘、义净等杰出的佛教思想家；日本、高丽等国家派遣一批又一批留学僧来中国学习佛法，并把中国佛教带回各自的国家，中原汉地成为真正意义上的北传佛教中心；佛教寺院的建设，佛教石窟的开凿，佛像的塑造，佛教典籍的翻译和佛学著述的大量涌现，以及佛教对世俗生活的影响都达到了前所未有的水平。这一切，使佛教在隋唐时期的政治、经济、社会生活及文学艺术等领域产生了广泛影响，成为一种不可取代的意识形态和社会力量。佛教石窟寺也发展到了一个新的阶段，僧侣数量激增，仅唐文宗太和元年（827），申请给度牒的僧人就多达70万人，足证此期僧尼数量激增的历史事实。

1. 隋唐时期的原州佛教

隋唐之际，大漠西北兴起的突厥，逐渐向东南扩张，多次分兵南下灵、原二州，威胁着隋唐王朝的安全和西北地区的稳定。突厥原活动于叶尼塞河上游唐努山、萨彦岭一带，后徙居天山东麓，隋时分裂成东西二部。大业七年（611），九姓铁勒中的大部落薛延陀灭掉东突厥。隋文帝、唐高祖先后以原州为基地，在加强防务和关隘建设的同时，集中兵力从原州出击，经过多次较量，终于使其归附。周边各族，如铁勒、吐谷浑、党项、昭武九姓、吐蕃等闻风亦纷纷归附。史书记载，贞观二十年（646）九月，唐太宗抱病赴灵州，接见归降的铁勒诸部数千首领，此即著名的"灵州大会"，唐太宗在此次大会上被各族首领尊称为"天可汗"，意为"众汗之汗"，地位无比尊贵。唐王朝由此成为威震东西的世界帝国，"丝绸之路"也获得了前所未有的发展，原州的历史地位空前提高，成为西域各族和中亚各国贡使、商客、僧侣、朝团频繁往来的必经之地。周边各族的大量迁徙、侨居，扩大了生活在固原地区的各族人民的活动范围，风靡东方的佛

---

① 林斡：《中国古代北方民族通论》，内蒙古人民出版社2010年版，第2页。

教文化已融入普通百姓的日常生活，为原州佛教文化增添了更加丰富的内容，注入了新的活力。

隋唐时期，统治者大都支持佛教以麻醉控制人民，使佛教发展到了极盛。这一时期也是印度佛教继续中国化的关键历史时期，固原地区主要是大乘佛教的流行区域。"唐代一般的善男信女所诵所抄之经主要是《金刚经》《法华经》和《观音经》，尤其以《金刚经》为最。"①《金刚经》大约形成于公元前后，属于大乘般若的重要经典。②《金刚经》的含义是：以金刚般无坚不摧、无障不破的般若智慧对治一切虚妄执着，达到对实相的理解，得到解脱，到达彼岸。③ 佛教认为积善因得善果，积恶因得恶果，有些人前半生做了恶事，但他们又害怕到地狱受苦，于是就想禳除，然而善恶之报不可以免除。但如果有某个大功德就可复活重获自由，还可以造福子孙，为了得善报就须专心持经诵戒，这个经典就是《金刚经》。④ 因此，《金刚经》一度十分盛行，以至于佛教的《金刚经》与儒家的《孝经》和道教的《道德经》相提并论，成为普及程度极高的佛教经典。统治者对此也极为重视，唐玄宗曾从三家中各选取一部经典亲自注释，佛教选的就是《金刚经》。佛教各宗派也都十分崇奉《金刚经》，并积极为其作注。学术界一般认为我国现存最早的雕版印刷品就是出自敦煌莫高窟的唐咸通九年四月十五日《金刚经》雕版印刷本，为我国和世界现存最早的有确切日期的精美印刷品。另外，在莫高窟第31窟、第217窟等还绘有《金刚经变》，都证明了唐代敦煌地区《金刚经》也非常流行。

受北方浓厚佛教氛围的影响，固原境内应当也是流行抄写和诵读《金刚经》的。固原佛教是注重实践的，而相对较少教义、教理的探究，并且更加平民化、多元化和世俗化。固原百姓普遍文化水平不高，宗教理论修养较低，大多数人关心的是信仰佛教，或进行某些佛

---

① 马军：《唐代长安、沙州、西州三地胡汉民众佛教信奉研究》，博士学位论文，中央民族大学，2010年。
② 张景峰：《敦煌早期金刚经变的形成与样式演变》，《敦煌学辑刊》2019年第2期。
③ 郭映翠：《〈金刚经〉与中国古代报应观》，《长治学院学报》2016年第1期。
④ 郭映翠：《〈金刚经〉与中国古代报应观》，《长治学院学报》2016年第1期。

教活动可能带来的实际好处，而不是佛教本身的教义理论和学术内容，因而普通信众也很少有人能对佛教深奥教义、教理作更多深层次的研习和探究，而主要是参与佛教仪式和活动等，通过禅修、诵经、布施、供养等方式表达其宗教感情，获得佛教的庇护和帮助。表面上固原佛教香火旺盛，开窟造像之风盛行，民间信众众多，但翻检史籍，佛学高僧活动的记载相对较少。固原地区并非毗邻长安、洛阳二京的通都大邑，中古时期城市虽然也较发达，但毕竟不如东西两京的人口云集和物资繁盛，较少一流高僧驻锡弘法，所以固原地区佛教造像等石窟艺术兴盛而佛学水平不高，鲜有佛学大师与佛学研究论著出自固原。

固原境内的佛教论典和著疏类著作很少，当然与年代久远，书籍流传、保存不易有关，但另一方面也表明本地人不重视研习佛理，人们主要是通过佛经的传抄诵读达到积累某种功德的目的（在许多功德碑和写经题记中多有反映），而较少深究佛典本身的思想内容。所以尽管固原地区禅宗、密宗、净土宗等佛教宗派均有流传，但并不意味着这里的佛教义学很发达，这对于整体上把握和认识固原佛教意义重大。

2. 固原佛教的繁荣

以固原须弥山石窟为代表的原州众多佛教遗迹及大量的石、铜造像等的出土，证实了北朝至隋唐时期佛教在这里曾极为兴盛。须弥山石窟规模较大，开窟造像时代集中，演变发展过程清楚。石窟初创于北魏，发展于西魏，兴盛于北周与隋唐。其兴衰过程与原州的历史兴衰及佛教文化发展密切相关。固原市彭阳县出土的一批北魏石造像，一部分带有犍陀罗造像风格，另一部分则为北魏前期鲜卑化的褒衣博带式的秀骨清像和后期汉化逐渐丰腴的敦厚相。形象与服饰的变化十分明显，映证了佛教艺术在原州的本土化变化和发展的过程。固原北魏漆棺墓出土的有佛降龙伏虎图案的透雕铜铺首与铜牌及漆棺画中带有头光、面相圆润、上身袒露、佩有项圈等物的菩萨像，说明佛教观音崇拜已渗透到原州葬制之中。西吉出土的大量鎏金小铜造像则反映出隋唐时期佛教已渗透到原州社会生活的每一个角落。[①]

　　隋炀帝时于东都洛阳建了4个道场，召天下名僧居住，"是故法将如林"。隋末国乱，各道场"供料停绝"，于是僧人离散，"多游绵、蜀"多远赴四川等地。《续高僧传》卷15《义褒传》载："大乘至教，元出渭阴，中原播荡，乃兴扬越"。[②] 隋末战乱以来，北方破坏极大，士庶大量南迁及南方经济社会的崛兴，为佛教发展提供了相对优良的环境，佛教逐渐在南方兴盛。唐代中叶爆发的"安史之乱"对北方地区，尤其是西北一带的破坏是极其严重的，引起了北方人口的大举南迁。在这滚滚的移民浪潮中，应有许多逃难的僧尼。史载，贞元四年（788），奔闽之僧尼士庶，就有5000人之多。唐后期驻锡南方的高僧中有相当一部分是北方人氏，其中有些就是受动乱影响而杖锡南下的。西北地区的固原为边塞之地，远离中原是非之所，也是众多僧侣逃亡的路线之一，他们的到来，必然带来了水平更高的佛教文化与禅修仪轨。

　　隋唐时期的原州佛教文化，是构成繁荣发达的原州文化的一项重要内容。伴随着多民族的频繁交往与杂居融合，中原汉族的宗教观念也渗透到周边民族的信仰之中，浓郁的异域文化成为固原地区中古时期历史与文化的显著特色。当此之时，胡汉文化经冲突再融合，同生共存，逐渐熔于一炉。任何一个外来民族进入固原地区，都会面临文化上的自我调适，特别是面对以儒家文化为核心的汉文化非常发达，相对来讲文化水平较低的外来民族进入汉地后，汉化都是不可避免的过程。考古和文献资料均表明，粟特胡人与外来民族进入固原地区之后基本上都会选择对汉地文化习俗的接受与认同，只是不同族群的汉化过程和方式略有差异。如，粟特人原本信仰祆教，进入固原后，为了取得汉族政权的认可与支持，积极改信佛教，并以其雄厚的财力、物力，投身于佛教石窟寺的营建当中，从而促进了佛教在固原的

　　[①] 雷润泽：《原州文化在古代东西文化交流中的地位》，宁夏回族自治区固原博物馆、中日原州联合考古队编《原州古墓集成》，文物出版社1999年版，第27页。
　　[②] （唐）道宣撰：《续高僧传》卷15《义褒传》，郭绍林点校，中华书局2014年版，第545页。

第三章 固原佛教概述

发展。

那时往来固原的西域僧人、商旅与使节很多,有的常住固原。固原地区民族杂居,地理位置特殊,为佛教传播和民族聚合提供了理想的场所。以固原须弥山石窟为代表的众多佛教圣地和出土的大批石雕、金属佛教造像,是北朝至隋唐时期佛教兴盛畅行的明证。自唐武宗灭佛后,佛教义学开始衰退。此后,中国佛教再没有突破性的理论发展和宗派创建。宋代以来,佛教各大宗派走向融合。元朝时期藏传佛教兴起。晚清以来,则出现居士佛教及人间佛教。[①] 此后佛教逐渐成为一种大众化的信仰,进入了与中国传统文化进一步融合的阶段。"总结佛教各宗派在固原地区的传播历程及其兴衰更替,不难得出这样的结论,即立义越浅显的说教,越容易为群众所领略,因而也越容易传播,在这方面,禅宗更是后来居上"。[②] 净土宗在固原的流行也是同样的道理,至今在固原东岳山神庙里,还能见到居士们绕寺院口诵"南无阿弥陀佛"旋转礼拜的场景,净土宗简单的念佛法门更是为固原地区的男女老少所熟知。很多人甚至分不清"阿弥陀佛"与"佛"的区别,但是却知道念佛可以增加个人的福寿和安乐。

固原佛教还有一个重要的特征,就是随着时代的不断发展,净土、禅宗双修,且逐渐开始合流。禅宗与净土宗一直是中国佛教的主要宗派,在中国佛教史上具有举足轻重的作用。"禅、净合流(亦作禅净合一、禅净双修等)是宋明以来中国佛教发展的大势"。[③] 固原地区的佛教寺院里大都有禅宗、净土共同崇奉的传统,佛教认为禅宗参禅与净土念佛法门的内在机理也有相似之处,可以互通、圆融无碍。净禅合流成为佛教历史的最终结果,固原东岳山佛教寺院的墙壁上写着"禅",但是寺院里僧人们口诵念持的却是"南无阿弥陀佛",还有很多寺院墙上、建筑上也刻写或印有"南无阿弥陀佛",却号称

---

① 何建平、张志诚:《殡葬与宗教文化》,中国社会出版社2010年版,第109页。
② 张广达:《唐代的中外文化汇聚和晚清的中西文化冲突》,《中国社会科学》1986年第3期。
③ 许颖:《试论近现代中国佛教禅净合流三种传统模式的重建》,《管子学刊》2012年第1期。

"禅"寺的现象非常普遍。这就是固原佛教禅宗与净土宗合一、净禅双修的结果。

3. 会昌灭佛与固原佛教的发展趋向

唐朝是中国历史上佛教最兴盛时代，也是道教兴盛时代。佛道之争贯穿唐朝始终。相对来说，佛教盛行于民间，道教更为统治当局所喜爱。① 道教在唐朝曾一度享有"国教"之尊，其后地位虽有起伏，但终唐一世，道教的社会地位比较尊贵。晚唐武宗在藩邸时，即好道术，即位后在宫中修符箓、炼丹药，在赵归真等道士劝说下，决定灭佛，发动了历史上影响深远的"会昌灭佛"。事实上，固原佛教早在"会昌灭佛"之前即已受到重创，特别是安史之乱给其带来灭顶之灾。安史之乱以后，西北陆路"丝绸之路"逐渐被海上丝绸之路所取代，固原佛教也有所衰落，石窟造像活动一度停滞。之后不久，再度掀起的"会昌灭佛"浪潮，更进一步加速了固原佛教的衰落速度。

"会昌灭佛"的发生有着深刻的社会、政治和经济原因。② 唐代寺院经济无限膨胀，侵吞了无数土地和劳动力，耗费了大量钱财，给国家财政造成巨大危害，时人指出："十分天下之财，而佛有七八。"③ 政府多次下令禁止私度僧尼和建造新寺，却屡禁不止。唐武宗认识到这种危害，高呼"穷吾天下者，佛也"。宰相李德裕也以为佛教"耗蠹生灵，侵减租税"，支持灭佛。会昌元年（841）起，皇帝不断发布诏令，限制寺院蓄养奴婢，不准供养佛牙，拆除所有山房、兰若、小寺、塔墓。会昌五年（845）七月省天下佛寺，规定两京留寺4所左右，僧30人，诸州各留寺一所，僧5人至20人，其余一律拆毁，僧尼还俗。灭佛同时，还勒令景教、摩尼教、祆教2000余人还俗。全国共毁寺4600余所，招提兰若40000余所，没收良田

---

① 这里情况比较复杂，在唐初高祖李渊和太宗李世民在位时期，儒释道三者之间的地位是道先，儒家和佛教次之。但是武则天以佛教的支持登上帝位，故而即位之后，大肆崇佛，佛教也就是在此时如日中天，此后诸帝在位时期又或多或少有些变化，所以不可一概而论。

② 齐倩楠：《唐武宗"会昌灭佛"的历史原因》，《边疆经济与文化》2015年第4期。

③ （后晋）刘昫等：《旧唐书》卷101《辛替否传》，中华书局1975年版，第3158页。

千万亩，260500 僧、尼还俗，150000 奴婢改充两税户。这就是唐武宗"会昌灭佛"，它对固原佛教及石窟寺都有重大影响。会昌六年（846），唐宣宗继位，又开始恢复寺院，下令各州，凡会昌五年（845）四月所废寺庙一任恢复，不得禁止。此后，复寺活动如火如荼，发展到不可收拾，终于在大中五年（851）又颁布了限制佛寺的政策。其间，原州被吐蕃所占，吐蕃亦崇佛，对固原佛教并无限制，因此原州民众"仍习佛事""风闻而匿佛"，吐蕃占据原州80余年，尽管文化习俗仍和关陕内地有着紧密联系。但仍受到吐蕃文化的一定影响，大中三年（849），原州收复，七关既复，人们欢呼雀跃，纷纷解去辫子，脱下胡服，换上汉装。[①]

三 宋元时期的固原佛教

尽管武宗之后即位的唐宣宗即已放弃了灭佛政策，但从唐武宗"会昌灭佛"到北宋时期，固原佛教始终没有恢复至唐代前期的辉煌。唐宋之际，佛教广泛地渗入城市民众的日常生活中。其表现形式多种多样：有直接的信奉，表现为佛经的实用化，佛教神明的普及化，佛僧神异功能的日常化等。也有间接的折射，主要是指人们的日常生活中浸润了浓郁的佛教因素，在饮食习惯、节令仪式、丧葬习俗、闲暇生活以及城市公益事业等方面，都深深地打上了佛教的烙印。从中既反映出这一时期城市民众功利的、淡漠的、分散的佛教信仰意识，又显现出他们的佛教信仰意识中具有一定的虔诚性。从唐宋时期城市民众的佛教信仰形式和意识可以看出，佛教完全意义上的中国化，是应该以它对民众生活的巨大影响为指归的。[②]

1. 宋代佛教概况

佛教在宋代，得到了数位皇帝的支持和保护。开国不久，宋太祖即于971年下令刊印《大藏经》，共刊刻了1.3万块木刻雕版，983年方才印制完成。《大藏经》的刊印对佛教及其研究提供了宝贵的资

[①] 张家铎：《固原民俗》，宁夏人民出版社2008年版，第11页。
[②] 王涛：《唐宋之际城市民众的佛教信仰》，《山西师范大学学报》2007年第1期。

料。除宋徽宗曾发动禁佛运动之外，太祖之后的宋代皇帝都没有对其进行打压。①不仅如此，宋代佛教还得到了帝王的支持和保护。宋太宗认为，对佛教适度提倡，可以粉饰太平。他对臣下说："佛、道二教，有助世教，不可轻废其教。"宋太宗还鼓励大臣读些佛教典籍："浮屠氏之教有裨政治，虽方外之说亦有可观。卿等试读之，盖存其教，非溺于释氏也。"②宋太宗的主导思想是对佛教有节制地提倡，讲求实用，而不使之过分发展。③宋代佛教有两个特点：一是律宗占主导地位，二是禅宗南宗开始传播。

2. 西夏时期

1038年，李元昊称帝，建立了大夏国，史称"西夏"，宁夏平原正是西夏东部腹地，其特殊的地理位置使西夏王朝的佛教受到中原佛教和藏传佛教两方面的影响。④西夏统治时期，固原地区由于西夏历代君王后妃及贵族的信奉和大力提倡，佛教得到了较快的发展，成为佛教史上的非常重要的历史时期。西夏历代君王都"把佛教作为国教广泛推行"，⑤《黑鞑事略》记载："西夏国俗，自其主以下，皆敬事国师……国师者比丘僧也。"⑥

西夏佛教之所以能得到历代君王的信奉和提倡，与周围环境有密切关系。西夏东邻宋朝，南接吐蕃（今西藏地区），西毗高昌（今新疆吐鲁番地区）。当时宋朝的佛教接隋唐之鼎盛而余绪不息，尤兴刻经。刻经的兴起，有利于佛教的进一步传播。西夏时期，"请赎大藏经"活动十分频繁，有记载可考的西夏向赵宋朝廷请经先后就有6次之多。吐蕃佛教文化的根基也非常深厚，吐蕃僧人常至邻国讲经说

---

① ［德］迪特·库恩：《儒家统治的时代宋的转型》，李文锋译，中信出版集团2016年版，第105页。
② （宋）李焘：《续资治通鉴长编》卷24《太宗·太平兴国八年》，中华书局1980年版，第554页。
③ 李国荣：《帝王与佛教》，团结出版社2008年版，第243页。
④ 张潇：《西夏时期藏传佛教在宁夏地区的发展和影响——以考古实物资料为中心》，硕士学位论文，南京大学，2014年。
⑤ 钟侃等：《西夏简史》，宁夏人民出版社2001年版，第160页。
⑥ 彭大雅撰：《黑鞑事略》，商务印书馆1937年版，第18页。

法，并和西夏有密切往来。南宋淳熙十四年（1187），西藏噶玛噶举系始祖噶玛巴·都松钦巴建立粗朴寺（楚布寺），夏仁宗李仁孝派遣使者入藏奉迎，邀请其亲来西夏。都松钦巴派遣大弟子格西藏琐布带着金像随使至西夏，李仁孝尊他为上师，请他翻译带来的藏经。这些都是促使西夏佛教兴盛的社会和文化因素。更重要的是，佛教满足了西夏社会和统治阶级的需要，从而为其广泛的流行提供了适宜的土壤。西夏历代君王大兴佛教，采取了许多具体措施，如设官署、立"圣节"、请赎大藏经、延揽高僧、广建寺院、大办道场等。其中，寺庙的修建，无论在数量上还是在规模上都十分可观。主要有都城应天府（今宁夏银川市）的承天寺塔、凉州（今甘肃省武威县）的护国寺感应塔、甘州（今甘肃省张掖县）的卧佛寺、中卫县鸣沙州的安庆寺、贺兰县的拜寺口双塔、同心县的康济寺塔等。固原境内主要的佛教石窟有位于固原市彭阳县城西北 25 公里的无量山石窟和位于海原县西安古城 7.5 公里处的天都山石窟等。① 西夏国王李元昊曾率大军进驻天都山，并营建行宫，开窟造像。现残存窟室规模宏大壮丽，民间供奉不绝，香火鼎盛，并于每年农历四月初八都会举行盛大庙会。

3. 金代佛教概况

金朝统治时期，佛教兴盛，少数民族统治者并未打压和排斥佛教，而是出于增加财政收入等方面的考量，对佛教采取支持态度。② 其文化遗存显示了这一点。如，德顺州广济禅寺殿宇宏大，规模巨阔。1980 年出土安葬功德碑并大殿柱石，柱石长方形，上凸圆柱直径 1.7 米，厚 0.47 米。塔下地宫甲字形，大定十二年（1172）四月八日建造完工。从碑文看，境内另有净安寺。

女真人在建立金朝之前，就从高丽人那里接触到了佛教。他们从被征服的辽朝和北宋王朝承继了佛教也维持了佛教的繁荣。他们从南

---

① 霍维洮：《宁夏民族与社会发展研究》，宁夏人民教育出版社 2003 年版，第 214 页。
② 王德朋：《金代佛教政策新议》，《世界宗教研究》2013 年第 5 期。

方引入了禅宗，并在1148年至1173年印行了佛经。① 固原地区自秦始皇统一六国开始，就是北方少数民族进入中原的必经之地。辽、金时期固原地区的军事地位更加重要，不仅是向西、北进攻的战略后防，还是都城长安的军事屏障。在辽、宋、西夏、金各政权力量平衡期，固原地区又成为各政权之间的缓冲地带，战略地位依旧突出，因而得到了统治者的精心经营，其经济、文化（包括佛教文化）一直处在全国领先地位。②

金代的佛教信仰，有其独特之处："金代佛教既受到女真人固有的萨满信仰的影响，同时，又受到辽、宋、西夏、高丽等周边政权和民族的影响。"③ 可以说，萨满信仰为女真人信奉佛教提供了基础，使得女真人对佛教及其仪式不会排斥也不感陌生。同时，大量辽代寺院和佛学人才的继承为金代佛教发展奠定了重要基础。辽代建造的佛教寺院为金代佛教传播提供了空间，辽代佛教的高度繁荣造就了一支庞大的僧人队伍，一些辽朝僧人在入金之后继续弘扬佛法。当然，金代的佛教人才不仅来自辽，宋朝也为其输送了大量佛学高僧，尤其是"靖康之变"后大量北宋僧侣进入金境。女真人在起兵反辽之前已经对佛教有所了解，在灭辽攻宋的过程中，他们有机会更多地接触佛教，对佛教的信仰进一步加深。由此，也就不难理解金军在围汴期间屡次索要僧侣和经藏的行为。④

固原须弥山石窟有金代题记，其中有大定四年（1164）"景云寺番僧党征结"，可知金代须弥山仍称景云寺，由此处蕃僧姓名可推测金代固原地区的须弥山石窟寺中有少数民族僧人，且占有重要地位。还有"赐紫慈觉大师党征清、监寺党征木、经律论戒师党征继"等蕃僧姓名之记载，可以看出这一时期固原须弥山石窟中的蕃僧数量不在少数，且地位较高，

---

① ［德］迪特·库恩：《儒家统治的时代宋的转型》，李文锋译，中信出版集团2016年版，第115页。
② 刘振刚：《陕北与陇东金代佛教造像研究》，硕士学位论文，兰州大学，2016年。
③ 王德朋：《论金代佛教的历史渊源》，《兰州学刊》2018年第9期。
④ 王德朋：《论金代佛教的历史渊源》，《兰州学刊》2018年第9期。

"赐紫慈觉大师党征清""山主党征结""监寺党征木"等即是其例。①"赐紫"更显示出金代最高统治者对固原须弥山石窟声望与地位的肯定。金代虽然造像活动并不活跃,但金代固原须弥山的佛教比较繁荣,且地位比较高,信众中还增加了大量金人,他们为固原佛教的发展贡献了积极力量。

4. 元代固原佛教

以蒙古族为核心建立起来的元朝,对佛教特别尊崇。史书记载"元起朔方,固已崇尚释教。及得西域,世祖以其地广而险远……思有以因其俗而柔其人,乃郡县土番之地,设官分职,而领之于帝师。"② 元朝疆域辽阔,宗教政策比较宽松,对其辖境内各种宗教都比较包容。为佛教的广泛散播和继续发展奠定了基础,佛教在元代社会生活的各个方面都有很大的影响。③ 元朝以畜牧兴国,虽以武力征服农耕经济、社会文明发达的中原大地,但并未将蒙古族的游牧经济生计方式强加于内地。忽必烈吸取"行汉法乃可长久"的经验,糅合了蒙古旧制"万世国俗"和汉族治道(唐宋故典),建立了既行汉法,又有国俗的"二元"性政治体制。这种相对开放、宽松的政治与文化政策,及元朝空前辽阔的疆域与多民族大一统国家的建立,为文化的大范围交流与发展创造了十分有利的客观环境。中原汉族文化、北方草原文化、基督教文化与佛教文化交汇、共融,使元代佛教呈现出新的时代特点。

元朝的统治者崇尚佛教,"基本上保持了草原民族质朴无华,讲求实利的特色,主要是求佛保佑,降福免灾"。④ 一方面固然由于他们需要从宗教当中寻求精神寄托和心理安慰;但另一方面,则是因为他们意识到佛教是控制和统一人民群众思想的思想工具,对稳定统治大有裨益。正如元人程端礼《元兴天禧慈恩教寺记》所指出的,"世

---

① 韩有成:《读须弥山石窟题刻题记札记》,《宁夏师范学院学报》2010年第4期。
② (明)宋濂撰:《元史》卷136《释老志》,岳麓书社1998年版,第936页。
③ 陈高华:《元代佛教与元代社会》,中国蒙古史学会会议论文,呼和浩特,1979年,第312页。
④ 张践:《元代宗教政策的民族性》,《世界宗教研究》1996年第4期。

祖皇帝以神武统一区宇，治功底定，期与休息，因民俗向善求福，咸归佛氏"，自元世祖忽必烈时期即大力崇奉佛教。"崇尚其教而敬礼之，日盛月益，大抵为社稷生灵计也。"① 他们对佛教义学也并不感兴趣，而主要是热衷于修功德，做佛事。凡举行法会、念经、祈祷、印经、斋僧、修建寺院，费用多由国库支出，② 靡费公帑，不计其数。但是，客观上促进了固原佛教的继续发展。

受西夏佛教发展和元朝统治者推崇藏传佛教的影响，元代固原藏传佛教一度也有散播，但并不占主导地位。宁夏本地僧人刊印西夏文佛经，元朝政府也组织刊印西夏文大藏经并颁赐固原地区，这也是西夏佛教与文化的一种延续。西夏曾设中兴等路提刑按察使处理僧户与民户之间的经济纠纷。入元以后安西王忙哥剌设立陕西、四川、西夏等路释教统摄。元武宗设立宁夏、甘肃释教都总统，管理当地的佛教事务。固原地区重修和新建的寺院相对较少，但规格颇高，安西王阿难答③在固原开城兴建了规模宏大的延厘寺。这座寺院毁于一场地震，至今考古工作者经过科学工作，印证了延厘寺的宏伟壮丽。这一时期，亦有不少僧侣名士来到宁夏，例如高智耀、商挺等佛教信仰者曾就职宁夏。噶玛噶举派黑帽系活佛曾来宁夏弘法，促进了固原佛教的发展。觉明大师显密圆融，是元代宁夏最为著名的僧人。④ 所以，元代固原地区云集了一批佛教高僧大德，并且佛教发展较快，蒙古人及其他色目人活跃于佛窟寺院之中，为固原佛教增添了新气象。

元末农民起义也是通过宗教把农民组织起来的，主要是白莲教和弥勒教。白莲教是5世纪初出现的，来源于佛教的净土宗，供养的是阿弥陀佛，代表光明，就是明王。其劝人念佛修行，多做好事，死后可到西方净土白莲池上过快乐日子。到12世纪前期，又加进了天台

---

① （元）苏天爵：《国朝文类》卷41《经世大典序录·礼典·释》，国家图书馆出版社2006年版，第12册，第24页。
② 张践：《元代宗教政策的民族性》，《世界宗教研究》1996年第4期。
③ 至元九年（1272）忽必烈将他的第三个儿子忙哥剌封为安西王，镇守唐兀之地。至元十七年（1280）忙哥剌病亡，阿难答袭封为安西王。
④ 仇王军：《蒙元时期宁夏佛教考述》，《宁夏社会科学》2018年第4期。

宗的格言，忌葱乳，不杀生，不饮酒，发展成白莲教。佛教净土宗的另一派称弥勒教，信奉弥勒佛，即三大佛中的未来佛。宣称等弥勒佛下世，到处有宽阔干净的土地，青山绿水，地上铺满金沙，有无数宝贝，人心也变好了，寿命也变长了，人口增加了，城乡富庶了，稻麦种1次有7次收成。弥勒教相信世界上有明暗、好坏两种力量，斗争到最后是明和好取得胜利。白莲教和弥勒教的广泛宣传给贫困的农民带来美好的希望，他们一经信教，就坚信不疑。元朝统治被推翻后，固原地区成为重要的畜牧业生产基地。明政府将绝大部分土地划归苑马寺和藩王作为牧地，民地和屯地所占比重很小，但洪武皇帝朱元璋诏告天下，"劝农务本"，与民"休息安养""安辑民人，劝课农桑""田野辟，户口增""民食给足，国富民安"。这些被广泛宣扬的说教，给固原地区贫困农民和下层百姓带来了美好的希望，因此当地农民对白莲教和弥勒教更加笃信。[1] 至今固原地区仍流传的许多民间降妖捉怪、打卦问卜习俗皆来源于白莲教。[2]

概括来讲，辽、金、元都是北方游牧民族建立的政权，有信仰宗教的传统。在统治策略上注重学习汉族地区的文化传统，对佛教大都采取扶持的政策，尤其是元代对藏传佛教极为崇奉。[3] 成吉思汗攻灭西夏的前夜，率蒙古大军进驻六盘山并建有奠基意义上的行宫。此后，宪宗蒙哥、世祖忽必烈都先后驻跸六盘山行宫。元朝建立之初，即废除金朝设置的镇戎州，恢复原州建制。这是由于元朝在统一南宋过程中固原所处的特殊军事地理位置，元朝在固原的政治、军事政权建制出现了多元格局。

安西王府曾一度成为元王朝政治中枢所在，成吉思汗、忽必烈等在六盘山时期，制定了南征北战的军事策略。忽必烈还曾在六盘山地区会见后来成为帝师的佛教高僧八思巴，这一时期固原也有藏传佛教的流传。而且藏传佛教的传播与发展，对固原佛教的分布格局也产生

---

[1] 李连斌：《推背图点注详析》，北京师范大学出版社1992年版，137页。
[2] 张家铎：《固原民俗》，宁夏人民出版社2008年版，第14页。
[3] 李永斌：《宋元明清时期汉地观音信仰在社会各阶层中的传播》，博士学位论文，西北大学，2016年。

了一定的影响。

元代在开城建安西王府,遗址在原州区开城镇。开城,位于固原城东南 20 公里处六盘山腹地,属丘陵地带,清水河绕遗址而过,居高临下。固原开城安西王府,乃皇室建筑,规格非同寻常。出土瓦当,横印浮雕飞龙,嘴微张,长舌上卷,长角长须,头昂身曲,前肢前扑,后肢腾空。龙纹浮雕滴水,如意形卷云陪衬龙身,舌上卷,目上视。王以龙喻,龙为皇家标志,固原安西王府用时八年方才建成。从延厘寺碑文中可以看出安西王府的规模,"依山""面水","八稔成绩,岿然都城"。俨然帝都的固原开城安西王府,融贯蒙汉文化,代表了当时的建筑风格,是当时建筑习俗的典型模式。

四 明清时期的固原佛教

明清时期,佛教进一步中国化、本土化、民间化和民俗化,因其历时之长久,过程之复杂,给我们认识和把握佛教都带来了一定的困难。明清时期宁夏境内"丝绸之路"继续发展,加强了该地区对内和对外的文化交流,既强化了宁北区和宁南区两大佛教文化区之间的联系,又推动了寺院庙会经济的发展,加速了固原佛教世俗化的步伐,并出现了多元文化会合杂糅的趋势。①

1. 明代固原佛教的继续发展

明太祖朱元璋早年混迹于僧寺中,亲眼目睹元末佛教的各种流弊,对佛教影响社会稳定的种种危害也了然于胸。在其执政之初,就着手整顿宗教,建立了较完善的管理制度,并屡次颁发敕令,遏制宗教对政治统治的不良因素,② 使得佛教出现了风纪整肃、规范发展的良好势头。除去自神宗至明朝灭亡的几十年时间,明朝基本上实现了对佛教的严格管理和有效控制。

明代佛教政策的制定,是明初"国家构建"的一部分。佛教能够

---

① 郑星:《明清时期丝绸之路与宁夏地区佛教的发展》,《新丝路杂志》(下旬刊) 2019 年第 10 期。

② 李永斌:《宋元明清时期汉地观音信仰在社会各阶层中的传播》,博士学位论文,西北大学,2016 年。

"阴诩王度""暗助王纲",有益于净化人心和王道政治,这是它得以在以理学占统治地位的帝国里合法化的前提。明初诸帝对佛教虽然不乏个人兴趣,但他们在制定相关政策时主要基于功利主义立场,着眼于国家利益,对佛教虽有支持,然而更多的是限制和管控。这些政策的具体实施,成功程度不一。而其效果相互叠加、放大,削弱了佛教在制度、经济和思想等方面的自主性,对明代及以后中国化佛教的发展产生了深远影响。[1]

明代其余诸帝,虽间或也有限制佛教、沙汰僧尼甚至像世宗那样崇道排佛的,但总的说来,多数是佞佛的。[2] 明代最高统治者佞佛,还有一个必须注意的现象,因为明代中期以后,宦官越来越大权在握,对国家政治、军事、经济与文化影响极大。宦官特别容易成为崇佛的中坚力量,并对当时的社会风气形成不良影响。例如,据《明史》卷304《宦官传·王振传》所载,英宗正统间,大宦官"王振佞佛,请帝岁一度僧。其所修大兴隆寺,日役万人,糜帑数十万,闳丽冠京都。英宗为赐号'天下第一丛林'。命僧大作佛事,躬自临幸,以故释教益炽。"[3] 王振还大兴土木,修建佛寺,史载"建智化寺,穷极土木"。明代佛教正是在这种政治背景下,在日益衰微的历史趋势中继续维持下来。

明英宗正统九年二月,改设陕西都司宁夏卫僧会司为僧纲司,置都纲、副都纲各一员,"以番僧耳布奏僧徒数多也"。[4] 设立僧官级别的变化从侧面反映了宁夏卫僧人数量的增多,"番僧"又体现出明朝异域佛教僧侣在宁夏的活动。[5] 嘉靖《宁夏新志》载:"汉僧纲司印一颗,汉僧纲正副各一员,汉僧纲司在宁静寺内;番僧纲司印一颗,番僧纲正副各一员,番僧纲司在报恩寺内。"[6] 这是明朝宁夏设立的

---

[1] 张德伟:《明代佛教政策研究》,《世界宗教研究》2018年第5期。
[2] 郭朋:《明清佛教》,福建人民出版社1982年版,第34页。
[3] (清)张廷玉:《明史》卷164《王振传》,中华书局1974年版。
[4] "中央研究院"历史语言研究所校印:《明英宗实录》,北平图书馆红格钞本1962年版,第2284页。
[5] 仇王军:《明代宁夏佛教考述》,《宁夏社会科学》2017年第1期。
[6] 嘉靖《宁夏新志》,宁夏人民出版社1982年版,第62—68页。

僧司机构有藏传佛教和汉传佛教之分的开始，分别管理藏传佛教事务和汉传佛教事务。

正统五年（1440）《永乐北藏》刻成。正统十年（1445），明英宗将《永乐北藏》颁赐全国各大寺院，并颁布《藏经护敕》受赐或请赐《永乐北藏》的寺院都摹本刻写，以示荣耀。固原须弥山圆光寺也获得朝廷颁赐《永乐北藏》一部。① 这件事也证实明代固原佛教得到了国家最高统治者的认可和支持。

《明孝宗实录》记载固原州设立了僧正司："升陕西开成县城为固原州，仍隶平凉府，设知州、吏目各一员，儒学、学正各一员，训导二员，永宁马驲驲臣、盐引批验所大使、阴阳、医学、僧道正司各一员。"②《嘉靖固原州志》卷1《文武衙门》也记载了固原州设有僧正司。③ 制度的细化是固原地区佛教发展复杂化的反映，更进一步证明了僧人数量的增多及国家对僧人及佛教管理的进一步规范。当时藏传佛教主要是对西夏及元代藏传佛教的传播和延续，对沿"丝绸之路"传入的藏传佛教则持限制态度，如《大明律》中规定：汉人不得学习藏传佛教，"凡汉人出家习学番教，不拘军民、曾否关给度牒，俱问发原籍各该军卫有司当差。若汉人冒诈番人者，发边卫充军"。④《大明律》中的这条规定也反映了明朝境内番人佛教的繁荣，统治者不得不严令禁止汉人学习和信奉藏传佛教。

明朝政府在北方设立"九边"重镇以抵御蒙古势力进犯，固原即"九边"之一，且"三边总制"驻节固原。这一时期固原的国防边事建设规格极高。它有力地推动了固原地区经济的发展和社会的前进，对明朝西北边防的巩固发挥了至关重要的作用。⑤ 明代延续了元代把六盘山作为东西交流要道的思路，对固原地区的军事、经济颇为重

---

① "中央研究院"历史语言研究所校印；《明英宗实录》，北平图书馆红格钞本1962年版，第2284页。
② "中央研究院"历史语言研究所校印：《明孝宗实录》，北平图书馆红格钞本1962年版，第3454页。
③ 嘉靖《万历固原州志》，宁夏人民出版社1985年版，第20页。
④ 怀效锋点校：《大明律》，法律出版社1998年版，第369页。
⑤ 苏银梅：《明朝经营固原概述》，《西北民族学院学报》1991年第2期。

视，商路的畅通促使固原地区佛教寺院大放异彩。《万历固原州志》记载了兴福寺、圪塔寺、白衣观音寺等九处寺院。《大明一统志》卷35《平凉府》记载有隆德县的下生寺。《嘉靖平凉府志》又有隆圣寺、清凉寺和影山寺。这一时期须弥山、石空寺、牛首山等都是固原地区颇有影响的佛教圣地,其中须弥山石窟尤为明朝统治者所重视,他们进行了多次修葺。这些寺院也涌现了大量高僧,如黑禅和尚、海珠和尚等。由此,可以窥见明代固原地区的佛教在六盘山道再度畅通的影响下继续发展。[1]但是朱明王朝经营固原,主要是基于军事目的,其对固原佛教的促进作用,不宜估计过高,明代固原佛教的发展也与政府希望借助佛教维持固原地区的社会和文化稳定有直接关系。

2. 清代固原"居士佛教"的兴起

所谓居士佛教或"白衣佛教",是相对于僧伽佛教而言,指佛教的在家信众、信众团体及其领袖人物所影响的或所体现的佛教。佛教徒由出家信众和在家信众两大部分构成。在我国,通常将在家信众称为居士,即所谓居家修道之士。明末"三教合流"的思潮兴起,不仅为晚明"居士佛教"的成长提供了宽广的社会背景,而且居士"出儒入佛""引佛入儒"的思想立场,亦与晚明丛林"援佛解儒""儒佛俱显"的圆融旨趣相互呼应,共同成为晚明思潮的主要力量。[2]加上移民文化对固原佛教的大力渗透,为适应各地迁入僧俗信徒的多多元化需求,晚明"四大高僧"倡导禅、净、教、戒为一体,主张儒释道三教合流,在他们的大力推动下,促使固原佛教越来越接近普罗大众,进一步平民化和世俗化。

清朝的佛教政策基本上延续明代,将作为"儒释道"传统文化的佛教和民间结社严格区分,对前者进行引导限制,对后者进行严厉打击。就佛教本身的发展来看,清代的佛教宗派继承了明末遗绪,其中,净土宗的地位更加重要,念佛净土在社会上更加普及,偶有禅宗

---

[1] 郑星:《明清时期丝绸之路与宁夏地区佛教的发展》,《新丝路》2019年第10期。
[2] 陈福滨、黄伟铭:《儒佛会通:晚明"居士佛教"与"阳明后学"》,《吉林师范大学学报》2020年第3期。

的突显和发展，藏传佛教继续发展。清代后期，国势衰落，内忧外患之下，传统佛教日渐衰微。"居士佛教"的兴起则为积弊已久的中国佛教带来了一线曙光。这一时期居士占佛教徒的绝大多数。社会各个阶层的人士中都有居士，其中包括众多有权势、有财富、有学识、有能力的精英和上层人物，诸如权势贵胄、富商巨贾、硕学鸿儒、能工巧匠等。他们积极投入佛教，成为在家的居士，对佛教和寺院的发展产生了一定的影响。

清朝在宁夏府设立僧纲司，在宁夏府所属的宁夏县、宁朔县、中卫县、平罗县和灵州等地设立僧会司，管理宁夏府地方上的佛教事务。清代宁夏地区的佛教寺院主要是在前代所修建寺院基础上重修重建，同时又新建了一些寺院，一些著名寺院香火旺盛，地位越来越重要，如须弥山石窟寺甚至成为地方景观，吸引人们汇聚往来。寺院还是重要的公共生活空间，清代节庆庙会极为盛大，在人们普遍缺乏娱乐条件的当时成为重要的文娱场所。尤其是在庙会期间人山人海，场面十分壮观。清代准提信仰也在固原地区流行，建有准提寺（庵）等。清代早期和中期，固原地区涌现出一批较有影响的僧人，他们推动了佛教的发展。[1] 总体上看，清政府的宗教政策主要是"严管"，[2] 正如学者指出的："明清时期专制统治扼杀了社会的发展生机。在宗教管理方面，过度管理导致了正统宗教在思想和组织上的退化。当正统宗教不能满足人民的宗教需求时，就会出现民间宗教大发展的局面。而专制政府的强力打击政策，则又把民间宗教推到了反政府的立场上，成为农民起义的重要组织形式，对专制统治造成了沉重打击。"[3]

值得注意的是，清代以来固原地区的开窟造像活动基本告一段落。佛教石窟寺造像活动的衰落并不意味着佛教寺院地位的衰落。相反，固原地区佛教寺院的发展对当地社会文化和生活的影响非常重

---

[1] 仇王军：《清代宁夏佛教考述》，《西夏研究》2019年第3期。
[2] 任宜敏：《清代汉传佛教政策考正》，《浙江学刊》2013年第1期。
[3] 张践：《明清时期政府的"严管"宗教政策及其影响》，《世界宗教研究》2010年第5期。

要，这一时期的佛教场所已经演变成民间的娱乐和文化中心。寺院定期举行的佛教庙会是平民百姓生活中一件参与度极高的活动，庙会以其广泛的参与性和开放性影响，成为民众精神和世俗生活的重要组成部分。从宗教角度来看，在庙会上，一方面，信众从信仰和仪式中获得宗教情感和精神体验，实现了心灵需求的满足；另一方面，佛教信仰又逐渐渗透到民众的日常生活中，将佛教的理论和要求潜移默化地渗透进百姓的生活方式中。从娱乐或社会交往的角度来看，庙会为不同阶层、群体的人们提供了一个交往的机会与场所，特别是在古代社会，庙会为妇女提供了相对自由的外出交往机会。从商贸角度来看，商品贸易活动是庙会活动中的一项重要内容，在一定程度上促进了不同群体之间的经济往来。①

清代后期，因同治西北兵燹和中国佛教整体发展趋势减缓等因素的影响，固原地区的佛教逐渐衰落。清代固原的藏传佛教，一方面是明代固原藏传佛教传播的延续；另一方面由于宁夏府和信仰藏传佛教的蒙古部落相邻，清朝结束了与蒙古部落的对峙状态，是双方经济文化交流的结果。② 固原地区出土了大量密宗与藏密风格的民间使用的小型金铜佛造像。三头六臂、三目竖立或牛头马面、怒目攒拳的造像在寺院殿堂里比比皆是。密宗造像一般以弘扬"佛法无边"为其传神特点，造像多为忿怒变化相，如时轮金刚、胜乐金刚、集密金刚、马头金刚、空行佛母神像。

总体而言，明朝固原地区佛教的发展受政治影响较深。前期，在"丝绸之路"的影响下藏传佛教占相对优势。后期，朝廷通过政治手段干预藏传佛教的发展，致使汉传佛教兴盛且逐渐占据主导地位。③ 清代以来，固原地区佛教及寺院建设和石窟开凿均有日渐消歇之势。

---

① 仇王军：《清代宁夏佛教考述》，《西夏研究》2019年第3期。
② 仇王军：《清代宁夏佛教考述》，《西夏研究》2019年第3期。
③ 郑星：《明清时期丝绸之路与宁夏地区佛教的发展》，《新丝路》2019年第10期。

第六节　佛教对固原的影响

佛教哲学博大精深，体系完备，教义严密，它对我国的哲学思想和传统文化产生了持久而深远的影响。大乘佛教文化在魏晋南北朝时期传入，盛行于隋唐时代，五代十国以后渐衰。但这一时期其影响力远胜于两汉时期的儒家经学和宋明时期的理学。理学思想就是在贵霜大乘佛学中国化后的禅宗思想的启发下兴起的。宋代理学家援佛入儒，儒学吸纳了佛学思想后，进一步完备了思辨的理论色彩。佛教也在调整与世俗王权、儒学以及民俗文化的基础上，努力地处理其与传统儒学文化的关系，进一步中国化。并与固原地区的本土文化迅速融合，对固原社会及历史文化产生了影响。

一　佛教是固原地区最重要的宗教信仰之一

一个地区和民族的文化和生活是多层面的，宗教信仰在其中占据重要位置。它支配着信众的思想感情，宗教组织和宗教礼俗也深刻影响着人们的日常生活。[①] 在古代历史上，佛教信仰曾经深刻地影响了固原社会文化的发展，它打开了固原人民对前世、今生和来世的全新认知，拓宽了固原地区思维的逻辑体系和思维方法，对人们的生活方式有着全方位的影响，无论衣、食、住、行，还是乐舞诗文等，都产生了直接或间接的影响。

自古以来，固原地区战乱不已、民族交融、信仰多元，形成了宗教信仰上开放、包容的传统。对外来信仰体系，固原地区的人们不会盲目排斥和拒绝，而是以实用的拿来主义为出发点，只要能祛病消灾、避难祈福的教义和实践活动，固原地区的百姓基本上就可以接受和应用，这是固原成为佛教重镇的社会原因。自佛教在两汉时期传入以来，逐渐成为当地人们的主要宗教信仰之一，就现存的固原佛教遗

---

① 杨富学、彭晓静：《"丝绸之路"与宗教文化的传播交融》，《中原文化研究》2014年第5期。

存和文物来看，至少净土宗、华严宗、禅宗、密宗、藏传佛教等佛教宗派都曾在固原地区传播和盛行过。佛教影响了固原地区普通百姓的日常和宗教生活，佛教的教义教理、语言词汇、思维方式、价值观念等已经深入到固原文化的内核之中。

二　佛教信仰渗入固原文化

我国原始宗教是产生于国家宗教和人为宗教之前的自发型宗教，它由自然崇拜和祖先崇拜等内容构成，是构成早期宗教生态的核心因素。虽然原始宗教演变为宗法性国家的传统宗教之后，其内容和形式都发生了很大变化，但原始宗教中敬天法祖的基本内容和多神崇拜的信仰特点却得以保留，而且在固原人民的信仰体系中一直有所体现，甚至吸收和杂糅了儒家思想、道教理论等其他文化体系。

儒学的侧重点在治国，旨趣是修身、齐家、治国、平天下和"选贤任能"，以建立圣贤社会，属于哲人宗教范畴，儒学是华夏传统文化的主干和底色；道教是东汉时期产生的一种制度性宗教，道教养炼内丹、塑铸金身的宗教追求对当时人们通灵天地的理想有极深的影响。道教在维系社会秩序和慰藉时人心灵方面是祖先崇拜和自然神灵信仰的有效补充。传统宗教生态在东汉年间发生了巨大改变，形成了一个以佛教为特征的新型宗教生态。从佛教汉化历程来看，东汉宗教生态的这种改变是当时宗教系统的总体态势、层次结构、表现形式和内外关系诸多因素互动的结果。讲求"慈悲为怀"的佛教在本质上跟儒学的"仁和之道"和道家的"虚静之理"都有共通之处。东汉末年严重的社会危机摧毁了传统宗教生态中主体信仰的制度支持和祖先、自然崇拜的社会基础，政治统治和农民造反严重打击了宗族势力，深刻改变了社会结构，为佛教的传播与发展消除了屏障，扫平了道路。[①] 这期间佛教不仅渗进了统治阶级内部，而且还深入到平民百姓日常生活中。与百姓的日常生活与风俗节庆形成了紧密关联。

---

① 刘克：《从出土佛教题材汉画看东汉宗教生态格局的变迁》，《广西师范大学学报》2016年第5期。

前秦的苻坚统一北方地区后，以梁熙为凉州刺史、护西戎校尉，并派他带着丝绸、珍宝去抚慰西域。从三国到隋朝，虽然中原地区长期处于分裂局面，但西域各地与中原地区的经济、文化交往，仍延续未断，并保持着从属关系。[1] 十六国时期赫连勃勃毁佛一事，[2] 表明当时佛教势力比较大。那时夏州、关中一带有铸佛像、建佛塔的弘法活动，可以证明更西部的固原地区佛法应更普遍，且此时已有了一定的佛教基础。发展到南北朝时期，兴建寺院、开窟造像，蔚然成风。20世纪80年代在固原地区发现并出土了一大批北魏时期的石雕、金铜佛教造像；[3] 1973年在固原西郊发掘的一座北魏墓葬，出土的彩绘漆棺画中描绘有头光、姿态生动的佛教人物形象；固原境内的须弥山石窟开凿于佛教初盛时期的北魏。除石窟寺造像之外，还有大量的石雕、金铜鎏金佛教造像的发现，这些个体造像原来可能陈设在寺院，或作为家内供奉的偶像。上述均说明佛教在固原地区的传播更早，也更普遍，发展至北魏时期，固原佛教已经比较盛行了。南北朝时期佛教的盛行对传统文化产生了深刻影响，正如著名学者梁思成先生所指出的："自南北朝而佛教始盛，中国文化，自有史以来，曾未如此时变动之甚者也。自一般人民之思想起，以至一物一事，莫不受佛教之影响"。[4]

南北朝以后，战乱无常和中央政权的崩塌，导致劳苦大众生无所依，而佛教"普度众生"的宗旨，给无助的固原百姓伸出了温情的橄榄枝。由此之故，固原佛教初期传播比较顺利，这可以从大量佛教文物的发现和出土得到验证。如彭阳县新集乡，出土有北魏早期的佛、菩萨、供养弟子、飞天等石造像和铜造像。[5]

隋唐时期佛教有了新的气象，主要表现在佛教义理的繁荣与佛教

---

[1] 张德阶：《略论历代王朝对西域的经营》，《武汉教育学院学报》1987年第1期。
[2] 刘林魁：《赫连勃勃诛梵佛法说证伪》，《宁夏社会科学》2010年第6期。
[3] 李玉芳、韩有成：《固原北魏及唐代石雕、金铜佛教造像的发现与价值》，《固原师专学报》2006年第4期。
[4] 梁思成著，林洙编：《佛像的历史》，中国青年出版社2010年版，第8页。
[5] 陈育宁：《宁夏通史·古代卷》，宁夏人民出版社1993年版，第87页。

宗派的不断发展，中国文化与佛教开始融会贯通，甚至生成了中国化的佛教宗派——禅宗。这也是中国文化精英阶层对佛教心领神会后的创造性开拓，具有十分重要的历史意义。它表明中国人的佛教从此开始了独立发展的道路，逐渐摆脱了印度佛教的束缚与羁绊。与之相应地，固原佛教也迅速迈进，在中国化佛教的基础上，不断本土化。到宋元时期，固原佛教世俗化的进程加速，平民百姓广泛加入成为信徒的主体力量。明清时期固原佛教曾一度又有所开拓，主要表现在禅宗继续发展，世俗化佛教进一步普及，居士佛教颇有成就，与此同时，密宗等教派发展和影响更加深刻。

三　固原佛教是中西交流的缩影

固原佛教的历史，是西北佛教史的缩影，更是中西文化交流的缩影。在人类社会发展史上，不同的种族和民族之间，因为文化的显著差异，在不同的历史时期都会有一种了解、接触异族文化的冲动和愿望。中西方文化之间长期以来，有着互相了解的强烈意愿。张骞通西域之后，中原与西域交往日益加深，中原对西域已经有了较多的了解。《汉书·西域传》记载："西域以孝武时始通，本三十六国，其后稍分为五十余，皆在匈奴之西，乌孙之南。南北有大山，中央有河，东西六千余里，南北千余里。东则接汉，阸以玉门、阳关，西则限以葱岭。其南山，东出金城，与汉南山属焉。其河有两源：一出葱岭山，一出于寘。于寘在南山下，其河北流，与葱岭河合，东注蒲昌海。蒲昌海，一名盐泽者也，去玉门、阳关三百余里，广袤三四百里。其水亭居，冬夏不增减，皆以为潜行地下，南出于积石，为中国河云。自玉门、阳关出西域有两道。从鄯善傍南山北，循河西行至莎车，为南道；南道西逾葱岭则出大月氏、安息。自车师前王庭随北山，波河西行至疏勒，为北道；北道西逾葱岭，则出大宛、康居、奄蔡焉。"① 班固对西域地理方位、民族、国家及政治形势的分析很准确，它是基于双方频繁往来，互通有无等历史事实的客观记录。他进

---

① （东汉）班固：《汉书》卷96上《西域传》，中华书局1962年版，第3871—2872页。

一步指出："西域诸国，各有君长，兵众分弱，无所统一，虽属匈奴，不相亲附。"① 汉代西域诸国维持一种附属于匈奴帝国的基本独立，各国疆域大小、实力强弱均有不同，文化上也有很大差异，各有其独特的文化传统。由于"丝绸之路"的沟通，各国之间的文化有了更多的交流和交往，像输送佛教的管道一样，将东西方各地的佛教文化一站接一站地加工与传播，从西域传入中原内地的佛教文化，因此必然带有西域诸国本土文化的因素。

固原佛教并非某一种原味印度佛教的单向传播，而是渗透了包括月氏人及西域诸国不同民族文化的多层次、多重影响之后逐渐传入的，是结合固原历史文化、风土人情、习俗信仰等，碰撞交流及逐渐融合的结果。因此，固原佛教是中西方之间文化交流的纽带和窗口，印度的天文学、医学、音乐舞蹈乃至西域各民族的传统文化、服饰、技艺等都附着在佛教及石窟艺术之中，逐渐渗入固原佛教文化及石窟艺术中。从这个意义上讲，佛教对于固原的影响，远远超越了其宗教本身，而是融会多元文化及艺术风格的综合性文化体系。

固原佛教在传播和接受过程中并不是一成不变、被动全盘接受，而是一种主动选择、接纳和积极改造的结果，它吸收西方文化，却也不排斥来自中原内地的儒家和道教文化的持续影响。它是在不断选择、吸收、改造、适应和调整的基础上，又能开拓创新，补充完善，结合区域文化传统与地方文化特色，最终形成了固原人民接纳和认同的本土区域性佛教。同时，沿着"丝绸之路"，固原佛教也对其他地区和民族的佛教文化产生了影响。因此，从这个角度来说，固原佛教的历史意义和文化价值是非常关键和重要的。

---

① （东汉）班固：《汉书》卷96上《西域传》，中华书局1962年版，第3930页。

第四章　佛教石窟及石窟艺术概述

佛教亦称"象教",它既有深奥的教义,也有具体生动的形象,并且非常注重和善于将抽象的教义寓于具体的形象之中。佛教诞生之初,并未有佛的形象出现。一方面,释迦牟尼本人不主张为自己造像,他经常告诫和教诲信众,信奉教义,更重要的是理解和遵守其深刻的含义,要有一颗赤诚的心。否则,即便是天天见面,也未必能修成正果,就是造出佛的形象去顶礼膜拜,也难以求得真谛。另一方面,当时的佛教信徒们也认为佛是神圣和超人的,其形象不是一般人能创作和制作的,随意去造佛的形象,是对佛的不敬和冒渎。因而,最早的佛教用菩提树、足迹、莲花、法轮等,来象征性地代表佛的存在。[1]

随着佛教的进一步弘扬与发展,为了取得更好的宣传效果,佛教也开始利用多种艺术形式,宣传其教义。1世纪初,印度西北部的古代犍陀罗地区(今巴基斯坦白沙瓦和阿富汗东部一带),在吸收古希腊的雕塑艺术后开始雕凿佛像,于是,便有了佛教的偶像崇拜,并深受古希腊雕塑艺术的影响。当时的佛教徒,将他们崇拜的偶像和修道之地,选择在远离城镇、环境幽静的深山密林的石窟寺内进行,佛教石窟寺因此成为僧人们修行的道场。

随着佛教的发展和东传,石窟造像的活动及其艺术形式传统也在我国新疆、甘肃、固原等地,沿着古"丝绸之路"逐渐地兴盛起来。石窟内的各种雕塑与绘画,都是以艺术的形式来表现的,因此,石窟

---

[1] 宿白:《中国石窟寺研究》,文物出版社1996年版,第16页。

艺术亦称为佛教艺术。① 石窟原是佛教徒们为纪念其始祖释迦牟尼和仿效释迦牟尼的"修行"而兴建的。开凿石窟与佛教徒的修禅有密切关系，禅定是佛教徒的一种修行方式，僧人习禅，要进行禅思，需要有安静的环境。佛经上有明确记载，如《禅秘要法经》中说："出定之时，应于静处，若在冢间，若在树下，若阿练若处。"《付法藏因缘传》卷二更加明确地说明僧人应在石窟中坐禅，经文说："山岩空谷间，坐禅而寂定，风寒诸勤苦，悉能忍受之。"可见，在僻静的山谷中开凿石窟坐禅修行是符合佛经的规定与禅修需要的。参禅修道首先必须对着佛像观想，达到心神与佛法的交融境地。因此，许多石窟中又雕凿了配合观像需要的佛教偶像。②

第一节 石窟概述

我国的佛教艺术品主要保存在石窟中，也因其一般地处偏僻、幽静之所，才得以存留。石窟是佛教徒修行和礼拜的重要场所。据佛教仪轨，僧侣要想得道成佛，修行的最佳方式就是禅定，禅定要在山间林下、石窟洞穴中进行，所以在佛教早期流行的地区，留下诸多石窟遗迹。同时为了宣扬佛教，传教者还要开凿石窟绘制壁画、雕凿佛像来供信众"观想"，因此，石窟成为宣扬佛法、维护教义的重要场所。

我国石窟开凿约始于4世纪中叶，以北魏至隋唐时期最盛。石窟寺是佛教的主要象征之一，它凝聚着古代人民对佛教的虔诚信仰和真挚情感，显示了融中外文化于一体的高度智慧。固原须弥山石窟和云冈、敦煌等著名石窟一样，是我国境内开凿最早的石窟之一，根据石窟雕凿工艺技术和窟内的造像风格推测，大约开凿于北魏孝文帝太和年间（477—499）。须弥山石窟的开凿有一定的历史和地理原因。从历史上看，佛教于东汉时传入，至南北朝时，已经得到广泛的传播。

---

① 宿白：《中国石窟寺研究》，文物出版社1996年版，第16页。
② 宿白：《中国石窟寺研究》，文物出版社1996年版，第16页。

北魏时期，中国禅宗始祖菩提达摩从南朝悄然渡江来到北朝弘扬禅法，创立禅宗，在其弟子们的继续努力下并以其超凡的社会影响力、惊人的发展速度及广泛的传播范围，形成了北方重禅修的宗风。随着北方禅理的兴盛，和北魏统治者的大力支持，修凿石窟的风气也逐渐兴盛，固原须弥山石窟就是在此影响下开凿的。

固原佛教石窟虽受到古希腊、古罗马、印度、西域等地佛教艺术造型风格的多重影响，但也被本土和来自各地的佛教石窟艺术家，根据其对佛教的理解和审美要求进行了融汇和改造，创造出极富地方特色的石窟文化和艺术，并创造性地使本民族的文化特色和艺术形式在石窟领域中占据了主导地位，这也是一种文化选择和创新的结果。古老的固原地区接受了来自遥远异域的佛教文化及石窟寺艺术，并继续独立开拓创新，逐渐形成了本土化的艺术风格。[1]

一 洞窟形制

石窟的出现和佛教的偶像崇拜以及僧侣的修佛行道有直接关系。因此，从功能上考察各种石窟，可划分成两种类型：一种是为了供僧侣巡礼观像的支提窟；另一种是供僧侣日常生活和禅修的场所，即毗诃罗窟。毗诃罗窟在印度就是平面作方形，中央为庭院，周围围绕小室，供僧侣居住和禅修。在其发展演变的过程中，毗诃罗窟的功能逐渐细化，分为供僧人起居（兼作禅行）的僧房窟，专门用于禅修的禅窟，除了单体的僧房窟和禅窟之外，还有由多个禅窟组合在一起的禅窟群。

学术界对石窟的分类，其标准不尽相同，有的是从石窟的形制来划分，将其分为僧房窟、中心柱式窟、覆斗式窟、毗诃罗窟、穹隆顶式窟、窟檐式窟等；也有将其分成塔庙式窟（中心柱式窟）、大像窟和僧房窟、禅窟等；其中，影响最大，也最被学界所认同的是著名考古学大家宿白先生的石窟分类法。宿白先生在《中国石窟寺研究》一书中，将石窟的形制和功用结合起来进行考察、划分，他将中国的

---

[1] 洛齐、徐恩存：《中国石窟》，浙江人民出版社1996年版，第18页。

石窟寺分成七类："①窟内立中心塔柱的塔庙窟；②无中心塔柱的佛殿窟；③主要为僧人生活起居和禅行的僧房窟；④塔庙窟和佛殿窟中雕塑大型佛像的大像窟；⑤佛殿窟内设坛置像的佛坛窟；⑥僧房窟中专为禅行的小型禅窟；⑦小型禅窟组成的禅窟群。"① 我们采用宿白先生关于石窟类型的研究，对不同的石窟形制略作介绍。

1. 中心柱式窟（支提窟）

支提窟是指在窟中立塔或者开凿塔形的中心柱的石窟，所以又称中心柱式窟，或者称为塔庙窟。在佛教发展的最初阶段，还没有产生佛像。所以早期的寺院，往往是以塔为中心的，塔也主要是露天的。后来在建筑物或者石窟内也建起了塔，称作"塔庙"或"塔堂"，这样即使在雨天也可以正常地礼拜佛塔。《摩诃僧祇律》卷33载："过去迦叶佛般泥洹后，吉利王为迦叶佛塔，四面起宝支提，雕文刻镂种种彩画。今王亦得作支提，有舍利者名塔，无舍利者名支提。"② 亦即是说，塔和支提的区分是以有无舍利为依据的。

支提窟是在3世纪前后传入中国的。随着佛教向东传播，中心柱式窟也向中原内地推进，在各地都留下了一批中心柱式窟，包括河西地区各石窟、敦煌地区石窟、洛阳龙门石窟及其周边地区、云冈石窟等，成为早期石窟最重要的窟形。

固原须弥山石窟有一种形制独特的中心柱式窟。编号为第51窟，由主室、前室、左右耳室四部分组成，总面阔26米、进深25米。主室方形平面，覆斗形顶，仿木结构，中心方柱直达窟顶，方柱四面各开一单层佛龛，内为一铺三身造像；前、左、右三壁正中为方门，分别与前室、左耳室、右耳室相通，前壁上部开明窗，用于采光，正壁开一大通龛，三尊禅定佛并坐，右壁门西侧为一大龛，内为一禅定佛二胁侍菩萨，主尊高达6.3米，余壁出现壁有门、门侧一大龛的现象，开龛时应该是右壁门两侧各有一大龛，左壁与其相对称，造像也

---

① 宿白：《中国石窟寺研究》，文物出版社1996年版，第16页。
② （东晋）佛陀跋陀罗、法显译：《摩诃僧祇律》卷33《新修大正大藏经》第22册，台北新文丰出版公司1983年版，第498页。

应该对称。①

2. 佛殿窟

此类洞窟，平面多作方形，故称方形窟。又因其是寓礼拜和讲经于一体的窟形，是从我国早期佛殿式寺院建筑演变而来的，其使用功能与寺院佛殿相似，也被称为佛殿窟。佛殿窟从一开始即产生了多种形式，常见的如三壁三龛方形窟、三壁建坛的方形窟和正壁建坛的横方形窟等。前两种形制的石窟实际上是对地面佛殿的完全模仿，也因此随着地面佛殿布局的变化而变化。佛殿窟是最具典型性的窟型，遍布各地，其流行时间也最长。②

3. 僧房窟

僧房窟也被称为毗诃罗窟，实际上是禅窟在功能上细化的产物，是在毗诃罗窟的基础上发展出来的专门供僧侣生活起居之用的洞窟，其性质等同于寺院中的僧房。

僧房窟的形制和内部设施，考虑到生活起居的需要，一般由主室和甬道两部分组成。甬道是进入洞窟的通道，位于主室的左或右侧，顶部多为券顶，少数平顶甬道的长度与主室的进深大体相等。有的还在甬道的尽头或侧旁开凿小龛，用于储藏生活用品，在甬道的尽头折向左或向右，通过门道即可进入主室。主室平面多作横长方形，顶为券顶。在靠近主室的门口处，北方地区往往多作出一个取暖的灶坑，灶坑的上部壁面，凹向壁内形成火膛，其两侧还装饰有柱状砌体。在主室前壁的中部，凿出一个方形的明窗，明窗的内口大于外口，这是为了增加通过明窗进入室内阳光的光照量。在门口相对的一侧，多凿出或砌出一个低矮的条状禅床，供僧人休息或坐禅之用。

4. 大像窟

大像窟属于中心柱式窟的一种变体，因为窟内置立大塑像而得名。大像窟中的大像一般立于中心柱前壁正中，在形制上与典型的中心柱式窟有些差异，主要表现为突出地安置了大立像，并扩大了后

---

① 韩有成：《须弥山北周石窟的特征》，《固原师专学报》1997年第2期。
② 汪小洋、姚义斌：《美术考古与宗教美术》，上海大学出版社2008年版，第64页。

固原古代石窟佛像概览

室。中国境内的大像窟最早见于新疆克孜尔地区。和中心柱式窟一样，也是由西向东发展推进，在全国各地的石窟中都有大像窟的形制。① 大像窟的开凿以唐代较为普遍，这应该与大唐盛世的雄厚国力与佛教在此时的辉煌发展密切相关，也与唐人追求盛大、华丽、富贵的时代审美特点有直接关联。稍早的甘肃麦积山隋代石窟、莫高窟武周证圣元年（695）开凿的北大像（像高33米）及开元年间开凿的南大像（像高26米）、陕西彬县庆寿寺大佛（像高24米）、甘肃炳灵寺第171窟大佛（像高28米），开始在大像前兴建大型木构楼阁。因此，固原须弥山大像（像高20.6米）的开凿不是偶然现象，而是当时社会佛教信仰流行趋势和社会风气的反映。

二 石窟的功能

石窟是佛教艺术的重要载体，在佛教活动中发挥着举足轻重的作用。石窟的功能可以分为实用功能与艺术功能两大类。

1. 石窟的实用功能

佛教石窟寺虽然与地面的寺院有所不同，但规模较大的石窟寺大都具有与一般寺院同样的功能，这在不同使用功能的洞窟形制上是可以明显反映出来的。比如塔庙窟，也称为中心塔柱窟，就是在洞窟内部的中央区域设置一座佛塔，塔内一般雕刻出各种各样的佛教偶像。这种形制的洞窟与寺院内佛塔的设置十分类似，佛教信徒们进入窟内就可以顺时针绕塔礼拜和供养。十六国北朝时期内地的石窟寺主要是中心柱窟，唐代以前的佛教寺院是以塔为中心的布局。又如窟内雕塑龛像的佛殿窟和设置佛坛的佛坛窟，如同寺院大殿和殿内中心设佛坛一样，佛教信徒们可以进入窟内，瞻礼膜拜偶像。不同功能的洞窟组合在一起，构成一个单元，相当于一座寺院。多个单元组合一起，可能意味着寺院内分布有不同院落或多个寺院。所以说，石窟寺本身就是一座寺院。

开凿石窟的目的与佛教徒的修禅有非常密切的关系。佛教提倡

---

① 汪小洋、姚义斌：《美术考古与宗教美术》，上海大学出版社2008年版，第62页。

戒、定、慧同修。戒就是佛教的戒律，多是指有佛教律法规定的教徒必须遵守的行为准则和戒条，要求佛教信徒持戒守律，即遵守佛教的戒规。慧就是佛教的义理，要求佛教信徒对佛教哲学理论有一定的研习和修养。定就是禅修，是佛教信徒必须进行的一种修行方式。禅是古印度梵文的音译，意为"静虑"，表示静坐凝心专注观景的形式，中国僧人称为禅定。僧人习禅，要进行禅思，需要有安静的环境。有这样一个故事：南天竺国有二位比丘，心意柔和，深乐善法。平素听说尊者达摩蜜多比丘坐禅功夫名列第一，于是他们来到达摩蜜多比丘的住所。在那里有上中下三层洞窟，他们二人进入上窟，看到了达摩蜜多比丘正在里面坐禅。可证，在僻静的山谷中开凿石窟是客观存在且符合禅修需要的。

按《坐禅三昧经》等禅经的要求，"若初习行人，将至佛像所，或教令自往，谛观佛像相好"。"由此观像，今得成佛，若有人学如此观，未来必当成无上道。"修禅首先必须观像，也就是要谛观佛的种种相好，这样静虑入定之后会出现种种见佛的幻境，达到心神与佛交融的境地，最终能够成就"无上道"。后来的佛教石窟中又雕凿或塑造了供观像时凝视的众多其他佛教偶像，如佛、菩萨、大王、力士、罗汉等。石窟寺造像蕴藏着丰富的文化艺术，包括但不限于绘画、雕塑、设计、服饰、器物、乐舞等，乃至各地风俗、民间艺术形式等都能融会其中。因此，佛教石窟艺术是祖先留给后人的文化艺术宝库。

僧俗信徒为了修功德，祈福田，以便求得佛祖的保佑，也会开凿石窟供养。在开凿石窟的发愿文中常常可以看到，祈愿亡者托生西方极乐净土，生者健康平安的祝词，这反映了他们开窟造像的真正目的。十六国北朝时期，佛教界的末法思想十分流行，末法就是佛法将灭的意思。佛教徒认为，释迦佛涅槃之后的1500年，魔道兴盛，竞破塔寺，杀害比丘，佛教进入了黑暗的末法时期。在末法即将来临的时候，佛教信徒们保护佛经、佛像就是护法的重要措施之一。地面的塔寺容易遭到人为的破坏和毁灭，很难长久保存，而石窟则不同，它坚固耐久，不易毁坏。事实的确如此，今天人们还可以看到许多北朝隋唐时期的石窟寺，而唐代以前的佛教寺院早已荡然无存了。因此，古人选择开凿石窟来保存经像是一种非常巧妙的方法，为佛教艺术的传承立下了汗马功劳。固原地区的石窟寺也是在这样的历史背景下开凿的。

2. 石窟的艺术功能

作为一种宗教艺术，佛教石窟艺术自诞生之日起就兼有宗教和艺术的双重功能。一般来说，早期的佛教艺术其宗教性更强，越往后发展，艺术越益摆脱宗教的影响而具有一定的独立性。当佛教艺术不再负载其宗教使命时，它的审美价值并不会随之消失。作为艺术的宗教品，它仍然有其独特的魅力，仍然会感动一代又一代艺术朝觐者。

佛教石窟是融石窟建筑、雕塑、绘画三位一体的佛教艺术形式。石窟的开凿是为了给僧众提供一个与日常生活环境迥异、充满象征和超自然力量的礼佛修行空间。石窟的建筑构成和形式是以礼佛观像等宗教活动为依据的。作为洞窟主体、占据洞窟最重要地位的佛塑也不具单纯的观赏性，而具有浓重的宗教膜拜性，因为佛教雕塑是佛教超现实的神秘力量和最高精神的集中体现，膜拜佛像即可激发信徒的宗教情感、引导人们皈依佛教。当仅靠形式上的偶像崇拜已不足以表现信徒的虔诚时，人们便开始出资造像以积累功德，这样佛教造像一方面成为人们膜拜的对象，另一方面又成为人们借以进行膜拜的手段。

事实上，佛教石窟寺也是一个立体的艺术形式，围绕石窟造像，在墙壁上还有丰富的佛教壁画等艺术形式与石窟造像相辅相成，形成系统的佛教艺术整体。各类佛教故事经变等壁画和雕刻，则具有明显的宗教宣传性。在佛教发展史上，"这些作品甚至成为推广普及佛教知识的最好教材。当时寺院中负责将佛经进行通俗化宣讲的俗讲僧们，就是借助这些佛像壁画来阐明玄奥佛理的"。[①] 固原佛教石窟壁画的题材主要为佛传和佛本生故事画及讲经说法图等，僧众通过进入寺院观赏和感受这些内容丰富的佛像及壁画，有助于其理解佛及诸神

[①] 辰闻：《宗教与艺术的殿堂——古代佛教石窟寺》，辽宁师范大学出版社1996年版，第4页。

悲悯众生的情怀，通过直观的艺术形式能够理解和体验佛法无边、普度众生的真谛，而那些文化水平不高或不能识文断字的一般信众也能够了解各种生动的佛教故事、佛教的因果报应思想及佛、菩萨等的无边法力，用精美的艺术形象震撼和感动僧俗的心灵，建立起信众对佛的无限崇敬和信仰之情。

石窟艺术也非常重视佛教艺术的审美性，如佛像的"既丽且庄""不即不离"，菩萨的高贵典雅、慈眉善目，都是在注重造像宗教性的同时又注重造像艺术表现的范例。还有唐代中堂式的壁画布局，具有浓郁中国传统儒家思想特色和现实生活情趣的壁画内容等，也无不体现了中华民族的审美理想和追求，蕴含着丰富的现实性、世俗性和真切的艺术美感。正是这样的蕴含佛教情感的艺术才能感召僧众走进佛教寺院的殿堂，拉近僧俗距离，其特殊直观的宣教力量是无与伦比的，特别是对一般文化水平不高的信众来讲，佛教艺术强烈的渲染力，丰富生动的感染力，都极大地促进了佛教的传播。可以说，如果没有艺术家们独具匠心的创作，佛教也很难成为被普罗大众理解和接受的宗教信仰。

中国佛教石窟艺术是以印度为其本源的，关于中国佛教造像艺术的发展，历来认为受犍陀罗艺术影响甚大。其实，中国北方石窟艺术的兴起和高涨恰当印度次大陆笈多艺术渐次形成之时。所以北方石窟艺术受融入犍陀罗艺术的笈多马土腊造像或后期犍陀罗艺术影响更明显些，像凉州、平城模式都是如此。[①] 固原须弥山石窟也受到了各地传入的艺术风格的影响。但就佛教由印度传入中国后渐次具有中国文化特色，乃至演变为中国式的佛教历程来看，石窟艺术由次大陆传入汉地后，也逐步形成了中国化的发展特色。

其一，中国佛教石窟长久的延续性，从 4 世纪开凿的首批石窟算起，直至明清小规模的开凿和重修，佛教石窟在中国有延续千余年的发展，这一点是印度及西域佛教石窟望尘莫及的。在这漫长的演进历

---

① 辰闻：《宗教与艺术的殿堂——古代佛教石窟寺》，辽宁师范大学出版社 1996 年版，第 28 页。

程中，北魏和盛唐时期是两个高潮，它们构成了中国石窟前后400余年持续开凿的鼎盛期。宋元以后，石窟造像开始走向衰落，但局部的营建仍在继续，且不乏杰作，如四川、浙江的摩崖造像。这些摩崖造像虽是直接在岩壁上开龛而未凿建石窟，但它与石窟寺建筑一样是为佛教服务的，表现方法和手段也基本相同，同属佛教石窟艺术的范畴。

其二，中国佛教石窟在地域的扩展上有其自身的规律性，它以古代中西陆路交通孔道——"丝绸之路"为传播途径，以葱岭以东的新疆为起点渐次自西向东、由北而南发展起来。由于传入时间的序列不同，中国石窟大体上呈西先东后、北早南晚之势。在地域上又因地区文化的差异和石窟艺术盛衰时间的不同而形成若干个大的石窟艺术发展区，如新疆地区、陕甘宁地区、晋豫冀地区、川浙地区、西藏地区等。每个地区的石窟艺术既具有同一时期全国石窟共同的艺术风貌，又具有其独特的区域化艺术个性，从而使中国佛教石窟艺术呈现出多姿多彩、气象万千的繁荣局面。固原佛教石窟寺艺术属于陕甘宁地区的艺术系统，但是由于这一区域正处于新疆与中原京都佛教文化区域之间，其佛教石窟寺艺术也是双方之间的过渡地带，所以，还几乎同时受到东、西方佛教石窟寺艺术风格的双重影响。

其三，中国佛教石窟艺术具有独特的民族性。这不仅表现在石窟建制由印度单一的塔庙式礼拜窟，发展为具有中国殿堂特色的佛殿窟、大像窟、佛坛窟等，更表现在雕塑绘画由取法印度，发展为具有中华民族的审美理想、现实精神的艺术特色。总而言之，中国石窟艺术不是简单的承续印度，而是在深厚的民族文化土壤上长成的，较印度石窟更为宏伟壮丽的石窟艺术成就。特别是在魏晋南北朝、隋唐时期这些佛教艺术迅速发展的历史时期，狂热的佛教崇拜活动，促使最高水平的雕塑、绘画、建筑等艺术均被运用于佛教石窟寺中，并迸发出强大的本土创造性，又广泛融入国人的文化智慧与艺术天才，在吸收借鉴西域、印度等地造像特点的基础上，国人的开拓创新赋予了中国石窟造像艺术水平的大发展。由之，造成了中国佛教石窟艺术的高峰。从这个意义上讲，"佛教石窟艺术产生于印度，但将其真正推上艺术巅峰的则是中国"。①

第二节 我国佛教石窟的造像模式简述

佛教石窟艺术是经由古代中西陆路交通要道——"丝绸之路"而渐次由西向东传播而来的。西北"丝绸之路"沿线地区，佛教石窟寺遗址和遗迹丰富，艺术价值极高。进入我国的石窟造像形成了独具特色的造像模式和中国化的艺术风格。这种造像风格和模式是外来佛教建筑传统与中国本土建筑风格相融合的结果，也是佛教石窟艺术中国化的必经之路。但是，不同的历史时期又有不同的时代特色，这是一个由缓慢学习、模仿、适应、发展到自主创造的复杂历程。

一 魏晋南北朝佛教石窟造像模式

学者依据石窟艺术兴起的地域、时间的不同，对魏晋南北朝时期的造像模式进行了分类，一般认为，这一时期先后形成了龟兹、凉州、平城、中原、北齐模式五种不同的造像风格。它们对固原石窟寺的建造风格也或多或少、直接或间接地产生了影响，此处略作介绍。

1. 龟兹模式

龟兹是以今新疆库车为中心建立的古国，也是古代西域佛教文化和艺术的中心之一。早在公元前后，龟兹就因地接中亚而首先接受佛教，并因行小乘、重禅学而继承了西印度因崖开窟的传统，创建了中国境内历史最古老悠久的克孜尔石窟等一批龟兹石窟。在地域上虽仅限于天山南路塔里木盆地北缘一带，但对中国内地石窟，尤其是继之而起的凉州石窟来说，却具有源头的意义。

2. 凉州模式

凉州模式是我国新疆以东，北方地区出现的一种佛教石窟模式，因产生于十六国后期以凉州为统治中心的北凉，故名凉州模式。② 约

---

① 汪小洋：《中国佛教美术本土化研究》，上海大学出版社2010年版，第59页。
② 刘锡涛：《浅谈龟兹石窟艺术模式》，《丝绸之路》1999年第S1期。

在4世纪后期至5世纪初，以凉州（今甘肃武威）为中心的河西地区也开始了开凿石窟寺的活动。如敦煌莫高窟就有前秦建元二年（366）沙门乐僔创凿洞窟的记载。[1] 现存十六国时期的石窟寺有北凉沮渠蒙逊所凿的武威天梯山石窟、张掖千佛洞和金塔寺，河西走廊以东有西秦时期开凿的永靖炳灵寺石窟。还有一些同期或稍晚的石窟寺，共同构成了河西地区石窟寺的独特风貌，被称为"凉州模式"。凉州模式不仅借鉴了龟兹的石窟模式，也吸收了于阗大乘佛教石窟艺术的因素，是融汇创新而产生的石窟模式。

从窟制上讲，凉州模式继承了龟兹传统，也有中心柱和大像窟两种，且以中心柱为最主要的窟形。中心柱窟的主要变化表现在塔底一般都设置了基座，因此外形上较龟兹更接近于塔。柱体不仅正壁开龛，其余三面也开龛置像，塔体或呈上宽下窄的三层，或不分层而直接于柱体每面开数层龛。为了观像方便，中心柱左、后、右三甬道也一改龟兹的低矮为高敞，甬道顶部多与主室窟顶等高，呈平顶状。[2]

3. 平城模式

今大同是北魏的国都平城。曾开凿了规模盛大的皇家石窟——云冈石窟，并推出了在中国石窟艺术发展史中占据重要地位的造像样式"平城模式"。首先，平城模式是在融汇凉州、龟兹、印度佛教艺术基础上发展起来的，具有鲜卑民族北方文化特色的佛教石窟模式。拓跋部本不信浮屠之教，直到439年灭北凉，"徙其国人于京邑，沙门佛事皆俱东，像教弥增"，[3] 才真正揭开北魏佛教兴盛的历史。从此，中国北方佛教及其艺术中心从西陲凉州转至晋北。其次，平城模式也因丝路的畅通而溯源于龟兹、印度。平城模式是偏居平城却以中原及北方广大地区为疆域的拓跋皇室主导开窟造像并发展出的石窟样式，更具有以拓跋鲜卑贵族为首的北方少数民族和汉族文化相结合的艺术特色。

---

[1] 李裕群：《古代石窟》，文物出版社2003年版，第6页。
[2] 李裕群：《古代石窟》，文物出版社2003年版，第88—89页。
[3]（北齐）魏收：《魏书》卷114《释老志》，中华书局1974年版，第3036页。

对造像仪轨相对松弛的菩萨、天人等,平城模式则有自己独特的表现。它们的摹本已不是印度、龟兹或凉州形象,而是土生土长的北方人:脸型圆胖,憨厚敦实,神情和善,体态丰腴。在装束上除有头戴三珠宝冠、颈配宝石项圈、胸挂短璎珞和蛇形饰的印度贵族样式外,更多的是头挽漂亮嵯峨的扇形发髻、斜披络腋、颈兜帔帛、长裙裸足、朴实无华的形象。供养人则多身着鲜卑人"夹领小袖"装束。[①]

4. 中原模式

中原模式的窟制有两种,一种是佛殿窟,另一种是中心柱窟。龙门的佛殿窟均是单室、方形平面、穹隆顶、三壁三龛式。在内部装饰上整个窟顶为一个统一的大构图,中心硕莲,四周围绕飞天伎乐、香花流云,外有边饰流苏,形同汉族帝王的华盖。地面也模仿宫殿锦绣地毯的装饰,雕刻出中心道路和以莲花为母题、布局左右对称的图案。窟壁的布局也是每壁一大龛,龛内一佛二胁侍,三尊大佛及胁侍构成全窟雕塑主体,间隙处穿插一些小型雕刻。这种崭新的形式是孝文帝迁洛后全面汉化政策在石窟建制上的具体体现。[②]

5. 北齐模式

北齐模式是指以北齐邺都(河北临漳)响堂山石窟为代表的北齐石窟造像艺术。北齐建国于550年,是在534年北魏分裂、高氏经营东魏的基础上改朝换代的。北齐建国后,继承了北魏形成的佛教石窟艺术,包括皇室开窟之传统,邺都西北开凿的响堂山石窟就是北齐皇室资助开凿的石窟。北齐国祚短促、国势有限,但作为一代皇室石窟,它也曾开启了近都之地的石窟艺术之风。北齐佛、菩萨及诸神的造像大都身形修长,佛衣精美,一改北魏"褒衣博带"式风格,轻薄贴身,有"曹衣出水"之美誉。北齐模式上承北魏、下接隋唐,

---

① 辰闻:《宗教与艺术的殿堂——古代佛教石窟寺》,辽宁师范大学出版社1996年版,第18页。
② 辰闻:《宗教与艺术的殿堂——古代佛教石窟寺》,辽宁师范大学出版社1996年版,第27页。

在两个石窟艺术高潮的过渡中，具有不可忽视的重要地位。①

与北齐对峙的北周，建国后不曾开凿皇家石窟，但其境内营造有麦积山、须弥山等石窟。从其造像风貌看，与北齐发展趋势相一致，也摒弃了孝文帝汉化改革以后的秀骨清像风格，朝着更符合北方民族审美情趣的丰腴壮阔发展。只是由于地域的差异，造像多具方圆面庞和粗短身躯，与北齐的长圆脸和上宽下窄的造型有异，而且在服饰上，沿用西魏者较多。

总之，魏晋南北朝石窟艺术经历了龟兹、凉州、平城、中原、北齐五种发展模式，每一种模式都描绘着中国早期佛教艺术的一段演进历程。这一时期固原地区的佛教石窟造像风格，融入了印度本土包括马土腊风格、希腊化的犍陀罗风格，也吸收借鉴了西域的龟兹风格和河西走廊的凉州模式，山西大同的平城模式和中原模式等各种艺术风格，而又有本土固原民族艺术元素的创新成分，是石窟艺术多元化发展之区域，地位非常重要。

二 隋唐佛教石窟造像样式

隋朝佛教复兴以后，在立寺建塔的同时，也开凿了大量石窟，其遗迹主要散见于北方各地。成组大型彩塑的出现，是隋代石窟艺术的一个特征。即将佛、菩萨、弟子像组合在一起，有的还增加了天王、力士的护法像。造像题材由前代以释迦牟尼和弥勒信仰为主，过渡到对阿弥陀佛和菩萨信仰的重视，具体表现为阿弥陀佛和菩萨像比例的增加。这种变化反映了在佛教信仰普及的社会基础上，下层民众的信仰要求和佛教的世俗化趋势。

隋代造像的身体比例还不大协调，头大、肩宽、下身偏短，但是形象更加中国化，这一时期造像的面部线条变得柔和，逐渐脱离了前代令人敬畏的神的特征，造像整体给人一种平易亲近感。壁画的题材，除沿用北朝时期的佛传、本生和因缘故事题材外，新出现了作为

---

① 辰闻：《宗教与艺术的殿堂——古代佛教石窟寺》，辽宁师范大学出版社1996年版，第33页。

佛经图解的经变画，如西方净土变、东方药师变、维摩诘经变、法华经变等，它意味着多佛信仰的形成。这一时期壁画的色调也变得温暖、柔美而更接近人世了，这反映了佛教石窟寺艺术在中国的发展进程中，受外来艺术风格影响逐渐减少，造像规模更加宏大，色彩越来越丰富明丽的佛教壁画是隋代艺术家多方融合、推陈出新的结果。佛教艺术的形式、内容都越来越本土化。最初的石窟艺术是自西向东传播的，这在中国石窟的开凿时间、顺序以及内容形式上都留下了明显的轨迹。然而6世纪中期，中原地区的石窟模式已经开始影响西部地区。佛教石窟艺术这种民族化、世俗化的发展趋势，为唐代佛教的进一步繁盛开辟了道路。[1]

唐代石窟艺术不像魏晋南北朝时期以皇家石窟艺术为发展主线、有清晰的前后脉络可寻，而是域内石窟遍地开花，皇室、民间造像俱盛，艺术风格华丽富贵，呈现出丰富多样的地域风格。但处于天下一家的帝国统驭之下，竞相繁盛的石窟艺术仍有共同的时代特征和前后相承的艺术发展脉络。

1. 隋代石窟造像样式

隋代石窟造像散见于敦煌、麦积山、天龙山、云门山与驼山、安阳大住圣窟等处，其中莫高窟的隋代造像规模最大，现存隋窟百余座，完整并保持隋塑原貌的造像达140躯以上。

隋代石窟的形制有中心柱窟和佛殿窟两种。敦煌莫高窟的中心柱窟分前后室或一室而分前后两部分。前室为仿汉木构建筑的人字坡顶，后室平顶，中央立方柱，三或四面开龛。佛殿窟为方形覆斗状顶。这两种形制的窟在北朝时期敦煌莫高窟就有，为隋代所承袭，至唐代以后则为主要形制。窟内佛龛以方形双口龛最为常见。就造像组合而言，一般为五尊一铺，一般为一佛二弟子二菩萨组合，最多为一佛二弟子二菩萨一天王一力士七尊。佛塑体量较大，最高者达4.5

---

[1] 中国国家博物馆编：《文物中国史：隋唐时代》，山西教育出版社2003年版，第42—43页。

米，创同时代室内造像之最。① 佛像肉髻低平，头型圆中见方，额宽而扁平，两腮丰润，下颌平直，脖颈粗短，肩宽胸厚，肌体丰润，具有敦厚凝重之风。② 菩萨裙裳多为线刻，虽贴体却无凸起的衣纹，出现向写实圆线条过渡的态势。敦煌、麦积山泥塑还施以精密的彩绘，佛袈裟一般绘色彩鲜丽明快的大方块图案，即所谓"田相衣"。菩萨的衣裙彩绘，有忍冬、莲花、联珠、菱纹、彩条等各种图案，许多地方还描以金线，风格细密精致而臻丽。③ 初步展现出不同于魏晋时期的富丽、奢华特征。

由于大一统帝国将东西南北不同程度和不同风格的文化艺术包容其中，尚未及很好地融会贯通和创新，因此表现在石窟造像上就是多种风格并存。至少存在着东部与西部石窟造像的差异，东部直接承袭北齐模式，可能也同时受西部若干因素影响（如横于上下两道式的帔帛样式，东部至隋始有，或即传自西部）；西部继承西魏、北周传统，人体结构的表现较东部稚拙，服饰衣纹保持前朝因素也多（如佛袈裟及弟子、菩萨衣裙下摆的表现），相对变化不明显。但东西部共同之处是含有简率和繁密两种样式，造像都具有雄迈劲健、清新开朗的时代风貌。上述种种开启了盛唐时期富丽堂皇、繁盛宏阔的佛教石窟艺术的序幕。④

2. 唐代石窟造像样式

唐代是中国佛教石窟开凿的鼎盛期，无论是石窟开凿的数量、质量，还是石窟规模、艺术水准都达到了史无前例的高峰。其石窟艺术的发展又可分初、盛、中、晚四个阶段，其中初唐是唐代石窟走向成熟的时代，盛唐为唐代石窟艺术的巅峰。"安史之乱"后，唐由盛而

---

① 辰闻：《宗教与艺术的殿堂——古代佛教石窟寺》，辽宁师范大学出版社1996年版，第38页。
② 辰闻：《宗教与艺术的殿堂——古代佛教石窟寺》，辽宁师范大学出版社1996年版，第39页。
③ 辰闻：《宗教与艺术的殿堂——古代佛教石窟寺》，辽宁师范大学出版社1996年版，第40页。
④ 辰闻：《宗教与艺术的殿堂——古代佛教石窟寺》，辽宁师范大学出版社1996年版，第42页。

衰，石窟造像也有所衰落，故至中、晚唐阶段，石窟艺术渐次变得因袭成规，走向柔媚纤丽和萎靡无力。

就窟制而论，西北地区唐窟以莫高窟为代表，窟形大都为方形覆斗顶殿堂窟，一般分前后室，后室正壁开一敞口或方口、平顶的佛龛。此外还有锥形大佛窟，至中唐还开凿了涅槃窟。造像题材上，不再局限于北朝常见的三世佛，而出现了阿弥陀佛、弥勒佛、卢舍那佛等。组合上也不再是一佛二菩萨，而是继北齐、隋发展起来的七尊、九尊乃至十一尊的群像规模。[①] 它们在布局上仍为说法场面，佛为主要的礼拜对象，是塑像组群的核心，其他造像则依据身份职守的高下不同而各有等差，形成有主从、有照应、动态神情、外貌各异又相互呼应的整体。[②]

唐代石窟寺的开凿地点较之前有所增加，如长安附近在北朝时期并无石窟寺，这一时期则新开凿了彬县大佛寺、麟游慈善寺等。洛阳龙门石窟、太原天龙山石窟、固原须弥山石窟和敦煌莫高窟也有大规模的开凿活动。8世纪中期以后，唐王朝经历了"安史之乱"，中原北方地区开窟造像的热潮受到严重打击，石窟寺的开凿中心转移到了政治、经济相对稳定，文化比较发达的四川地区。五代时期，北方朝代更替频繁，各个政权都对佛教采取了严格的政策限制。尤其是五代后周世宗显德二年（955）的灭法措施，令北方佛教及石窟艺术愈加衰落。固原须弥山石窟的造像活动也于此期受到打击而归于沉寂。

三　宋元时期的造像样式

宋代佛、道、儒相融的趋势逐渐形成，而且统治者既信奉佛教，又信仰道教。曾诏令合佛、道为一教，称释迦佛为大觉金仙，菩萨为大士，佛、道造像衣冠可以通用，这直接导致轻视佛教造像仪轨的倾向，也开启了佛教造像与世俗神像混同一气的局势。宋代佛教的宗教

[①] 辰闻：《宗教与艺术的殿堂——古代佛教石窟寺》，辽宁师范大学出版社1996年版，第43页。

[②] 辰闻：《宗教与艺术的殿堂——古代佛教石窟寺》，辽宁师范大学出版社1996年版，第44页。

色彩衰退，世俗气氛上升。佛教与中国文化进一步融合，宋明理学与禅宗关系密切，佛学对文人士大夫影响很深。禅宗的流传和发展直接影响了宋人的思维和生活方式，使得佛教转向生活化与大众化。净土信仰、观音信仰与弥勒信仰历史上一直流行于下层民众中，因为这些佛教信仰方便易行，造像形式直观可亲，民众易于接受，宋元以来，这些简单的修行方式使佛教信仰最大限度地普及开来。

元代为蒙古族建立的统一王朝，儒学失去了主导地位，统治者信奉佛教，也信奉道教，佛道相争的最终结果是佛教地位高于其他各教。由于统治者对藏传佛教（喇嘛教）的偏爱，促进了藏经佛教（包括喇嘛教）造像的发展。元世祖忽必烈在即位前，即邀请西藏地区的名僧八思巴东来，世祖即位后，奉八思巴为帝师，命其掌理全国佛教，兼统领藏族地区的政教。元代佛教地位尊贵，终元之世，每帝必先就帝师受戒，然后登位。不仅政治上佛教占尽先机，经济上更是以库府之力保障佛教活动的顺利进行，凡举行法会，修建佛寺，雕刻藏经等佛事费用，多由国库支出，并常给予寺庙大量田地以为供养，喇嘛僧同时还享有一些政治经济特权。

此外，汉族僧徒与河西回鹘僧，仍受到相当的礼遇。元初佛教界一些著名人物，拥有较高的儒家文化修养，如耶律楚材、刘秉忠等，或为朝廷所尊信，或官居要职，对于佛教的护持，起了相当重要的作用。禅宗盛行江南，天台、白云、白莲等宗派也相当活跃，但对佛教教义没有太大发扬。不过，寺院经济发展迅速，僧尼人数再度迅速增加。并且，寺院大力经营工商业并获利丰厚，这也成为元代佛教寺院的一种特殊现象。

四 明清时期的造像样式

明清时期统治者重视佛教的政治与思想统治作用。这一时期最显著的特征就是藏传佛教突出发展，并产生了很大影响。藏传佛教僧侣来固原传教者日渐增多，藏族名僧不少被封为国师。朝廷经常组织修建佛寺，制作精美的佛像。明代佛教在民间也非常普及，寺庙遍及固原各地。民间有众多在家礼佛的信众，为适应其居家礼佛之需要，携带方便的佛教造像——固原地区人们俗称"板凳佛"的小型铜造像越来越受到当地百姓的喜爱，尤其是观音菩萨像大量出现，其制作小巧精美。明清时期曾在固原地区营建佛教寺院，一度香火兴旺，如须弥山、东岳山等佛教寺院都有重装修葺和营建工事等。但大型的开窟造像活动非常少。这一时期的固原佛教主要以民俗化、本土化和地方性的佛教寺院举行的各类活动为主。日渐演变为地方民俗文化的重要组成部分，其宗教神学特征越来越淡化。无论是教义理论的创新，还是造像艺术的发展上，都无法再现隋唐盛世的风貌与气度。

第三节　佛教石窟艺术

中国佛教石窟造像艺术自汉魏传入至明清时期日渐衰落，经历千余年的发展历程，是世界佛教文化史上石窟造像最发达、历史最悠久的国家之一。"艺术之始，雕塑为先"，石窟寺中的雕塑是石窟的主体。由于有体系化的造像，文献中有"汉魏之后，像教浸兴"[1]的记载。佛教石窟造像艺术是历史的产物，是历代工匠们依据佛教经典创作的艺术品，从雕刻艺术的角度来看，佛教石窟造像史就是一部"像"的艺术发展演变史。

一　禅修风气促进了石窟艺术的发展

佛教石窟造像的产生、发展与兴盛，离不开禅修风气的盛行，"禅修风气的盛行又需要中华汉文化为相关经籍的翻译、阐述提供物质、精神资源的支持"[2]。佛教要想盛行于中国，尤其是被汉人社会所需要，它必须显示出其实用性的一面，如此方能够被汉地社会的士庶民众所认同和接受，也才可能从中汲取所需的物质与精神资源。佛教，就其信仰的目的而言，显然是个人本位的，无论是最终的涅槃，

---

[1]（后晋）刘昫等撰：《旧唐书》卷18《武宗本纪》，中华书局1975年版，第386页。

[2] 叶原：《胡汉文化互动与北魏佛教造像衍化》，博士学位论文，中国艺术研究院，2015年。

还是各种修行净土的法门（如弥勒、弥陀净土等），抑或最为简单直观的因果轮回观念，无一不是立足个人本位的立场，致力于个体灵魂获得超脱，促使信仰者到达佛教信仰所宣示的彼岸世界。① 而个人禅修因此成为僧徒修行的重要方式，静观、冥想、诵经、念佛等宗教活动及行为，基本上都是在石窟寺中进行的，佛教寺院的作用至关重要，因为它提供了僧徒佛教活动的基本空间。

二 魏晋南北朝时期佛教石窟艺术的中国化

石窟这种新颖实用的建筑形式在印度大陆一经出现，便迸发出旺盛的生命力，繁衍出延续千年的石窟艺术。② 在漫长的发展历程中，中国境内石窟寺的布局和外观因地域差别而有所不同。经历了从简到繁，从外来艺术到本土化造像风格的转变。③ 魏晋南北朝虽然政治动荡，但却是民族文化高度融合的历史时期。固原地区的佛教石窟艺术在继承秦汉建筑传统的基础上，吸收印度和西域的石窟造像艺术元素，丰富了建筑内容与形式，为后世中国境内石窟艺术的进一步繁荣奠定了基础。

佛教进入中国之后，很快为本民族所接受、吸收并发扬光大，正如钱穆先生所指出的："中国人对外族异文化，常抱一种活泼的兴趣，常愿接受而消化之，拿外面的新材料，来营养自己的旧传统。"④ 佛教在中国传播的过程中，吸收儒家、道家思想中的部分元素，形成了迥异于印度佛教的中国式汉化佛教，并使之逐渐成为本民族文化中的组成部分。佛教建筑也在"消化""营养"的过程中，逐渐改变了其在印度、中亚和西域地区的面貌，成为具有"中国风格"的建筑形式，和佛教本身一起，经历了由外来建筑形式为主，到和本土建筑形

---

① 叶原：《胡汉文化互动与北魏佛教造像衍化》，博士学位论文，中国艺术研究院，2015年。
② 辰闻：《宗教与艺术的殿堂——古代佛教石窟寺》，辽宁师范大学出版社1996年版，第5页。
③ 邹文、梁冰：《中国建筑经典》，人民美术出版社2000年版，第48页。
④ 钱穆：《中国文化史导论》，商务印书馆2007年版，第205页。

式相一致的发展过程。在其吸收、融汇、创造的历史进程中,呈现出明显的时代特征,不同的时代,其本土化的程度差异很大。从三国到西晋各代,佛教的传播主要是佛典翻译。这一阶段的译经工作及对佛教教义的宣传和研究,为佛教以后的发展打下了初步基础。东晋南北朝时期,佛教进一步发展,信众增加,流传区域扩大,各阶层人民普遍信仰佛教,到处建有佛塔和寺院。

南北朝时期受地域文化及社会思潮的影响,北朝的佛教信仰特别注重建寺、造像、修功德、讲业报,北方重践行,所以开窟造像主要盛行于北方地区。这一时期,北方地区修建寺庙、开窟造像的数量和规模都为南朝所不及,且逐渐与南朝佛教重义理、通玄解的风尚相分野。南方重义理,故而着重于佛教教义及理论的探究,但在石窟造像上不如北方发达。这一时期石窟开凿仍主要集中在北方,特别是自长安、固原、经河西出新疆一线,正是当年佛教传播的主要路线。

三 隋唐时期佛教石窟艺术进一步发展

隋唐时期佛教已经中国化,宗派佛教大盛,形成了狂热的佛教崇拜,广泛流行于上自统治阶级下至广大民众之间,信众激增及统治阶层的大力支持,使得全国范围内的开窟造像活动越来越兴盛,这对佛教艺术包括石窟艺术的发展形成了巨大的推动力。这一时期的石窟艺术虽受到传统和外来艺术的双重影响,"却又是在当时的文化与艺术环境中发展,必然带有时代性,同时也取得了前所未有的成就"。[1]隋唐以来,两京和西蜀地区也大肆修建寺院。西起新疆东到山东、辽宁的石窟群,保留了大量的艺术珍品,其中佛教彩装泥塑,持续发展。[2]

中国石窟造像兴盛于北朝与隋唐时期。"从艺术成就来看,隋唐时期达到了顶峰。"[3] 这一时期各门类艺术的发展水平,宗教艺术与

---

[1] 孙昌武:《隋唐五代文化志》,上海人民出版社1998年版,第262页。
[2] 金维诺:《中国美术·魏晋至隋唐》,中国人民大学出版社2004年版,第118页。
[3] 苗苗:《唐代中原北方地区佛教石窟造像艺术语言的形成研究》,硕士学位论文,东北师范大学,2008年。

世俗艺术的相互影响等，在石窟艺术中都明显地反映出来。佛教造像在经历了南北朝的急速发展之后，形成了适合中国人审美意趣的佛像风格和造型体系，成为隋唐佛教造像艺术进入繁荣期的先决条件。"二戴像制"及其民族化变革，"曹家样"①、张僧繇的"张家样"、吴道子的"吴家样"、周昉的"周家样"等本土样式的创新和繁盛，极大地促进了石窟造像与佛教壁画等艺术的迅速繁盛。这些本土样式得到了像匠百工的效仿和丰富，同时又与新传入的佛像样式相互融合，逐渐脱去"秀骨清像"的造型风范，形成方正丰圆的风格。李唐盛世尚丰腴之美，佛教造像随时代风气的转变，更呈现出取法世俗的趋向。②

唐代早期多数的佛、菩萨造像都以中国世俗人物面型和服饰出现。如：洛阳龙门卢舍那大佛面像宁静、神态安悦，嘴角浮现出的那一丝恬淡而温雅的微笑，虽仍具有当时印度笈多王朝成熟时期的造像特征，但已经成为典型的中国化佛像，后是以女皇武则天为原型塑造的。此外，在唐代的菩萨造像中，头、胸、臀的"S形"三弯式曲线造像样式是受印度影响的佛教造像的典型样式。与其他造像相比，它突破了正面直立、呆板拘谨的特点，人物头向右侧倾，胸部向左扭转，臀部向右突出，全身构成富有节奏感、韵律感的S形曲线。③ 盛唐时期的菩萨造像艺术向写实方向发展，世俗化的菩萨不再是高高在上的天国之神，而是面像、妆容、服饰、体态等呈现出"菩萨如宫娃"的宫廷或贵族妇女写实主义特点，造像精美、生动，极具人间像。这是佛教艺术本土化发展的总趋势，也是佛教艺术的人性化，是中国式佛教艺术发展的最终归宿。

---

① "曹家样"是一种中国画风格样式。其说有二，其一，由南北朝北齐画家曹仲达创立。其二，指三国时期吴国画家曹不兴。前一种说法较为流行。曹家样概括了佛教艺术最初传入中国后的几个世纪里中外艺术交融的风格，被称之为"曹衣出水"，与唐代画家吴道子所创的"吴带当风"并称。在中国美术史上，曹家样与张僧繇的张家样、吴道子的吴家样、周昉的周家样并称，被列为古代人物画和道释画的典范，对佛教绘画与佛教雕塑有着重大影响。

② 金维诺：《中国美术·魏晋至隋唐》，中国人民大学出版社2004年版，第117页。

③ 邹满星：《从S形造型看唐代人物画所受的外来影响》，《美术观察》2010年第10期。

四 艺术形象的本土化

佛像是最普遍存在的尊神形象。在佛教教义中，佛是至上神，小乘佛教认为释迦牟尼是唯一佛，大乘佛教认为可以有无数佛，小乘佛教和大乘佛教对佛有不同说法，但都认为佛是至高无上的。所以，佛像集中了世上最美好的形象元素，形成佛像的"相好"并予以具体的规定，即三十二相和八十种好，合称"相好"。因为这是美好形象的最集中体现，所以在所有尊神中佛像是最为固定的。因此，佛像的本土化和创新的空间不大，但还是可以在佛教沿"丝绸之路"进入中土后发生的一系列变化中看到被改造的痕迹。首先，本土等级观念的影响。受我国浓郁等级观念的影响，寺庙中的佛像，基本都落位于中轴线上的大雄宝殿。同时，石窟和寺庙中的佛像形体高大，缺少变化，从外形上给人一种崇高永恒的感觉。其次，佛造像的帝王化现象。云冈石窟的"昙曜五窟"、龙门石窟中的"卢舍那大佛"等，其雕凿都受到当代帝王形象的影响。固原须弥山石窟高达 20.6 米的弥勒佛大像也呈现出颇与武则天神似的女性特征，柔美慈祥地俯视着芸芸众生。这实际上就是将世俗的帝王附会为佛教尊神思想的直观反映。最后，中原风俗的影响。北传佛教寺庙中的佛像几乎没有全裸的降生佛，也较少见欢喜佛，这无疑与中原信徒的风俗有关，儒家思想主导下的礼仪文明是反对裸体艺术的，固原地区这类佛像数量也极少。

菩萨、弥勒佛、天王、力士、罗汉、诸天等都是深入人心的佛国尊神，它们的造像特征打上了鲜明的中国传统艺术的烙印，同样也都体现了鲜明的本土化特征。在汉传佛教寺庙中，弥勒与天王一般被供奉于天王殿，弥勒为主尊，四大天王居其两侧。宋代以来，弥勒的形象通常为笑口常开的大肚汉，传说其造像原型是五代时期的布袋和尚契此。天王殿的四大天王，皆武将扮相，最早有西域特征，明代以后，四大天王已经完全演化为护国安民、风调雨顺的本土化形象代表。其中，天王毗沙门汉化最为彻底，宋代以后，还分化出以中国现实战争英雄人物为原型的托塔李天王（源自唐代贞观年间的守边武将李靖）的形象。①

  罗汉是本土化尊神的大宗。罗汉信仰五代时期开始风行，当时佛像、菩萨像基本定型，而罗汉像相对没有固定要求，这就给艺术家和工匠们提供了巨大的想象和艺术创作空间。佛经中，最早的罗汉是释尊留下住世弘法的四大比丘，后来增加到十六罗汉，现存汉译佛经中最早的记载是唐玄奘的《大阿罗汉难提蜜多罗所说法住记》，五代时的绘画中已经有了十八罗汉，后来又有了五百罗汉，甚至增加到八百罗汉。固原地区的罗汉造像也有一定存留，虽然数量并不多，但造像艺术水平相对较高，且个性鲜明，活泼生动。

  诸天为轮回流转中的善趣之一。其果报比人类殊胜，他们寿命长久，身体清净光明，能飞行虚空，变化自在，常享胜妙快乐，是佛教中诸位尊天的简称，尊天是佛教中管领一方的天神，他们还没有成佛，不是出家人，是在家的"神"，因此，诸天本土化最彻底。比如，尊天一般是二十位，信徒称"二十天"，可许多寺庙中有二十四天、二十八天的造像，多出来的就是道教神仙，他们被佛教信徒直接加了进去，成为新的佛教尊神。②

---

① 汪小洋：《中国佛教美术本土化研究》，上海大学出版社2010年版，第5页。
② 王其钧、谢燕：《石窟艺术》，中国旅游出版社2006年版，第166页。

第五章　固原须弥山石窟

佛教传入中国，对中国人的思想与文化产生了巨大影响，使中国文化发生了三个方面的革命性变化："第一，中国的宇宙式动力得到了佛教宇宙式思想的指导；第二，印度丰富的象征符号唤醒了沉睡在儒家正统思想下的中国文化的想象力；第三，中国的宫殿文化和印度的庙堂文化结合起来，使石窟艺术大放异彩。"[①] 作为佛教东传之路上非常重要的一站——固原，魏晋南北朝隋唐以后陆续开凿了一系列佛教石窟寺，现存于固原市内的佛教石窟寺有16座。其中规模最大、造像最丰富、保存最好、影响最大的当属须弥山石窟。须弥山石窟因其自然风光秀丽也成为现代固原地区最重要的一处文化旅游名胜，知名度极高，每年前来观光者不计其数，且吸引了大量佛教信徒和爱好者长期停留学习、探访修行，是非常活跃的佛教圣地。还有很多国际友人慕名前来瞻仰礼拜。须弥山石窟已当之无愧地成为固原的文化名片。

第一节　须弥山石窟概况

今宁夏固原市西北55千米处，有一座南北绵延的须弥山，属著名的陇山（即六盘山）北陲。这里峰峦叠翠，怪石嶙峋，松柏森森，桃李郁然。寺口水（称石门水）自西向东，将峰峦斩为两半，两岸

---

① ［印］谭中：《中国佛教石窟艺术的历史透视》，包菁萍译，谭中校，《敦煌研究》1995年第4期。

奇峰高耸，状如大门，至迟在隋朝时已称为"石门"（属平凉郡），唐称"石门关"（属原州），北宋为"石门堡"（属怀德军），金代亦为"石门堡"（属镇戎州）。由此向北，出萧关（汉代为防御匈奴所设），渡黄河，便是贺兰山；从这里向东南，经固原、平凉、彬县，直抵西安。雄踞关中西北部的固原，自古就是屯兵守边的战略要地，号称"长安咽喉"。① 须弥山石窟是佛教石窟寺，在中国十大石窟之中位列第七，被誉为"宁夏敦煌"，也是宁夏境内规模最大的佛窟寺院。② 1961年被宁夏回族自治区公布为全区重点文物保护单位，1982年被国务院公布为全国重点文物保护单位。③

须弥山原为印度神话中的山名，后为佛教所吸收，并以宇宙观的形式加以沿用，称其为耸立于一小世界中央之高山。④ 须弥山意译为妙高山或妙光山，在绵延近两公里的须弥山东麓，裸露着大片的红砂岩，由于自然风化和雨水冲刷，形成了一座座相对独立雄伟的山峦，在阳光的照耀下，红光闪闪，颇有"妙光山"的感觉。释印顺法师说须弥山实即是喜马拉雅山，汉译的经传中，须弥山以外，还有雪山，其实雪山就是须弥山。雪山——喜马拉雅山与须弥山，为同一名词的分化。⑤佛教宇宙观主张宇宙系由无数个世界所构成，一千个世界称为一小千世界，一千个小千世界称为一中千世界，一千个中千世界称为一大千世界，此即一佛之化境。每一世界最下层系一层气，称为风轮；风轮之上为一层水，称为水轮；水轮之上为一层金，或谓硬石，称为金轮；金轮之上即为山、海洋、大洲所构成之大地；而须弥山即位于此世界之中央。⑥ 佛教传说，以须弥山为中心，九山（连须

---

① 温玉成：《中国石窟与文化艺术》，上海人民出版社1993年版，第177页。
② 陈育宁：《宁夏境内的丝绸之路与须弥山石窟》，《丝绸之路》1995年第6期。
③ 佘贵孝、王琨编：《须弥山石窟》，宁夏人民出版社2008年版，第2页。
④ 孙健：《圣山重塑：中古以降佛教须弥山世界与西域地理意象》，《地域文化研究》2018年第6期。
⑤ 释印顺：《印顺法师佛学著作系列·佛法是救世之光》，中华书局2011年版，第275页。
⑥ 孙健：《圣山重塑：中古以降佛教须弥山世界与西域地理意象》，《地域文化研究》2018年第6期。

弥山）八海围绕着，在须弥山的四方海中有四大洲，日与月旋绕于须弥山的山腰。① 佛经传说须弥山居大海中，为帝释天所居。帝释天主宰忉利天，也即三十三天的天帝，他的都城称为善见城，就建在须弥山顶，帝释天居住在城内殊胜殿中。"佛教典籍将其描绘为中国帝王形象的暗喻，表明在佛教内部居于护法地位的帝释天是在佛法畛域之内的，渐次说明佛国的地位是在世俗世界之上的"。② 须弥山石窟大都开凿在海拔 1680 米以上的山头，许多石窟在 1700 米以上的地方。换言之，须弥山石窟大部分在靠近山丘中央的地方，有的甚至在接近山尖的地方，这明显是与佛经记载一致的。

一 须弥山石窟的开凿

须弥山石窟是我国开凿最早的石窟之一，学术界比较通行的看法是根据石窟雕凿工艺技术和窟内造像风格推测，大约开凿于北魏孝文帝太和年间（477—499）。随着北方禅理的兴盛，修凿石窟的风气渐盛，固原须弥山石窟就是在此影响下开凿的。③

须弥山石窟分布较广，开凿在须弥山东麓 5 个山峰 8 个山岩间的洞窟，大致可分为 8 组。第 1 组称"子孙宫"，是开凿最早的一区，计有第 14、24、32 号等塔庙窟，以及以塔庙窟为中心所附设的小禅龛。第 2 组称"圆光寺"，可分上、下两小组，上边一组较早，下边一组较晚，均以塔庙窟为主，大体属北周时代；在圆光寺，环绕窟群上部有一排水沟，设计巧妙，这组洞窟的代表为第 45 和第 46 号窟。第 3 组称"相国寺"，可分若干小组，以第 51 号窟为中心，该窟约西魏时始凿，北周继之，隋初完工；第 67、70 号窟是隋塔庙窟，各有附设的小禅窟；第 57、66 等窟各有一小组禅窟。第 4 组称"桃花洞"，以第 105 号窟为主，以该窟为中心还有若干禅窟，约为唐武则

---

① 释印顺：《印顺法师佛学著作系列·佛法是救世之光》，中华书局 2011 年版，第 272 页。
② 孙健：《圣山重塑：中古以降佛教须弥山世界与西域地理意象》，《地域文化研究》2018 年第 6 期。
③ 陈育宁：《宁夏通史·古代卷》，宁夏人民出版社 1993 年版，第 87 页。

天时代开凿,此窟也是最晚的一处塔庙窟。第5组称"大佛楼",也是唐代所造。第6组共有3个洞窟,是以第121号窟为中心的塔庙窟,属北朝晚期。第7组在黑石沟,是一批不大的瘞窟。第8组在松树洼,是一组明清喇嘛教的瘞窟和禅窟。这8组石窟,均以精湛的雕刻艺术著称于世,若按总体风格划分,又大致可分为前后两期,前期为北朝雕刻,后期为唐代雕刻。[①]

须弥山石窟的确切开凿年代,记载不详,没有相应的造像题记,考古报告尚未面世,学界对其开凿年代还有争议。但从北魏所开第14窟、24窟等遗存来看,北魏时期已在此处大规模开凿,须弥山石窟的开凿有着丰富和深刻的历史根源:其一,途经固原地区的"丝绸之路"的畅通与中西文化交流的继续推进为其提供了有利的区域和地理优势;其二,北朝时期,固原主要处于鲜卑政权的管控之下,北魏、西魏和北周(周武帝宇文邕除外)的统治者大多佞佛,这是须弥山石窟开凿的重要政治背景;其三,北周政权的奠基人宇文泰、地方豪族(如李贤家族)及长安显贵对固原的着力经营,为须弥山石窟的开凿提供了人、财、物力等重要支持;其四,尤其是唐代前期,原州迎来了文化最繁盛、中西交往最频繁的历史时期,民力富裕,佛教繁荣,佛教石窟艺术水平极高,开凿了杰出的大佛楼。[②] 从历史的角度看,须弥山石窟还是固原历史文化和古代社会发展的象征,在我国古代石窟中具有极其重要的历史地位。

二 须弥山石窟的分布及其发现

须弥山石窟的分布有其鲜明的特点,开凿者充分利用须弥山优越的地质地貌,随山势迂回曲折,自南而北地开凿,非常自然地形成了大佛楼、子孙宫、圆光寺、相国寺、桃花洞、松树洼、三个窑和黑石沟等区域。每个区域的石窟开凿时代都各有侧重,很少有后代改建前

---

① 张兵、李子伟:《陇右文化》,辽宁教育出版社1998年版,第233页。
② 须弥山石窟文物管理所:《须弥山石窟志》,阳光出版社2016年版,第11页。

代洞窟的例子，各期洞窟基本上保持了原貌。①

须弥山石窟开凿最早的是俗称"子孙宫"中的第14窟，可能是孝文帝太和年间所开凿。当时，须弥山称逢义山。须弥山名称的来历，大概是在唐代，即第5窟大佛开凿之后。当然，唐代称须弥山石窟为景云寺者为多，经五代、宋、元至明初，仍沿袭这一名称。明代英宗正统八年（1443），重修景云寺时，明英宗又赐名圆光寺。史书中最早提到"须弥山"的是明嘉靖十二年（1533）刻印，由杨经纂修的《固原州志》，其曰："'须弥山'在州北九十里，上有古寺，松柏桃李郁然，即古石门关遗址。"其后的方志基本上沿袭了这一说法。据须弥山石窟现存明成化十二年（1476）《重修圆光寺大佛楼记碑》载，"平凉府开城县，去治西百里，（有）山，号须弥"。可见明成化以前已经有了"须弥山"的称谓。②后来，须弥山之名才逐渐通行。

固原一带自古为羌戎游牧之地。秦昭襄王三十五年（前272），始纳入秦国版图。西汉时为高平县，是安定郡治所，亦成为这一地区的政治、经济和文化中心。十六国时期，匈奴后裔赫连勃勃杀鲜卑破多兰部首领没奕于。407年，赫连勃勃在高平（今固原）自称"天王大单于"，国号"大夏"。并于413年建都于统万城（今陕西靖边北），统治地区包括今宁夏大部分地区，还在今银川市东建立军事重镇饮汗城。赫连于418年取长安（今西安市），自称"皇帝"。431年，赫连定灭西秦，旋为吐谷浑（北魏属国）所灭，共历25年。在此期间，佛教可能已在固原地区有所发展。北魏、西魏、北周时期，原州（今固原）佛教石窟造像活动乃蓬勃兴起。

北魏太延二年（436）曾在此设高平镇，后又改为原州，原州之名一直沿用到唐代。广德元年（763），吐蕃攻占原州，后又设行原州于今甘肃镇原县。从唐广德元年至宋初，各种史籍均称固原为"故原州"，即"过去的原州"之义，以便与行原州区别。到明代才正式

---

① 代学明：《固原须弥山景区的文化特色》，《宁夏师范学院学报》2013年第4期。
② 宁夏回族自治区文物管理委员会、北京大学考古学系：《须弥山石窟内容总录》，文物出版社1997年版，第7页。

称"固原"。固原之义,按顾祖禹《读史方舆纪要》的说法是:"此城为故原州城,讳故为固,后遂以为州。"[1] 五代以来,固原虽然失去了丝路重镇的地位,但佛教文化一直延续发展。正是在丝路重镇固原的依托下,须弥山石窟才凭借其优越的自然环境与地理优势,发展着佛教文化和石窟艺术。可以说,没有固原的历史,没有固原在"丝绸之路"上的重要地位,就没有须弥山石窟,须弥山石窟既是丝路交通的产物,又是丝路繁荣的见证。因此,须弥山石窟是原州历史文化的重要组成部分。

在今固原市彭阳县、西吉县等地发现了一些北朝时期的石雕及青铜造像,最早的为北魏太和时期或更早,日本学者松原三郎的《中国佛教雕刻史论》也收录了数件固原地区出土的青铜佛教造像。说明从北魏太和时期开始,这一地区就接受了佛教并开始流行,这是固原地区大力开凿佛教石窟及发展造像艺术的基础。

须弥山石窟对于研究古代"丝绸之路"沿线佛教文化与艺术的交流具有重要意义。[2] 但须弥山石窟长期以来,并不为世人所知。直到1956 年,才有学者进行调查,首次报告了须弥山石窟的概况。1962年,宁夏回族自治区文化局组织人员对石窟做了初步调查,对造像保存较好的 20 个洞窟进行编号。1982 年,自治区文管会与中央美术学院美术史系组成联合调查组,对石窟做了全面调查并重新编号,1988年《须弥山石窟》一书出版,书中概括叙述了须弥山石窟各个时期的开凿活动和时代特征,并附有《内容总录》。1986 年,北京大学考古学系与自治区文化厅文物处合作,全面考察了须弥山石窟,并对圆光寺一区的洞窟进行了测绘、记录、照相和考古报告的撰写工作,1997 年整理出版了《须弥山石窟内容总录》。1995 年,陈悦新在《须弥山早期洞窟的分期研究》一文中采用考古学方法,根据洞窟的分布特点和组合关系,对须弥山唐代以前 56 个早期洞窟进行了分期

---

[1] (清)顾祖禹:《读史方舆纪要》卷58《陕西七》,商务印书馆1937年版,第2561页。
[2] 李裕群:《古代石窟》,文物出版社2003年版,第109页。

研究，① 这是一篇研究须弥山石窟分期的重要论文。1997 年，林蔚先生对须弥山唐代洞窟做了分期研究，② 提出唐代洞窟的开凿可分为三个时期：第一期为唐高宗晚期至武周初期，第二期为武周、中宗时期，第三期为玄宗至代宗时期。他分析认为须弥山唐代洞窟开凿活动的中止与代宗广德元年（763）原州被吐蕃攻陷，城池沦陷有关。③

1984 年北京大学考古系协助宁夏对须弥山石窟进行考古测量和调查，重点测绘了圆光寺区诸洞窟，还发现了洞窟装修题记 31 则。在这次石窟调查中，还对原来未编号著录的一些窟龛和残窟遗迹，根据其所处位置以及与附近主要洞窟的关系，作为编号洞窟的附窟予以编入，使石窟的数量由原来的 132 个增加到 156 个。据这次调查统计，须弥山石窟现存北魏窟龛 14 个、西魏窟龛 28 个、北周窟龛 11 个、隋代窟龛 3 个、唐代窟龛 83 个、明清洞窟 9 个、时代不明窟龛 8 个。④ 当然，由于自然力的破坏，须弥山石窟也面临着越来越严峻的文物研究与保护任务，须弥山石窟寺的保护和研究也引起了学者们的关注。⑤

三　须弥山石窟现状

须弥山石窟群开凿于须弥山东麓，南北长达 1500 米，东西延伸约 700 米，今存大小洞窟 132 个，其中有 72 个洞窟原有佛教（或后代改造的道教）造像，造像保存至今的有 20 多窟。须弥山石质松散，摩崖开窟极为不易，因此，这里的石窟造型以中心塔柱窟为主。要在一个岩质松散的地方建造巨大窟穴，如无塔柱支撑，就必然要塌顶。但是如果设塔柱而不对其进行艺术加工，又会使整个洞窟黯然失色。因此，石窟的设计者与艺术家们因地制宜，将地质特点与艺术布局巧

---

① 陈悦新：《须弥山早期洞窟的分期研究》，《华夏考古》1995 年第 4 期。
② 林蔚：《须弥山唐代洞窟的类型和分期》，《考古学研究》第 3 辑，科学出版社 1997 年版，第 116—137 页。
③ 李裕群：《古代石窟》，文物出版社 2003 年版，第 111 页。
④ 类维顺、淳如：《悠悠固原巍巍须弥——须弥山石窟研究断想》，《美术史研究》2005 年第 1 期。
⑤ 代学明：《须弥山石窟文物现状调查及保护初探》，《石窟寺研究》2018 年第 8 辑。

妙地融为一体，利用中心塔柱大展才华，形成了须弥山石窟建筑的独特艺术风格。

须弥山石窟开凿于北魏末年，此为石窟的初创期，西魏时代为承前启后时期，北周是须弥山石窟开凿史上的高峰期，北周晚期武宗灭佛，一度开窟造像活动停滞，隋代是再度兴起时期，唐代为须弥山石窟的兴盛期。唐代晚期，武宗灭佛以后，开窟造像活动逐渐衰落，但金、明、清几代曾对须弥山石窟进行过规模不等的装修、改凿和寺院建设。因此，须弥山石窟已历经千余年的人为破坏和自然风雨的剥蚀，但仍保存较完整。须弥山石窟在全国佛教艺术遗迹中具有特殊价值，特别是北周时期开凿的洞窟，规模之宏大，造像气势之奢华富丽，木构框架之精美，窟内雕饰之华丽，在全国各地石窟中首屈一指，堪称平凉古道上的一个佛教造像艺术宝库。[1] 而须弥山石窟的唐代造像艺术富于变化和创新开拓，取得了极高的成就，可以说它是中国佛教艺术经过魏晋六朝时代的演变，达到创作高峰的代表。

受外来建筑及艺术形式影响的同时，须弥山石窟接受了中国内地尤其是中心区域文化的反向影响。这种影响是多方位的，形成了辐辏影响的格局。已有的研究成果显示，须弥山石窟在不同的发展阶段受到了来自中心地区文化的影响。如北魏时期分别受到北魏前首都平城的云冈石窟和新都城洛阳地区龙门石窟以及河南巩县石窟的影响，西魏和北周时期受到北齐城响堂山石窟（今河北邯郸市境内）、长安地区以及秦州地区麦积山（今甘肃天水市境内）石窟的影响。而隋唐时期则受到两都地区（长安和洛阳）的强烈影响。这些中心地区的文化作用于须弥山石窟，使得须弥山石窟呈现出多元文化因素的特点。这也是须弥山石窟处于"丝绸之路"咽喉地位的结果。[2]

---

[1] 黄剑华：《佛教东传与丝路石窟艺术》，《美育学刊》2014年第2期。
[2] 代学明主编：《须弥山石窟研究》，宁夏人民出版社2016年版，第6页。

第二节 北魏洞窟

须弥山石窟的开凿与佛教的传入关系密切,南北朝时期佛教已经成为贵族阶层和平民社会都非常崇信的宗教,而且开窟造像蔚然成风。原州的地理位置及民族成分,使其易于接受外来影响,是各种文化的交融之地。丰富的历史传统与文化内涵,为须弥山凿窟造像提供了源泉和借鉴。[①] 通过将须弥山北朝洞窟与其他处于政治文化中心的同时期石窟相比较,可以看到北方政治文化中心平城、洛阳和西北凉州与西域龟兹等地,以及南方政治文化中心建康、荆、蜀对它的不同影响。[②]

北魏王朝建立之后,除太武帝曾灭佛之外,其他统治者均大力崇佛,并且由官方出资开窟建寺。统治者为了转移人民对朝廷的不满,维护和加强政权,开窟造像活动日益兴盛。"释侣阗邦,寺塔充国,二百多万众,纲猷上统之言,四十千寺,咸列释门之刹。"[③] 佛寺与僧人数量已经分别达到"四十千寺""二百多万众"。与此同时,民间的造像活动也迅猛发展,佛教造像的捐赠者供养人,在出资捐赠造像时,通过雕刻供养人形象、撰写题记、雕刻各种形式的造像来表达自己的祈愿。[④]

一 代表窟

北魏时期固原地区受其他地区开窟造像之风的影响,也开始修建佛窟。须弥山石窟北魏洞窟数量较少,洞窟规模一般都不大,多中心柱窟,另有修禅和居住两用的僧禅窟。中心柱窟平面为方形,覆斗

---

① 宁夏回族自治区文物管理委员会、北京大学考古学系:《须弥山石窟内容总录》,文物出版社1997年版,第7页。
② 陈悦新:《中心文化对须弥山北朝洞窟的影响》,世界文化遗产亚洲国际研讨会论文集,北京理工大学出版社2007年版,第155页。
③ (唐)道宣撰:《续高僧传》,郭绍林点校,中华书局2014年版,第970页。
④ 王晓娜:《北魏佛教造像中的民族认同》,硕士学位论文,陕西师范大学,2016年。

顶。窟门上方有明窗，壁面大多不开龛。中心柱上小下大，多层四面开龛。这种多层塔式的中心柱窟与云冈石窟较为接近，应是受东部石窟影响而出现的。造像题材多为一佛二菩萨像，还有交脚弥勒、乘象菩萨等，壁画内容主要源自佛传故事中的"乘象入胎""逾城出家"等。北魏典型洞窟有第14、22、24、32等窟，这些洞窟都是中心柱式窟。

第14号窟是开凿最早的北魏石窟，平面为方形，宽3米、深2.9米，正壁开一龛，左右壁上各开二龛，盝顶。中心塔柱共分三层，每层下边略有收分。上层两边，饰以叶状纹样。从残存造像观察，造型较清秀，方形佛座，时间约在北魏孝文帝太和改制之前制作。第24号窟亦方形平面，中心塔柱三层，每层皆为尖拱龛，刻一佛二菩萨或一佛二弟子等形象。佛像着通肩式或双领下垂式袈裟，衣纹用等粗的阴线刻出，形象瘦削，时间约在北魏世宗宣武帝时代。塔柱上层四面刻有"乘象入胎""逾城出家"等佛传故事。第32号窟的中心塔柱为七层，窟门外左右有二力士。中心柱每层四面，皆刻一坐佛二胁侍菩萨。坐佛着双领下垂式袈裟，施禅定印，时间约在北魏末期。造像面型清瘦，身材修长，长颈溜肩。佛饰沿袭通肩大衣，菩萨则对襟大袖襦，披上了当时汉族妇女流行的搭在手臂上的帔帛。佛像衣着特点及造型，都反映了北魏孝文帝太和改制后，中原汉族衣冠及南朝"秀骨清像"的艺术风格，并采用彩绘与雕刻相结合的手法表现佛及佛国的景象。1981年4月，在固原县新集乡发现一批北朝的石造像碑，其中一座北魏建明二年二月（531）造像碑，呈圆首长方形，上半部分刻释迦、多宝二佛并坐于床上，身后有四比丘闻法；下半部刻一身立式菩萨，头戴宝冠，颈系项圈，身披X形帔帛，左右有头梳丫髻、侧身侍立的二菩萨；在主尊（立式菩萨）身光左右，各有二比丘，头侧向外。以风格而论，造像碑的侍立菩萨与第32窟的菩萨较为相似。

北魏中心柱窟有两大类，分别是方形平面的佛殿窟和供修禅与居住的僧禅窟。中心柱窟平面为方形、覆斗顶。窟门上方有明窗，壁面大多不开龛。中心柱多为多层形制，塔柱少者三层，多者达七层。塔柱四面分层开龛造像。这种形式的窟室，是从印度"支提"式石窟演化而来的。柱身上小下大，是典型的方塔。比较特殊的是第33窟，主室为方形、覆斗顶，中心柱已被凿毁，在中心柱与窟壁之间凿出背屏式的立柱，将中心柱与四壁隔开，由此形成了内外双层礼拜道，这种形制是目前所见中心柱窟中的孤例。

有的僧禅窟结构也比较特殊，如第23窟主室两侧附有二僧房。窟顶是在平顶的基础上，中心部位凿成穹隆顶式。这种形制的洞窟在中原北方地区石窟寺中属首次见到，但在新疆地区石窟寺中却颇为常见，由此推测须弥山石窟的穹隆顶窟与新疆地区的石窟有一定的联系。在历史上，原州有许多来自西域的胡商、工匠和艺术家，他们带来了西域等地的文化和石窟艺术，这些洞窟的开凿很可能与此有关。"关于须弥山石窟的穹隆顶形制除与新疆地区的联系之外，还有一个固原本土因素也值得我们注意。事实上固原地区同一时期的墓室也有类似的形制"。[①] 固原入华粟特史姓人家族墓地中，史道德墓、史索岩墓等都是穹隆顶，也就是说作为一种建筑形式和建筑风格，由于地面其他的形式已不可见，但至少现存的石窟和墓室都表明，穹隆顶的建筑形式也应该是固原地区比较常见的建筑风格。正如学者指出的"宁夏固原地区的穹隆顶墓室的形制平面基本呈方形，拱形顶墓室均呈长方形。从它的形状与纹饰上来看，其设计思想正是用它象征天穹，与穹隆顶墓室的顶部意义相同。"[②] 由此证明，固原地区本土化建筑特色直接影响到了须弥山石窟的形制。

这一时期的造像主要是施禅定印或说法印的结跏趺坐佛、释迦多宝对坐像等。一佛二菩萨像比较常见，佛像高大，居中端坐；菩萨矮小，侍立两旁。第14窟的佛像有雕刻的也有彩绘的，除一个龛内为释迦多宝佛外，其余的龛内都是一尊佛像，没有胁侍菩萨。佛像造型雕法古朴，面相丰满，与敦煌、云冈的早期造像较为相似。其他窟中

---

① 耿志强：《固原北魏—隋唐穹隆顶墓室与覆斗形墓志的关系考述》，《宁夏社会科学》2013年第6期。
② 耿志强：《固原北魏—隋唐穹隆顶墓室与覆斗形墓志的关系考述》，《宁夏社会科学》2013年第6期。

有佛、弥勒、菩萨,或立或坐,造型各异。第 24、32 窟开凿年代相对稍晚,此二窟出现的一佛二菩萨造像组合,面相清瘦,身材修长。佛像身着双领下垂的长袍,菩萨穿汉式对襟袖襦。佛及菩萨像的服饰发生了变化,与第 14 窟大不相同,这可能是受北魏孝文帝时期,服饰汉化改革影响的结果。① 孝文帝元宏在太和年间对服式进行改制,严禁臣民穿"夹领小袖"的胡服,一律改穿汉装。并亲自给群臣颁赐"冠服",让他们穿戴。由此推知,须弥山北魏石窟时期的佛像造型和衣着特点,应是太和改制后南朝汉式衣冠和"秀骨清像"的艺术风格流传到固原的实证。② 这一时期须弥山石窟的佛像衣纹多作阴线,刀法硬直,衣纹流畅。因风化严重,造像大多保存不好,佛和菩萨造型比较清瘦,身着褒衣博带式袈裟,具有与陇东和陕西北魏佛像相似的特点。

须弥山石窟北魏中心塔柱窟的窟顶为覆斗顶,塔和造像形制具有北朝石窟中的晚期特征。与天梯山、炳灵寺、麦积山石窟相近,而不像龙门、云冈石窟那样华丽多彩。在这里很少见到同一时期如云冈和龙门石窟以皇家之力开窟,常常出现的垂幛、火焰花绳、联珠、忍冬、交龙等图案雕饰,间接反映出北魏时期固原须弥山石窟开凿者身份的平民化特点,映证了它是地区性的民间佛教。须弥山石窟北魏时期佛像面貌、服饰的表达上也有鲜明的地方性特色,在佛像、菩萨像等衣纹的雕刻手法上,为粗糙的密集平行式阴刻线,刀法直硬,刻线较深,衣褶密集堆积,显得非常厚实。这种雕刻技法,具有西北"黄土高原"的地域特色,③ 应与固原农牧二元文化特色有很大关系。

二 固原北魏漆棺画上的佛教内容

北魏时期固原的佛教因素,还反映在 1981 年在固原西郊雷祖庙村发掘的北魏漆棺画墓的图像上,铸有佛的形象,在棺板四周绘有精

---

① 林芝:《须弥山石窟史略》,《固原师专学报》1996 年第 4 期。
② 李文华:《话说宁夏》,宁夏人民出版社 2008 年版,第 160 页。
③ 须弥山石窟文物管理所编:《须弥山石窟志》,阳光出版社 2016 年版,第 4 页。

美华丽的漆画，其中，还绘有菩萨形象。这是截至目前在固原境内的北朝墓葬中发现佛教题材最为丰富的北魏墓葬，可映证佛教文化已经影响到了当时固原地区的社会生活及墓葬文化。①

固原北魏墓漆棺画的装饰纹样内容丰富，显示出不同文化交相融合的特性，其纹样可分为忍冬（卷草）纹、缠枝纹、旋涡纹、三角火焰纹、联珠龟背纹、莲花纹等。这些纹样不仅可以起到装饰美化画面的作用，很大程度上也是为墓主人灵魂升仙服务的，这些纹样的多种组合，是墓主人对彼岸世界的幻想与想象的反映。② 这也表明在当时固原地区的鲜卑民族对于宗教的理解与信仰至少有两种不同体系：一种是由西域经丝路传播而来的印度佛教，以须弥山北魏佛教石窟寺为代表，另一种则是融合了汉魏以后的道教、神仙方术，如西王母、东王父等为代表的汉地神祇系统。这样两种信仰体系彼此不可能不有所接触与交流，甚至在佛教传播初期可能产生一定的分歧、争论与碰撞，而又互相影响和借鉴。北魏时期，在固原地区的社会文化发展史上，正是佛教较快发展，而道教也迅速繁荣的重要时期，佛、道两种宗教文化、儒家思想与固原本土的地方传统信仰之间是一种比较粗糙的交汇。固原北魏漆棺画上有"西王母、东王父"的墨书榜题，有儒家的孝子故事，也有佛教人物形象，反映了佛教在生长发育期就已经受到固原本土民族文化、道教和中国传统文化的极大影响。

三 大乘佛教与固原地区的佛道融合

印度佛教有大小乘之分，从释迦牟尼到龙树出世为小乘佛教时期，龙树之后为大乘佛教时期，最后为密教时期。大乘佛教是相对于小乘佛教而言的，③ 大乘佛教思潮形成于1世纪左右，印度佛教开始出现大乘佛教与小乘佛教的历史性分裂。"乘"，一般解释为"车辆""乘载""运度"之意，梵文原意有"道路"或"事业"的意思。大

---

① 代学明主编：《须弥山石窟研究》，宁夏人民出版社2016年版，第5页。
② 吴思佳：《固原北魏墓漆棺画装饰纹样探析》，《中国包装》2018年第2期。
③ 王邦维：《略论古代印度佛教的部派及大小乘问题》，《北京大学学报》1989年第4期。

乘佛教以普度众生到彼岸世界为标榜,"大乘"就是"伟大的车辆"或"在大道行进的事业",能运送众生从生死此岸到达涅槃彼岸。而"小乘"是只能运载一人的车辆或仅能容许一人通过的羊肠小道。①

中国佛教的主流是大乘佛教,这不仅因为佛教传入中国时正当印度大乘佛教的兴盛期,故最先流入中国的主要是大乘经典。更重要的还在于大乘佛教关于入世舍身、普度众生的主张契合中国的文化传统。②大乘佛教认为成佛不一定要通过苦修,只要乐于布施同样可以。这就赢得了广大中下层人民的支持。不剃度也可以修功德,只要内心虔诚信佛既可以自救还可以度人,人人可以成为菩萨和佛。这一点使长期深受统治阶级压制的人们看到了来生有解脱"苦海"的希望,他们为来世的幸福生活而行善"布施",信守"持戒",虔诚信仰大乘佛教的追求也在一定程度上推动了固原佛教的发展。因此,须弥山北魏石窟的开凿与这种社会思潮及大乘佛教的传入有很大关系。

在佛教传入初期的固原地区,至少要到北魏时期其造像活动才逐渐展开,应该与北魏统治时期固原地区的经济发展、人口增长及中西文化交流的繁荣有密切关系。佛教传入固原初期社会影响有限,直到魏晋之际与玄学相交融,才得以大规模地传播。早期佛教盛行的原因是多方面的,和佛教的传播、译经事业的发展、相对宽松的宗教政策和文化氛围都有关系。③

东汉之后,中国陷入几百年的分裂和战乱之中,佛教迅速发展,大乘佛教的概念和用语远远超出佛教信众的圈子,逐渐对进入黄河流域的少数民族统治阶层、中原汉族士人和文化精英们的思想产生了影响,并陆续渗透进当时的社会思潮中。魏晋玄学思潮中的"贵无"体系可能对大乘佛学的"空"的概念有所借鉴。"般若"即智慧,也成了士大夫清谈的话题。同时,各种形式的佛和菩萨,如观音、弥勒

---

① 黄文太:《中国民族文化研究》,西北工业大学出版社2013年版,第58页。
② 魏承思:《中国佛教文化论稿》,上海人民出版社2015年版,第8页。
③ 范丹:《〈高僧传〉早期宣教现象研究》,硕士学位论文,四川省社会科学院,2012年。

佛、阿弥陀佛等，也成为民俗信仰中的神祇。① 这一时期的固原佛教与道教方术之间关系紧密，佛教作为外来宗教要想在固原地区站稳脚跟，其神灵的谱系对当地百姓是陌生的，还需要与本地区人们熟悉的"西王母、东王父"等神灵相比附，北魏漆棺画上佛的形象与道教神祇共存的内容就是最好的证明。这个时期也是佛教与道教及神仙方术、巫术等相接交流，融而未合的关键阶段，也充分反映了佛教本土化的历史进程是漫长、渐变和持续的。

第三节　北周洞窟

北周虽然历史短暂，但是在须弥山石窟的开凿史上却是十分关键的历史时期，甚至可以说北周是须弥山石窟开凿的高潮。其主要表现是这一时期的石窟开凿不仅洞窟规模大、数量多，雕刻十分精美，艺术水平与价值极高，而且保存较好，在整个石窟群中占有突出地位。

一　概况

宇文氏伐西魏另立北周，北周虽然只有短短25年的时间，但在须弥山开凿了相当多且重要的石窟。固原在北周时期颇受朝廷重视，地位十分重要，北周政权的宇文泰多次巡幸，"并委派皇室及众臣镇守，如窦炽、李贤、李穆兄弟等。须弥山石窟的开凿很有可能与这些来自长安的显贵有关"。② 如，李氏家族长期居住在原州，其家族有佛教信仰的传统，有一条证据也表明李氏家族可能笃信佛教。法门寺曾有一块残存的与佛教活动有关的北周结衔题名碑，共有六行残文，其中一行文称，第七子岂，周申国公之孙。北周封申国公仅李贤弟李穆一人，其孙子结衔题名，明显是参与佛教活动。李贤、李穆家族在原州期间积极经营，对于须弥山石窟的开凿和供养是有很大贡献的，虽然文献和资料匮乏，但是他们家族参与或出资开凿圆光寺第45、

---

① 刘欣如：《贵霜时期东渐佛教的特色》，《南亚研究》1993年第3期。
② 代学明主编：《须弥山石窟研究》，宁夏人民出版社2016年版，第70页。

46和51窟那样壮丽宏伟、艺术精湛的石窟也是可以联想的。其祖辈有可能在原州须弥山开窟应是情理之中的事情。①

北周时期须弥山石窟的开窟造像达到了高峰，除与北周皇室及民间礼佛修德的风气大盛有关外，也与当时固原作为中西交流重镇的历史背景有很大关系。固原北朝时称原州，是北周太祖宇文泰的发迹之地。宇文泰是从原州起家后入主长安的，其对经营原州地区管理十分的重视，同时也表明了原州同长安皇室的密切关系。须弥山石窟所在地固原，是汉唐"丝绸之路"东段北道要驿，该处各民族杂居，为须弥山石窟的营造提供了吸收不同民族文化与石窟艺术的基础。所以须弥山石窟装饰艺术风格受到北朝和南朝不同文化的双重影响。② 须弥山石窟的北周洞窟延续了中心柱窟的形式，但中心柱每面只开一龛，龛形变化为浮雕仿木构佛帐结构，覆以帷幔和流苏，装饰龙头、璎珞等，明显比北魏时期的洞窟装饰更奢华，与世俗生活中所使用的帷帐无异。北周石窟中佛及菩萨等的造像面相方圆，造型比同时期的北齐造像更为浑厚，显示出典型的时代和区域特色。③

北周洞窟主要集中在圆光寺、相国寺区域，其中圆光寺第45、46、47、48窟，相国寺区的第51、28、35窟等是其代表作。保存较好的中心柱窟有第45、46和51窟。第45和46窟比邻，形制结构一致，平面为方形，覆斗顶，均雕有仿木构佛帐结构。中心柱单层四壁各开一龛，窟内四壁均开龛。龛形以帐形龛为主，窟顶雕飞天，中心柱基座前雕刻神王、伎乐或供养人。特征明显的各类神王题材在中原东部地区北朝石窟寺中非常流行，可以看出，须弥山北周洞窟的造像题材应该受东部地区石窟寺的影响较大。④ 由于西魏—北周在南朝、东魏—北齐诸政权中文化是最弱的一国，而且在佛教艺术发展中有些因素表面看去也比北齐落后，因此不少学者认为东边的影响给予西边

---

① 代学明主编：《须弥山石窟研究》，宁夏人民出版社2016年版，第58页。
② 谢群：《漂浮在丝绸之路上的祥云——宁夏须弥山石窟云纹图饰研究》，《美术大观》2010年第8期。
③ 杨泓、郑岩：《中国美术考古学概论》，中国社会科学出版社2014年版，第201页。
④ 李裕群：《古代石窟》，文物出版社2003年版，第112页。

的较多。当然，东魏—北齐所占有的文化优势在两国开始正常邦交之后，势必会对西魏及北周产生影响，但这并不意味着北周时期的佛教石窟造像缺乏艺术方面的独立性。①

北周须弥山的石窟样式，仍为平面方形的中心塔柱窟，但发生了变化，先前多层中心塔柱上的小佛龛已经没有了，每面由一个大龛或与人一样高的大型造像组成。造像仍以一佛二菩萨为主，主尊佛除结跏趺坐佛外，还有善跏趺坐式弥勒佛。最具代表性的是第45、46两窟，它们是须弥山石窟造像最多，装饰雕造最丰富、最华丽的石窟。这里存有比真人还高的造像40余尊，龛内有的是立佛，但大多是一佛二菩萨、单身立佛、三世佛、四方佛、交脚弥勒佛、七佛等。在雕刻手法上，北周时期由刀法直涩、简化，逐渐向圆润阶梯形过渡，衣褶层叠的密度也大为减少，已明显地呈现出从前期阴刻线的刀法向圆润刀法过渡的趋势。主要采用直平阶梯形的刀法来表现衣纹，但线条简练、粗疏，仍处在一种不成熟的阶段。②

北周须弥山石窟仍沿用方形平面、中心塔柱形制，但中心塔柱不再作多层次，而是一级四面，造像更加宏大。这一时期的佛造像面相方圆，发髻低平，两肩宽厚，腹部微鼓，菩萨特征同佛，改变了北魏、西魏面相清秀的特点，代之以厚重敦实的游牧特色新风格。特别是面相方圆，身材壮硕，是比较典型的北周造像风格。③

倚坐及交脚菩萨的出现也是北周造像的特色，须弥山北周时期佛教造像碑上雕有天盖帷幕龛，龛内雕佛像，龛顶上有浅浮雕伎乐人或莲花、莲蕾、火焰等云纹图饰，这些流行装饰在须弥山北周时期的造像中非常典型。④ 有学者指出，"北周造像趋于写实的风格，也是由犍陀罗式艺术演变而来的"。⑤ 如北周代表窟第51窟，是须弥山石窟

---

① 王敏庆：《北周佛教美术研究——以敦煌莫高窟为中心》，博士学位论文，中央美术学院，2010年。
② 须弥山石窟文物管理所：《须弥山石窟志》，阳光出版社2016年版，第15页。
③ 吴荭：《北周石窟造像研究》，博士学位论文，兰州大学，2009年。
④ 谢群：《漂浮在丝绸之路上的祥云——宁夏须弥山石窟云纹图饰研究》，《美术大观》2010年第8期。
⑤ 陈育宁：《宁夏境内的丝绸之路及须弥山石窟》，《丝绸之路》1995年第6期。

规模最大的石窟，由前后室两部分组成。宽14.6米、深12.5米、高10米，中间有一中心柱，四面开龛，边长5.5米。正壁开出佛坛，并列三身禅定印坐佛，高达6米；左壁（北壁）上开三龛，右壁上开二龛，门内左右各开一龛。窟门外左右有二力士。此窟中的三尊结跏趺坐大佛和左壁的站立菩萨像，造型生动，雍容华贵。①窟内7尊6米高的北周坐佛，从布局看，原洞窟设计雕刻的主尊题材为七佛。该窟造像姿态优美，面容安详，因其雕刻之精美，规模之宏大，艺术水准之高超，被文物专家誉为"须弥之光"。②

须弥山石窟这一时期造像题材主要是三佛组合，如第46窟后壁的一立佛二结跏趺坐佛；第45窟空间稍大些。45窟内四角雕有角柱，上承壁顶的横枋。中心柱四角雕立柱，下有柱础，上有栌斗。窟顶四坡转角处雕斜枋，与横枋和栌斗相连接，使整个洞窟构成了仿木式的框架结构，这与佛殿中的佛帐十分相似，是原州、秦州石窟寺的特点之一。除了佛像外，窟内雕刻琳琅满目、富丽堂皇。窟内壁脚都雕刻宝装莲瓣。在中心柱基座前，有的雕刻风、火、树、山、蛇、河等神王，有的雕刻手持笛、鼓、排箫、竽、箜篌、琵琶等乐器的伎人，还有的雕刻身着圆领窄袖胡服的供养人。这组供养人形象生动，其服饰、手持乐器对研究西域入华的服饰及乐器的传播有重要学术价值，所蕴含的历史文化信息十分丰富，所表现内容对研究中西交流史意义重大。伎人手持的乐器中很多是经由中亚传播而来的，如箜篌、琵琶等，它们的传入极大地丰富和增强了我国传统音乐的表现力。胡服供养人是胡人在须弥山开窟造像、出资供养、信奉佛教的真实反映，这些石窟中的壁画和造像等内容弥足珍贵，既有效地保存了北周时期的文化面貌，也弥补了文献资料记载的不足。

在须弥山北周洞窟中，佛教造像对帐形龛的使用非常突出，帐形龛是北周石窟造像的一个典型特征。③所谓"帐形龛"是指佛龛样式

---

① 张兵、李子伟：《陇右文化》，辽宁教育出版社1998年版，第233—234页。
② 代学明主编：《须弥山石窟研究》，宁夏人民出版社2016年版，第20页。
③ 王敏庆：《北周长安造像与须弥山石窟》，《西夏研究》2012年第3期。

模仿南北朝时期家具陈设中所使用的一种坐帐，它是佛教艺术中国化的表现形式之一。帐形龛在中国经历了一个从帐形龛饰到帐形龛的演变过程，① 一直到北周时期，帐形龛才凸显出来，并成为北周佛龛的代表性龛式。石窟龛楣大多垂挂着帐幔，龛两侧一般雕有龙头和凤鸟，口衔一串长长的流苏。流苏似丝帛一样分段结扎成灯笼状，沿着龛边垂挂下来。窟顶采用浅浮雕的手法，雕刻出博山炉和供养飞天。飞天以云气纹衬地，还刻有飞禽，以烘托出其凌空飞翔的气氛。

第45窟窟顶的飞天奉博山炉、莲花化生、忍冬等浮雕是一佛二菩萨组合。佛像肉髻低平，面相方圆，身体粗壮，两肩宽厚，腹部凸出；菩萨面相同佛相似，且头戴花冠，服饰华丽，璎珞环身，微侧双肩，体态略呈S形，已初具佛的人间性特征。佛像风格没有完全摆脱北周时期的风格范畴。北周时期强调体积感，佛像头部大于躯干的比例设计，菩萨细长身形，以及垂及膝盖的长臂等表现了与敦煌莫高窟北周佛像风格的相似之处。另外，各壁画的佛立像更具有长安风格，佛像胸前的"U"形衣襟，"之"字形交叉于双腿且下垂的衣襟处理等有长安风格特色。这更证明了北周时期原州在政治和社会及石窟艺术方面与长安的紧密关系。② 似乎可以这样推论，北周时期的佛教石窟及其艺术水平是固原佛教史上政治地位最高的时期，石窟开凿的工匠或有来自长安的艺术家，或是长安的创作粉本流入固原地区。总之，它广泛地受到长安石窟艺术风格的深刻影响。

从其表现手法和艺术特点分析，须弥山北周洞窟与敦煌、云冈、龙门、巩县等石窟一脉相承，关系密切，在石窟艺术上应同属一个体系。③ 仅就须弥山造像的帐形龛、佛像和长安造像的高度一致性，也可以看出两地之间造像艺术风格的紧密关联。这都证明了北周时期长安造像的样式，经丝路东段北道，通过固原向西传播，其中固原佛教

---

① 唐仲明：《从帐形龛饰到帐形龛——北朝石窟中一个被忽视的问题》，《敦煌研究》2004年第1期。
② 代学明主编：《须弥山石窟研究》，宁夏人民出版社2016年版，第114页。
③ 郭志宇：《对须弥山石窟艺术造像申报世界文化遗产的几点思考》，《民族艺林》2016年第2期。

造像秉承长安造像样式。尽管现存长安北周造像较少,也无成规模的石窟群可供研究,但固原须弥山石窟则为研究北周长安的佛教造像艺术提供了宝贵资料。[①]

事实上,须弥山石窟中许多大型的北周洞窟并没有如期完工,如第51窟,还有第47、48和37窟。中国历史上有"三武一宗"灭佛事件,其中一件就发生在北周武帝宇文邕统治时期。北魏晚期,政治腐败,人民生活困苦不堪,为了逃避繁重的劳役和各种苛捐杂税,穷苦百姓往往遁入空门,求得安生立命之所。这种情况一直延续到北周时期,造成了佛教寺院林立,寺院经济膨胀,对国家经济发展形成了不利影响。据统计,当时佛教僧侣的数量占了全国总人口的十分之一。同时寺院占有肥沃的土地,僧尼享受着免除租调徭役等的特权。佛教的畸形发展加剧了世俗地主与僧侣地主的矛盾,引起了一些朝廷官员的关注。从治国安邦的大局出发,他们提出了种种限制佛教的措施。北周武帝是一位有雄才大略的皇帝,为了富国强兵,消灭北齐,统一北方,于建德三年(574)采取了"求兵于僧众之间,取地于塔庙之下"的灭佛政策。[②] 周武帝的灭佛措施严酷,史书记载:"毁破前代关山西东数百年来官私所造一切佛塔,扫地悉尽。融刮圣容,焚烧经典。八州寺庙,出四十千,尽赐王公,充为宅第。三方释子,减三百万,皆复军民,还归编户。"[③] 此次大规模禁佛后,北方佛寺经像几乎灭绝,须弥山北周洞窟的开凿受到灭佛事件的影响而被迫中止,它也是周武帝灭佛事件的历史见证。

二 须弥山北周石窟与李贤的关系

李贤,陇西成纪人(今甘肃秦安县)。西汉骑都尉将军李陵的后代,李陵被匈奴俘虏之后,便在北方游牧民族境内定居,直到北方鲜卑族拓跋部建立的北魏政权南迁,李氏家族才随同南下返回故里。其

---

① 王敏庆:《北周长安造像与须弥山石窟》,《西夏研究》2012年第3期。
② (唐)令狐德棻等撰:《周书》卷5《武帝上》,中华书局1974年版,第85页。
③ (隋)费长房:《历代三宝纪》卷11,《大正藏》第49册,日本大正一切经刊行会1934年版,第94页中。

曾祖父李富，祖父李斌，父亲李文保，曾在陇西和高平（今宁夏固原）等地为官。①

北周保定二年（562），为了加强对西北边陲的统治，周武帝"诏复贤官爵，仍授瓜州刺史"，统治敦煌，为期两年。② 保定五年（565），废河州总管，建洮州总管府，李贤改任洮州刺史。后来，又废洮州总管，还于河州，置总管府，复以贤任河州刺史。北周天和四年（569）三月，李贤在京师病故。同年，归葬原州。北周朝廷赠李贤使持节，柱国大将军，大都督，泾州、原州、秦州等十州诸军事，原州刺史，谥曰"桓"。其妻吴辉生前曾被赐皇族姓氏宇文氏，并被认作宗室侄女，死后与李贤合葬于原州，并被追封为"长城郡君"。③

李茹结合史书记载，并通过对供养人画像及题记的深入研究，指出敦煌第290窟为李贤功德窟。此窟规模庞大，供养人画像环窟一周，中心柱下环壁一周，人物众多，身份复杂。由此推测，一方面，李贤是北周时期活跃在固原地区的朝廷重臣，位高权重，颇富资财；另一方面，李贤应是虔诚的佛教信徒。李贤墓的壁画，虽然其绘画的题材、内容和人物布局的方式都是延续汉墓的整体风格，但在人物造型和施色技法方面却流露出浓厚的佛教绘画色彩。④

李贤在敦煌开窟造像，厚加供养，由此，则其在北周时期须弥山石窟的开凿中有重要营建工事，开窟造像也是合理的。随着固原李贤墓的考古发掘，我们也看到这一时期在李贤主持下，固原地区在东西佛教与文化交流方面颇有起色。其墓中出土大量带有西域胡风的随葬品，这既是一种社会现象，也表明北朝晚期以来西域胡人在固原地区非常活跃。⑤ 这些来自中亚和西域等地的胡人、工匠和艺术家等，自然会将其本民族佛教石窟艺术带到固原须弥山石窟的造像活动中。

---

① 李茹：《敦煌李贤及其功德窟相关问题试论》，《敦煌学辑刊》2009年第4期。
② 李茹：《敦煌李贤及其功德窟相关问题试论》，《敦煌学辑刊》2009年第4期。
③ 李茹：《敦煌李贤及其功德窟相关问题试论》，《敦煌学辑刊》2009年第4期。
④ 柳真：《谈李贤墓壁画中的佛教因素》，《大众文艺》2016年第20期。
⑤ 孙晓峰：《麦积山石窟北朝晚期胡人图像及相关问题研究》，《形象史学研究》2016年第1期。

须弥山北周洞窟主要受到长安佛教及造像样式的影响。这些大型洞窟的开凿可能与原州李贤、李穆兄弟有一定关系。北周重臣原州豪族李贤、李穆兄弟，与宇文泰有着特殊的关系。宇文泰多次巡幸原州，亲自到李贤府上与他欢宴终日，凡是李贤亲族都得到了赏赐。宇文泰还将年幼的周武帝宇文邕和齐王宇文宪托付给李贤在原州抚养，长达六年。初唐法琳所撰的《辩正论》记载，李穆在长安城内安业坊东南隅，建造了十分壮观的修善寺。北朝时期其家族信佛的现象比较普遍，李贤、李穆兄弟完全有可能，也有实力在须弥山开窟造像。李贤的祖父李斌曾领兵镇守高平，李贤为保卫原州屡建奇功。但自永安二年（529）以后，万俟丑奴反叛，先有万俟道洛、费连少浑据有原州；又有达符显围逼州城，昼夜攻占；大统二年（536）以后，又有豆卢狼、莫折后炽等反叛，大统八年（542）才稍稍安定下来。但此后，又有茹茹"围逼州城，剽掠居民，驱拥畜牧"。① 所以，即使是李贤开窟，亦不得不时时辍工。

隋代须弥山石窟营造略有下降，由于国祚短促，开凿的洞窟很少，主要有相国寺区的第66、67、70窟以及在前期洞窟中补凿的一些龛像。第67窟和第70窟为中心柱窟，洞窟形制基本上承袭了北周洞窟的做法。② 窟的样式有方形窟和中心柱窟两种，中心柱窟与佛龛的开凿在前代的基础上也有细微变化，即简化的帐形龛、尖拱龛和圆拱龛三种，尤其是圆拱龛很有特色。

第四节　唐代洞窟

唐代是我国佛教史上最重要的时代，也是须弥山石窟的又一个辉煌时期。③ 须弥山石窟的唐代造像，规模宏大、数量众多、精美绝伦，冠于其他各代之上，不仅在须弥山石窟造像中具有突出地位，而且在

---

① （唐）令狐德棻等撰：《周书》卷25《李贤传》，中华书局1971年版，第416页。
② 李裕群：《古代石窟》，文物出版社2003年版，第113页。
③ 郑彦卿：《宁夏五千年》，宁夏人民出版社2001年版，第114页。

全国主要石窟的唐代造像中也是独树一帜的,① 具有很高的学术研究价值。

林蔚先生对须弥山唐代洞窟的分期进行了深入细致的研究,并指出须弥山唐代洞窟共分三期,"第一期高宗晚期至武周初期,第二期武周、中宗时期,第三期玄宗至代宗时期"。② 须弥山唐代造像题材主要有阿弥陀佛、弥勒佛、观世音菩萨、八臂半跏菩萨、药师佛、接引佛等。这说明唐代原州地区所流行的佛教宗派主要是净土宗、密宗、三阶教、天台宗等,其中,以净土宗为主流。净土宗包括阿弥陀净土和兜率天净土,分别崇拜阿弥陀佛和弥勒佛。③ 在固原地区则有了变化,一、二期主尊崇拜皆为阿弥陀佛,三期以弥勒佛为主。净土宗的尊像经历了由7身到9身、11身再到13身依次递增的过程,9身像组合仅第64窟一例,11身像组合为须弥山唐代净土宗题材的主要表达形式。④ 从中反映出唐代原州佛教的发展状况及当地佛教信仰内容演变的历程,为研究佛教发展史和唐代原州地区民间佛教信仰提供了有力的证据。⑤

另外,值得注意的是,固原地区自唐玄宗以来,密宗与三阶教的题材开始在洞窟中出现,分别以第62窟北壁内龛主尊八臂半跏菩萨及第105窟中心柱北壁龛主尊地藏王菩萨像的雕凿为代表。唐玄宗后期,国家战乱频繁,社会动荡不安,广大平民百姓生活悲苦,对现实的不满和无奈无处宣泄。加上这一时期,经过隋及初唐、盛唐佛教的飞速发展,佛教观念已经深入人心,社会的剧变迫使人们更加依赖和求助于神佛的力量,而观音和地藏菩萨则能缩短人与天国的距离,解除众生的苦难,因此在当时的历史条件下,观音和地藏信仰的流行也

---

① 安永军:《试论须弥山唐代造像艺术及其价值》,《宁夏师范学院学报》2012年第4期。
② 林蔚:《须弥山唐代洞窟的类型和分期》,《考古学研究》第3辑,科学出版社1997年版,第116—137页。
③ 林蔚:《须弥山唐代洞窟的类型和分期》,《考古学研究》第3辑,科学出版社1997年版,第116—137页。
④ 林蔚:《须弥山唐代洞窟的类型和分期》,《考古学研究》第3辑,科学出版社1997年版,第116—137页。
⑤ 安永军:《试论须弥山唐代造像艺术及其价值》,《宁夏师范学院学报》2012年第4期。

就不足为奇了。①

一 代表洞窟

唐代固原佛教发展到了史无前例的高峰。这一时期的佛教和石窟造像艺术吸取了印度佛教艺术的精华，继承并发展了我国自秦汉以来的传统艺术，以独具匠心的巧思，充分张扬了大唐盛世的石窟艺术风格，是各族人民共同创造的艺术珍品。唐代须弥山石窟开凿的洞窟数量多达61个，主要有第1、5、54、69、72、79、80、81、82、85、89、90、105等窟，分布在大佛楼、相国寺、桃花洞等区域。唐代石窟的开凿样式，在北周和隋代的基础上又发生了新变化，即除个别石窟仍保留了方形塔柱外，方形的佛殿样式已经取代了北周的塔柱式。

窟龛的开凿大致有：平面横长方形平顶敞口窟，平面马蹄形穹隆顶敞口窟，平面方形平顶大窟，平面方形覆斗顶窟等。主要以方形或长方形平顶或覆斗顶的中型洞窟为主，不少洞窟内不另开龛，而是将佛像雕置于马蹄形坛基上，多尊组合的佛像比较普遍，有三尊、五尊或七尊，多至九尊，以利于观佛或礼佛。②

唐代须弥山最重要的造像是须弥山入口处的第5窟，就是著名的须弥山大佛，因窟前原有楼阁建筑，明代称大佛楼，大佛楼为敞口大像龛式，龛内雕一座高达20.6米的倚坐弥勒大佛，这是我国境内现存年代较早的倚坐弥勒大像。此身佛像气势宏伟，雕刻技巧娴熟，是唐代大型造像精品之一，也是须弥山石窟的象征。佛座背上有"大中三年吕中万"题记，证明该窟之始凿不晚于是年（849）。初步判断，该窟始凿于吐蕃占领原州（763）以前，因其占领而工程中辍。大中三年（849）起，原州一度光复，此后又被吐蕃占领（880—995），故其最后之完工可能晚至北宋初年。因此，该窟大佛造像对研究唐代

---

① 林蔚：《须弥山唐代洞窟的类型和分期》，《考古学研究》第3辑，科学出版社1997年版，第116—137页。
② 杨芳、夏华、胡永祥：《须弥山石窟的历史与人文价值研究》，《河西学院学报》2009年第6期。

固原地区石窟开凿程序有重要帮助。① 大佛袈裟搭于左肩部一角的样式与大同华严寺薄伽教藏殿内的辽塑佛像相似,可为旁证。大佛屹立在寺口子河北岸,宏伟壮观,充分体现了唐人雕塑艺术的精妙绝伦。唐代部分造像凿成后,为防止风化而使用织物贴敷再附色彩,这种工艺尚属首次发现,对研究唐代雕塑艺术提供了珍贵的样品。大佛造像前原有大型楼阁建筑,建有规模宏大的景云寺。景云寺是以须弥山大佛为中枢、以大佛楼为代表的石窟区。

须弥山大佛像的开凿是在唐代,正值佛教石窟艺术的盛期,而且在雕造上也基本摆脱了魏晋南北朝之后的宗教神秘色彩,明显地呈现出世俗化的趋势,与过去的造像艺术截然不同,以丰满健壮、雍容华贵为美,特别是盛唐时期明朗健硕的艺术风格,反映出我国封建社会鼎盛时期的审美观。大佛头部螺髻,面相丰圆,浓眉大眼,嘴角含笑,神态端庄而慈祥,身着敷搭双肩的袈裟,衣纹通直流畅,内着僧祇支,双手已风化,倚坐于高方台座上,足踏莲座。这尊巨大的佛像虽然是砂岩雕刻,但雕凿的刀法给人以泥塑般的柔和,可与龙门奉先寺卢舍那大佛相媲美。

学者认为须弥山大佛是武则天时期开凿的,就其造像的艺术特点来看,须弥山大佛的造像特征有着女性的温柔,体现了当时造像艺术的历史背景和审美时尚。② 这尊雕像已经摆脱了犍陀罗艺术的约束,更多地使用了中国化的雕塑手法,造像艺术风格富于中华文化特色,大佛衣纹通直流畅,造像虽是砂岩雕刻,但雕琢的刀法给人以泥塑般的柔和。表现了佛陀沉静、智慧、坚定、超脱的内心世界,反映了唐代佛教及石窟艺术进一步世俗化与民族化的趋势。③

1. 中心柱窟

唐代须弥山石窟的形制最有特点的依然是中心柱式窟。桃花洞第105窟为特大型中心柱窟,它有前、后室和左右耳室。前室近方形,露顶,两侧壁均凿有龛像。前室外左、右两侧崖面上下各凿一方形佛殿

---

① 陈育宁:《宁夏通史·古代卷》,宁夏人民出版社1993年版,第119页。
② 杨芳、夏华、胡永祥:《须弥山石窟的历史与人文价值研究》,《河西学院学报》2009年第6期。
③ 张兵、李子伟:《陇右文化》,辽宁教育出版社1998年版,第234页。

窟，窟内雕有成铺造像，构成了一组庞大的洞窟组合。前室后壁开一窟门，上有明窗。主室设中心柱，中心柱单层四面开龛，龛内主尊分别为正壁一倚坐弥勒佛，南壁一半跏趺坐观世音菩萨，西壁一坐佛，北壁一僧人装束的半跏趺坐地藏菩萨。窟内左右壁各开二龛，后壁正中开一门，门左右各开一龛。后壁门左龛内雕造了一躯张开双臂、站立着的接引佛，是阿弥陀佛迎接众生到西方极乐世界的形象。弥勒、观世音和地藏菩萨在佛国世界分别肩负着为众生说法、救苦救难、普度众生的责任，成为唐代石窟中流行的题材。后室方形平顶，宽8.5米、总进深8.7米、高5.21米，后室中央为中心塔柱，正壁及左、右壁上各开二龛。塔柱边长3.1米，方正硕大，上下没有收分。柱上北侧为地藏，南侧为观世音菩萨，东为倚坐佛（高约2.8米）并侍立菩萨（高约2.6米），西为结跏趺坐佛并二菩萨。塔柱上的菩萨，身躯作S形三道弯状，头梳高发髻，颈系宝珠项圈，身披帔帛，络腋，腰间系带并折出大裙一角，其形象与龙门石窟武则天时代的菩萨风格颇为相似，而具有贵族女子的特点。因此，有学者据此推测桃花洞约开凿于武则天时代。后室现存造像中左边的立佛和中心柱上半跏趺坐地藏菩萨造像最为特殊，窟外的木构建筑也非常引人注目。[①]

2. 穹隆顶形制

唐代须弥山石窟形制的另一大特点是穹隆顶形制。穹隆顶是石窟窟顶结构中常见的形制，其中有一种建造方法较为特殊，即四壁垂直，窟顶四周连接壁面处先折成平顶，然后在顶中间形成圆周起穹隆。这种窟形仅见于新疆龟兹石窟和固原须弥山石窟。[②] 其中，须弥山第7、17、18、19、20、23窟均为穹隆顶窟，占到须弥山石窟总数的4%。

穹隆顶窟在北魏至西魏初出现，陈悦新女士认为固原须弥山穹隆顶窟的形制与西域龟兹的穹隆顶窟渊源极深，她研究指出"穹隆顶形

---

① 杨芳、夏华、胡永祥：《须弥山石窟的历史与人文价值研究》，《河西学院学报》2009年第6期。
② 陈悦新：《龟兹石窟与须弥山石窟中的穹隆顶窟》，《考古与文物》2004年第1期。

制由西而东传入我国，在龟兹和须弥山石窟中数量不多，开凿洞窟的佛徒抑或与粟特人有某种关系"。① 须弥山石窟中穹窿顶形制佛窟的大量出现，与域外族群和北方游牧民族有密切关联，北方草原游牧民族的穹窿顶形的房屋建筑形式大概对此有直接影响。固原境内游牧与农耕文化交错融汇，历代长城越境而过，游牧文化遗存丰富，域外族群和粟特史姓家族北朝隋唐家族墓地的考古发现，证明其在固原北朝隋唐时期曾聚族而葬，生活奢侈。他们家世显赫，往往在朝为官，也有负责为朝廷养马，甚至担任中书译语人等重要官职。擅于经商的史姓家族经济实力雄厚，进入汉地后，受唐代狂热的佛教崇拜的社会风气的影响，粟特人中也有很多人开始转而信仰汉地佛教，并积极出资开窟造像，或大量布施财物给佛寺。在须弥山唐代洞窟的开凿上应该也是积极参与过的，并将其联珠纹等民族艺术纹样渗透到唐代须弥山石窟艺术中去了。穹窿顶窟的出现也有可能与他们的积极参与有关。

须弥山石窟方形穹窿顶三壁开龛的佛殿窟往往成组分布在崖面上。窟内一般雕过去、现在、未来三世佛，组合形式为一坐佛二立佛，或二坐佛一倚坐弥勒佛。每尊佛像都有弟子或菩萨作为胁侍，有的增加二天王二力士像，甚至还有一对护法狮子像，魔鬼等造型也出现在石窟中。其中，第62窟是须弥山石窟唐代造像中最为完整的一窟。窟室方形，穹窿顶，三壁开龛，中龛为一佛二菩萨，主尊为弥勒佛，旁边两龛各一，南北两壁对称，南龛主尊为地藏王菩萨，北龛主尊为弥勒佛。两壁外侧，是手执长矛、身着铠甲、脚踏魔鬼的天王。②

二 造像题材

须弥山石窟的唐代造像，题材广泛，形式多样，形象生动，精美绝伦。其中，佛、菩萨和弟子像居多，力士、天王造像次之，还有少量的夜叉、狮子造像等。

唐代须弥山石窟的造像风格，已明显地表现出世俗化的特点，即

---

① 陈悦新：《龟兹石窟与须弥山石窟中的穹窿顶窟》，《考古与文物》2004年第1期。
② 马平恩：《固原史话》，宁夏人民出版社2009年版，第71页。

以丰满、雍容华贵为美。无论佛还是菩萨，弟子、天王还是力士，都雕凿得丰满圆润，栩栩如生，内着僧衣，薄衣透体，自然流畅。唐代须弥山石窟造像中的菩萨神态优美，如第54、第62等窟中的几尊盛唐时期的菩萨，头上梳着唐代贵族妇女盛行的高云髻，身着天衣，胸挂璎珞，腕配环钏，面貌端庄，姿态秀丽。力士像则袒露上身，下着短裙，采取束扎带，光脚，攒拳怒目，表现了男子的阳刚健硕。天王身着铠甲，下着战袍，手执兵器，脚踩夜叉，勇猛威武。

须弥山石窟艺术绵延一千五百年，精美绝伦、超越时空，是中西佛教石窟艺术与文化交流融合的产物。唐代造像面相丰颐、身段圆润厚实，且都施以彩绘。人物鲜活、生动，更接近世俗贵族或帝王面相的造像特点，体态及服饰等具有世俗人物形象的亲切感，而较少佛、菩萨等的神秘、不可触及的距离感。因而，更能打动广大走进寺院的芸芸众生潜心向佛。从而增强了其艺术感染力和表现力，是至今固原地区保存的较为完整规模最大的佛教石窟造像遗存，具有珍贵的历史文化和艺术研究的双重价值。

三 唐代以后的须弥山石窟

"安史之乱"以后，李唐王朝由盛而衰，广德元年（763），须弥山石窟所在的固原地区被吐蕃占领，此期再无大规模的开窟造像活动。唐代以后的须弥山，也没有了大规模的开窟造像活动，石窟开凿已成为历史，随着"丝绸之路"受阻，固原地区的经贸往来日益衰落，须弥山的佛教及石窟造像活动受到严重影响。但其作为固原周边地区盛名的佛教的石窟寺，仍然是统治者关注的地方，更是佛教信徒们朝拜的圣地，因而宋、西夏、金、清几代都曾对须弥山石窟进行改凿和装修及寺院建设等，但规模都不大。[①]

1. 宋夏时期须弥山石窟的短暂繁荣与世俗化

宋代须弥山石窟的短暂繁荣，是在绍圣、元符年间夺取西夏天都

---

① 杨慧玲、余贵孝：《须弥山石窟的凿造与固原社会经济》，《宁夏师范学院学报》2015年第2期。

山地区以后的事。宋哲宗绍圣四年（1097），合熙河、秦凤、环庆等四路兵马，筑二城于石门峡江口与好水川之阴。次年（元符元年，1098），又占据天都山。宣和元年（1119），总领六路边事童贯以种师道、刘仲武为将，率兵出萧关，大败夏人而还。至此，宋朝夺取整个天都地区，须弥山遂成为宋朝西北"腹地"。或许为了炫耀武功和军威，宋自绍圣（1094—1097）后，开始大规模修葺重装须弥山石窟。①

宋代佛教造像往往舍弃了宗教的神秘性，佛教造像从造像题材的选择到艺术形式的处理，都充满了浓郁的世俗生活气息，呈现出新的艺术风貌。② 现实性和世俗化的程度增强，佛教尊神与菩萨、天王等造像，由庄严肃穆、恭敬礼拜的偶像，逐渐成为广大群众喜闻乐见的世俗化偶像。不同形象、不同性格和气质的18罗汉乃至500罗汉应运而生。固原市彭阳县无量山石窟寺中的雕像，就属于这一时期的作品。无量山石窟位于彭阳县川口乡境，坐南向北，面向石峡河，依山傍水。石窟凿于半山石崖上，现保存有佛雕造像25尊。第1窟，有佛雕像20尊，其中，最大的造像有70厘米高，窟上部有题记："景祐二年（1035）四月二十日刘绪等8人修罗汉人"；第二窟有佛雕像5尊，最高造像为25厘米，上有题记，"张行番□□，天圣十年（1032）。"③ 从上述两处题记可知，此窟开凿于北宋仁宗（1022—1063年在位）时期。此窟虽存造像不多，但仍是固原地区保存较好且有明确纪年的宋代洞窟。对于研究固原地区宋代佛教雕塑艺术、风格特点等，具有年代标尺意义和重要学术价值。

西夏统治时期，曾一度占领和控制了须弥山一带，西夏是著名的佛国。在佛教发展上，西夏人广采博收，一方面，积极吸收汉地佛教文化与石窟艺术；另一方面，也主动学习和吸收藏传佛教文化并积极传播。

---

① 林芝：《须弥山石窟史略》，《固原师专学报》1996年第4期。
② 肖屏：《试论我国佛教造像艺术的世俗化表现》，《西南民族大学学报》2005年第12期。
③ 宁夏回族自治区文管会、文化厅编：《文物普查资料汇编》内部资料，1986年版。

《须弥山石窟》一书中有两处西夏时期的题记，第一处是大佛楼区第1窟。此窟属唐代洞窟。窟内立佛东侧有题记："僧惠辇都四年二月十日，僧悟□□弟贺山哥巡礼□□告。""拱化三年七月十五日……弥山□巡□至竹石□山中。"辇都四年（1060）、拱化三年（1065），都是西夏毅宗李谅祚的年号。这是须弥山石窟题记中出现的有关西夏时期须弥山的记载。第二处是相国寺区第51窟。此窟为北周时期开凿，窟内南耳室西壁阴刻题记文字："绍圣四年三月二十三日收复，陇干姚雄记。"宋绍圣四年（1097），由此条题记可知，1097年，宋朝才收复了须弥山。结合以上两处题记可知，须弥寨之名始于西夏占据须弥山时期。绍圣年间北宋夺取西夏天都山地区之后，须弥山回归北宋。自1060年被西夏占据到1097年被北宋收复，西夏人占据须弥山的时间至少有37年。党项人极度崇佛，形成了西夏时期异常浓厚佛教文化，其对须弥山石窟的佛教文化与石窟艺术产生了深刻影响。

金人入主中原后，在汉族和契丹人的影响下，很快接受了佛教，对固原境内的佛教寺院极力保护、维修和续建，须弥山石窟寺也在这种背景下进行了修缮和重建，金代还重建了景云寺。第72窟东壁南侧阴刻大定年间（1161—1189）题记对此有较为详细的记述。[1] 记载了景云寺因"聚兵"毁于战火，大定年间国家拨给"度牒"应付开支的情况。经此次修缮重建后，景云寺规模更加宏大，管理更上层次，各类僧俗人员为数众多，香火十分兴旺。

2. 元代继续维持

元朝建立后，文化政策开放、包容，给其辽阔疆内的各种宗教以平等的待遇，但相比来讲，佛教与喇嘛教的传播和发展更快，据宣政院至元二十八年（1291）统计，全国寺院凡24318所，僧尼合计213148人，[2] 宁夏境内留存有数量众多的喇嘛塔遗址，如今宁夏青铜峡的一百零八塔，同心县韦州镇的康济寺塔等。不过，置府于固原开

---

[1] 林芝：《须弥山石窟史略》，《固原师专学报》1996年第4期。
[2] 代学明主编：《须弥山石窟研究》，宁夏人民出版社2016年版，第185页。

城的安西王阿难答并不信奉汉传佛教，须弥山石窟寺因此失去了中央官府的支持，故元朝各种宗教虽有发展，但须弥山石窟寺的汉传佛教发展并不十分显著。①

元代须弥山石窟的藏传佛教有一定传播，这与蒙古统治者的宗教信仰密不可分。元世祖忽必烈推崇藏传佛教，封固原开城的安西王忙哥剌，就受其直接影响，对固原须弥山石窟的藏传佛教活动给予了一定的支持，所以，此期固原须弥山石窟寺中的藏传佛教的传播和活动占据了一定地位。元代以来，固原地区的异域民族进入更为便捷，空前辽阔的大帝国吸引了诸多游牧民族前来固原地区，他们的到来，增添了新鲜血液，也促使固原佛教及须弥山石窟产生了新变化与新发展。

3. 明代须弥山石窟再度辉煌

明代须弥山石窟得到了朝廷的高度重视，重建了圆光寺并进行了大规模的石窟及佛像的装修等活动，明英宗御赐寺名为"圆光寺"，须弥山石窟现存的三通碑刻和数十处题记，记载了这次装修的规模和盛况。明代是须弥山石窟佛教文化活动的最后一个兴盛期。大兴土木、整饬修缮等，极大地促进了须弥山佛教寺院的发展。

明代之后，全国开窟造像有所衰落，不只须弥山石窟一处。但也必须认识到，明代须弥山的重装修葺已不是前代大规模地开窟造像，而是兴建寺院。②世俗化民间佛教的发展促进了寺院建设的持续推进。须弥山石窟寺中保留有几方非常重要的明代石碑，如《敕赐圆光禅林碑》《重修圆光寺碑》《重修圆光寺大佛楼记》等，它们记载了须弥山几次大的寺院修建活动。一是旧景云寺僧绰吉汪速在旧寺基础上重建佛殿廊庑后，请赐寺匾。明英宗朱祁镇御赐寺名为圆光寺，来自封建帝王御赐寺匾在固原须弥山石窟的历史上是值得大书特书浓墨重彩的一件盛事，这极大地提升了须弥山石窟及固原佛教文化的社会影响

---

① 林芝：《须弥山石窟史略》，《固原师专学报》1996年第4期。
② 杨芳、夏华、胡永祥：《须弥山石窟的历史与人文价值研究》，《河西学院学报》2009年第6期。

力和区域辐射力，使其一度成为佛教圣地。二是《须弥圆光寺石壁横碑》记载："体天地保民之心，刊印大藏经典赐天下，用于流传。兹以安置陕西平凉府开城县圆光寺，永充供养，上与国家延厘，下与生民祈福。"皇帝不但给须弥山石窟寺院赐名，而且颁赐《大藏经》于须弥山圆光寺，以供研读，以示祈福，足见其对固原地区至关重要的军事地位及佛教文化的信重程度。上行下效，这一时期须弥山石窟的佛教活动亦十分活跃。

明代须弥山佛教寺院的发展非常重要。明代大力建设须弥山寺院与明朝重视固原一带的军事方针有重要关系，正如学者指出的："明代是须弥山石窟千年历史上的最后一个兴盛期，其与明朝廷重视在固原一带的监牧有重要关系。明代固原城执掌权力的是苑马寺，这一时期，固原的复兴正是由于监牧得到了重视。"[1] 这一点由成化四年（1468）为圆光寺立碑和地方政权建制就能看出。明代为抵御北方的蒙古部族部落政权，在北方长城沿线建立了"九边"重镇，固原位列其中之一，军事地位十分重要，明王朝对固原的经营，也就格外重视，先后设置固原卫、固原州，直至三边总制府开府于固原州城。[2] 特别是明代后期，陕西三边总督驻节固原。这一时期须弥山石窟寺院建筑兴起，民间佛教文化再一次进入兴盛时期。

清代康熙中期对须弥山佛教寺院进行过一次大规模的修复。康熙三十七年（1698）所立《重修须弥山禅院碑记》碑，详细地记载了这次修复的过程。清代后期、民国初年，须弥山的佛教与民俗文化活动呈衰落之势。《宣统固原州志》里，少有关于须弥山民间佛教文化活动的记载，可能与清代同治年间以后西北地区的战乱有直接关系。[3]

民国时期，特别是1920年发生的8.5级海原特大地震对须弥山石窟造像造成了严重的影响，寺院建筑及经像损坏严重。尽管如此，

---

[1] 宁夏回族自治区文物管理委员会、中央美术学院美术史系编：《须弥山石窟》，文物出版社1988年版，第21页。
[2] 佘贵孝：《明代固原的军事设置》，《宁夏师范学院学报》1993年第1期。
[3] 薛正昌：《秦汉风俗与"祀典"及其民间信仰演变——以宁夏固原历史经历与民间信仰变迁为例》，《兰州大学学报》2010年第6期。

石窟内的造像大部分保存较完整。新中国成立以后，党和国家相关部门非常重视须弥山石窟的保护与文化建设。1982 年，须弥山石窟被列入全国重点文物保护单位，并陆续建设开放了固原须弥山石窟博物馆，全面宣传和弘扬固原须弥山石窟文化，这是须弥山石窟发展史上非常重要的历史事件。

第五节　艺术价值与文化特点

一　藏传佛教与须弥山石窟

唐代"安史之乱"后，吐蕃占据固原先后 80 余年。其间，唐与吐蕃的界关是原州的弹筝峡（今固原三关口）。实际上，弹筝峡以北的大片土地荒芜，且不时发生战乱。其时，须弥山石窟处于吐蕃治下，吐蕃统治时期没有对须弥山石窟进行大规模的修凿或重绘。学者指出："藏传佛教对须弥山石窟造像的影响，应该是在元代中晚期或明代初期。"[①] 实际上，藏传佛教在西夏统治时期就已经在宁夏境内有所流传，固原须弥山石窟也接触到了藏传佛教。宋夏对峙近 200 年，其间，时有战争对抗，也有和平友好，以边境相安的和平时期为多，宋夏之间的佛教文化交流也是非常重要的。西夏是一个佛教文化相当浓厚的地方政权，与藏族、藏传佛教文化有着密切的渊源，如族源、语言，包括佛教文化背景等。西夏立国后，在吸收和传承汉文化的同时，大力吸纳藏传佛教文化并鼓励传播。随着藏传佛教的发展和传播，藏传佛教艺术也在须弥山石窟中有所显示。

明代初年的《敕赐须弥山圆光寺碑》记载，寺院住持和僧众中有一部分为藏传佛教僧人。明代正统、成化两个朝代圆光寺住持为长老喃嗲坚持、住持僧绰吉汪速，从其姓名来看当为有藏族文化背景的佛教僧人无疑。由此推断，须弥山石窟的藏传佛教文化、造像、壁画艺术等，应该是在西夏统治时期逐渐萌生，元代忽必烈、安西王时期稍

[①] 薛正昌：《须弥山石窟与藏传佛教造像》，《甘肃社会科学》2013 年第 1 期。

有传播，明代初年仍在继续发展。①

须弥山石窟有藏传佛教造像和壁画遗存，一是第 46 窟的佛教造像（在北周佛造像基础上的改凿），二是第 48 窟中心柱彩绘藏传佛教壁画造像。须弥山石窟藏传佛教文化有其生成背景：一是西夏藏传佛教的影响，二是忽必烈时期藏传佛教的影响，三是安西王忙哥剌对藏传佛教的影响。②直至明清时期固原地区的藏传佛教在前代的基础上保持了一定的发展。但传播范围和社会影响相对有限，信众也主要以异域族群为主体，汉族人民信奉得较少，因此，我们也不宜过分强调藏传佛教对固原佛教的影响，毕竟，这一时期，对于广大汉族为主体的固原佛教信众来讲，禅宗和净土宗等汉传佛教宗派仍处于绝对优势地位。

二 须弥山石窟的艺术价值

固原须弥山石窟作为中国十大石窟之一，其规模与艺术成就都令人叹为观止。③须弥山石窟是"丝绸之路"上著名的佛教石窟寺，其开凿规模、造像风格、艺术成就可与大同云冈、洛阳龙门等大型佛教石窟寺院相媲美，被誉为"宁夏敦煌"。

在须弥山石窟开凿之初的魏晋时期，人们把佛教看成解脱苦难的幻想，对石窟造像及其壁画、音乐等艺术的审美体验与佛理诉求都是他们的精神慰藉，两者的一致性构成了艺术和佛教的共同点，形成石窟艺术创作的精神主题。须弥山石窟艺术的主要题材是佛教经典教义的形象化解读，目的在于给参佛修行之人提供一种心理诉求的对象，使观者通过对石窟艺术形象的参照、观赏，通过主体的心理体验，在得到心灵净化与情感升华的同时，也获得了艺术审美体验。④譬如，须弥山早期石窟中的第 14 窟、第 24 窟以及第 32 窟等，这些窟室内

---

① 薛正昌：《须弥山石窟与藏传佛教造像》，《甘肃社会科学》2013 年第 1 期。
② 薛正昌：《须弥山石窟与藏传佛教造像》，《甘肃社会科学》2013 年第 1 期。
③ 云志霞：《略论须弥山石窟造像艺术审美特征与表现技法的变迁》，《文物鉴定与鉴赏》2018 年第 2 期。
④ 宋永忠：《论须弥山石窟艺术的美学价值》，《大众文艺》2015 年第 17 期。

造像所表现的题材集中在"逾城出家""乘象入胎"等有关佛的修行、参悟形象的塑造。其中展现的主要艺术形态包括禅修的坐禅像以及佛传故事情节，这种故事化的艺术处理方式对广大普通信众来讲既生动又充满吸引力，接受效果很有保障。中心柱上雕饰的象征佛教教义的莲花等形象，是早期石窟造像所具有的"参悟修行"主题的反映；中期开凿的北周石窟艺术则主要是三佛题材。如在第45窟的前部出现"三世佛"以及"伎乐天"造像，石龛中出现"弥勒兜率天宫说法"，其描绘的主要内容是未来佛弥勒佛在兜率天净土世界讲授瑜伽《唯识论》的情节；第51窟的"思惟菩萨"等题材，应是表现弥勒菩萨将在龙华树下降生，修道思悟的形象……综合这些造像内容考察，便会形成一个统一的主题——《阿弥陀经》的主题思想，体现了当时普遍流行的"生死轮回"的主题。隋唐时期的石窟则围绕"净土"信仰与"变相"题材展开，表现了对于"西方净土"的向往，是为众生解脱生死、忏悔业障创造精神寄托的理想彼岸。这些题材集中体现了艺术审美对于佛教精神的价值，是对佛教精神的形象体现，反映了佛教崇拜的实质："宗教神话具有鲜明的感性映像倾向，显示出超自然物信仰的重要特点。若要使超自然的本质成为人们膜拜的对象，就要以具体的感性映像的形式来加以想象。无论以哪一种形式出现，供人膜拜的只是以鲜明的形象呈现在人们面前的精灵和诸神。"[1] 可见，在艺术审美与宗教体验中，人的宗教幻想起着极其重要的作用。艺术创造无法离开人的幻想、想象来进行。艺术家以自己的想象力来重新塑造生活的映像，幻想是艺术和宗教都不可缺少的一个必要因素。通过修行到达佛教理想净土与通过净化进入审美境界在此获得了一致。

在艺术审美境界的追求过程中，艺术审美观与佛教的世界观互相融合，成为须弥山石窟艺术的美学价值目标。在须弥山石窟开凿之初的魏晋时期，佛教的世界观已经基本上在中国形成了较为完整的体

---

[1] ［苏］德·莫·乌格里诺维奇：《艺术与宗教》，王先睿、李鹏增译，生活·读书·新知三联书店1987年版，第3页。

系。由于从玄学中汲取了中华文化之本体论的思想，把神秘的佛教诸神的精神实体当作现实世界和艺术美的本体，并贯彻到艺术创作中，形成了以形神论为基础的造像基本理论，影响并促成了须弥山石窟艺术的美学价值追求。①儒家伦理道德观念中对于儒雅君子形象的规范，也对须弥山石窟造像及其审美表达有重要影响。因此，须弥山石窟中的佛、菩萨及诸神的形象及其服饰等是中国儒家礼仪文化影响之下的艺术形象的再创造，是符合中华文化审美旨趣的本土化的石窟艺术形式。

三 须弥山石窟的洞窟形制和时代特点

须弥山石窟虽然经过了长期人为的和自然力的破坏，现存较完整的造像窟仅占少数，但石窟分布地域较广，一些洞窟和造像规模宏大，且造像年代跨度大，而且窟的历史序列完整，对于整体上把握固原地区不同历史时期的石窟艺术特色及风格意义重大。须弥山石窟造像的艺术水准极高，是我国古代大型石窟寺之一，在洞窟形制和时代上也有许多突出特点。②

（1）石窟分布特点鲜明，自南向北，各时期洞窟分区开凿。须弥山石窟的洞窟分布与开凿时代有关。北魏时期开的窟主要是集中在子孙宫的山坳崖面上，北周时期开凿的洞窟集中于圆光寺、相国寺，唐代开凿的石窟除了最南端的大佛楼外，集中于相国寺北面和西面。这种各个时期的洞窟分别开凿的特点在各地石窟中是少见的，一般石窟多连续开凿在一个崖面上。也正是因为各个时期洞窟分区开凿的缘故，须弥山石窟少有后代改建前代洞窟的情况，各期洞窟基本上得以保持了原貌，这一点实属难能可贵，它为我们研究各个不同历史时期石窟艺术的主题、风格等保留了珍贵的艺术及历史文化遗产，也为研究各个时期石窟开凿工艺等提供了第一手实物资料。

---

① 宋永忠：《论须弥山石窟艺术的美学价值》，《大众文艺》2015年第17期。
② 宁夏回族自治区文物管理委员会、中央美术学院美术史系编：《须弥山石窟》，文物出版社1988年版，第22页。

（2）北魏时期的僧禅窟中出现了大量穹隆顶形制，到西魏时被大量采用，中原地区的石窟中也未曾出现过，穹隆顶是中亚和新疆地区的石窟常见的形制。4 世纪时，中亚及西域龟兹等地流行禅教，其禅窟一般采用穹隆顶。中国与西域、印度的交通，主要经过中亚及西域龟兹等地，这种穹隆顶窟在固原地区的大量出现，或许与龟兹国的佛教石窟形制有关，也有可能是融汇了柔然或高车等北方游牧民族文化的艺术风格。

（3）北周洞窟相当集中，而且艺术特点突出。被称为"长安模式"的须弥山北周石窟，有几个洞窟采用了仿木结构，这种特征在中原石窟中未曾出现过。第45、46 窟内部保存较完整，四壁和中心柱每面龛形均为华丽的垂帐形式，是研究北周石窟窟型特点、木构佛帐等最重要的实物。

（4）须弥山石窟佛像衣纹雕刻的技法方面，采用密集平行线阴刻，称之为"黄土高原"雕刻风格。固原与陇东、陕北同属于黄土高原，这一带的石刻造像，在衣纹雕刻的技法方面有一些新的表现，就是采用密集平行线阴刻技法，这种雕刻技法用刀力度大、直硬、刻线深，其效果是衣褶密集堆积而有厚度，这与黄土高原的土质特点密切相关。如固原市彭阳县出土的北魏石刻造像及陕西耀县药王山保存的石造像、陇东禅佛寺所存石塔残件上的雕像等，这些石窟的造像衣纹均采用了密集平行线阴刻的"黄土高原"风格技法。固原须弥山石窟北魏第24 窟内的造像衣纹大量运用了这一技法，而且极为流畅、成熟，是"黄土高原"雕刻风格的典型代表。[①]

（5）须弥山石窟中，有僧禅窟多、中心柱窟多和未完成窟多的突出现象。北魏、西周、北周时期，僧禅窟主要开凿在礼拜窟的周围，形成组合开凿的体制。尤其是中心柱式窟，在其他地区的石窟寺中，唐代的中心柱式窟已不多见，但须弥山第105 窟却是完整的中心柱式窟。未完成窟多，一种原因是大致与须弥山地域广阔、石质极易开凿有关，因此开凿时无须利用前代未完成的洞窟来改凿，

[①] 须弥山石窟文物管理所编：《须弥山石窟志》，阳光出版社2016 年版，第95 页。

一些未完成窟得以保存至今；另一种原因，有可能与特定石窟开凿时出现了重大的历史事件有关，如唐代有好多个洞窟未完工而中辍，是因为吐蕃兵至，只能放弃开凿。①

从须弥山石窟艺术的发展历程可以看出，固原佛教及石窟传统艺术的本土化不是外来佛理的简单积累和被动传承，而是在中华民族文化土壤上的再创造和再创新。在佛教世俗化和本土化过程中，佛教石窟艺术也必须适应中国百姓的审美价值观，因此，逐渐形成了适应性、世俗性与调和性的特点。② 总之，须弥山石窟是固原佛教艺术的精华，它既是固原佛教文化与石窟艺术的缩影，也是固原历史文化发展与地方石窟艺术的重要载体。

四 须弥山石窟艺术对龙门、云冈石窟的影响

固原境内的佛教石窟艺术集中显现了固原佛教文化发展的盛况，真实地反映了历史时期人们对美好生活无限向往的审美取向。北魏造像的秀骨清俊、睿智的微笑暗含着对恐怖现实的蔑视，对人生荣辱的淡忘和超脱世俗之后的潇洒与轻松。唐代造像开始由笼统的三佛或一佛二菩萨向职责具体分明的群体化发展，也就在这一时期世俗的日常生活图景纷纷跨入了佛坛圣地，标志着一个繁荣开放和民族融合时代的中兴。

正如研究者所指出的："早期石窟的造像雕刻具有明显的'黄土高原'风格，并将佛教传说故事中的'乘象入胎'和'逾城出家'等情节引入雕刻内容，以及早期的支提窟形等，都从一个侧面反映了须弥山石窟在佛教东传过程中的重要历史作用。"③ 宋永忠对宁夏固原须弥山石窟总体造像艺术审美特征及其形成原因进行了论述。重点分析了须弥山石窟的造像艺术审美特征与表现技法的内在与外在两方面的动态变迁。主要包括两个方面：一方面是由外来佛教教义、典籍等对佛

---

① 宁夏回族自治区文物管理委员会、中央美术学院美术史系编：《须弥山石窟》，文物出版社1988年版，第24页。
② 代学明主编：《须弥山石窟研究》，宁夏人民出版社2016年版，第208页。
③ 须弥山石窟文物管理所编：《须弥山石窟志》，阳光出版社2016年版，第7页。

教思想形而上的抽象；另一方面是须弥山石窟造像艺术历经千年富于时代特色的样式，从"秀骨清像""张家样"到"水月观音"等形而下的具象。两者共同形成了须弥山石窟审美特征与表现技法的变迁。[①]

须弥山石窟各个时代的石雕造像与国内其他地区的同期石窟相比有着鲜明的地域特点，既有当地雕凿艺术的反映，也有沿着"丝绸之路"传来的中外文明融合的复合型石窟艺术的体现。北魏时期，无论佛像还是菩萨都具有明显的"秀骨清像"特征和褒衣博带式袈裟的时代特征。这是鲜卑拓跋统治集团接受南朝文化影响而实行改制的反映，这种形象与云冈石窟、龙门石窟以及南部的天水麦积山石窟与东部北齐境内的响唐山石窟等，同一时期洞窟中造像常见的样式相似。采用阴线刻法的雕凿方式具有典型的"黄土高原"特色，这种技法在陕西、陇东等地的石窟雕刻方式中都有反映；北周时期，关陇地区是其政治、军事和文化中心，随着"丝绸之路"的畅通发达，统治阶级的大力支持和对佛教信仰的推崇，北周时期须弥山的开窟造像活动规模空前，艺术水平亦大幅提升，造像题材丰富，内容齐全，造像手法趋于写实，给人以珠圆玉润，厚重敦实之感，这也是南北文化交流的反映。北周时期，无论是佛、菩萨、中心柱和仿木结构构造形式，还是浮雕伎乐飞天、供养人、神王等类型，应是在巩县、响堂山、龙门、麦积山等石窟布局样式基础上的发展创新，形成了须弥山北周石窟的独特风貌，为隋唐以后新风格的形成奠定了基础；隋代的造像风格继承了北周遗风，但也有所创新，逐渐形成了一种丰满圆润、作风写实的新风格。如菩萨膝部微屈，身体略呈"S"形，近似初唐风格，具有动感；唐代洞窟的造像雕凿技巧达到了很高的水平，形成了独具特色的艺术风格，无论佛与菩萨，还是弟子、天王、力士等都雕造得丰满圆润，阳刚健硕，体现了"曹衣出水"的风格。在佛教艺术表现形式上，更趋于世俗化和本土化的特征，形成了中国特色的佛教石窟艺术。此时，须弥山石窟唐代造像艺术，既不如龙门石

[①] 宋永忠：《浅析须弥山石窟造像艺术审美特征与表现技法的变迁》，《前沿》2011年第24期。

窟那样华丽繁缛,也不如炳灵寺石窟那样精巧玲珑,造型更加趋于写实,贴近大众生活,与社会风尚相近,呈现出平实与和谐的美学风格。①

我国的石窟造像,有雕塑和开凿两种形式和类型。雕塑技法由泥塑彩绘过渡到造像开凿,有一个发展变化的过程,即由塑像到彩塑与雕凿共存,再到纯石刻雕凿,这种艺术表现形式是由西向东逐渐发展的。新疆拜城克孜尔石窟造像为泥塑,敦煌莫高窟为泥塑彩绘,炳灵寺造像大多为彩塑,或者石胎泥塑,天水麦积山石窟仍是以石胎彩绘为主。而山西云冈、河南龙门石窟造像均为石刻雕凿。须弥山石窟造像也是石雕开凿的,而且须弥山石窟正好处在泥塑与石刻的形成与过渡带上。也就是说,须弥山石窟开凿更早,佛教造像主要采用石刻手法雕造。这种石窟造像手法的更替和定型,是在须弥山完成的,它为云冈石窟、龙门石窟造像奠定了基础。②

须弥山石窟位于"丝绸之路"的交通要道上,其佛教文化与石窟造像、绘画等艺术的产生与发展,是依托固原区域历史文化的结果。固原文化开放多元,东西方异彩纷呈的多种文化因素汇聚于此,佛教文化、石窟艺术、丝路遗存、军事屏障等都成为固原与外界在佛教、军事、文化艺术等方面交流、融合与发展的见证,须弥山石窟丹霞地貌及本土文化又极具地域特色和民俗风情。须弥山石窟全面而完整地保留了反映中国佛教文化与思想发展变化的实物资料,突出展现了佛教在华传播、发展和中外文化交流的实况,又真实地记录了中国内地建筑与西域、印度建筑文化的融合,对全面理解和掌握佛教艺术中国化的历史进程具有重要的意义和价值。③

佛教石窟自印度经西域传入固原之后,与传统的"石室"建筑形式结合起来,不断创新发展,成为固原佛教文化的重要载体之一,也是僧众礼拜、修行、供养和举行大规模寺院庙会等宗教活动的重要场

---

① 代学明:《须弥山石窟艺术价值之比较分析》,《中国民族博览》2018年第22期。
② 薛正昌:《宁夏固原风物志》,云南人民出版社2002年版,第42—51页。
③ 代学明:《固原须弥山景区的文化特色》,《宁夏师范学院学报》2013年第4期。

所。特别是明清以来，须弥山石窟的世俗化和平民化进一步发展，最终须弥山石窟的宗教性越来越淡化，定期或不定期的以大型的秦腔艺术表演等为主要内容的各种形式开展的为期三天至七天的庙会，深受固原及周边地区百姓们的喜爱，在通信落后及大众娱乐活动较单调的历史时期，佛教寺院成为固原及周边普通百姓参加庙会、娱乐聚集、旅游休闲的好去处。从这个意义上讲，元明以来，须弥山石窟的影响和意义超越了宗教本身，而是与固原人民的日常生活的联系越来越紧密，成为固原百姓宗教信仰、文化传播、世俗生活和文化娱乐等不可或缺的组成部分。

固原地处多民族聚居的边塞，位于农牧交界地带，历来是兵家征战之地。但是战争并没有割裂固原人民对佛教的崇奉和支持。虽然多次经历战乱烽烟的洗礼，佛教的发展固然受到一定影响，但却顽强地传承和发展下来，反映了历史时期固原地区的百姓，其佛教信仰的虔诚和坚韧的精神。同时，我们必须认识到在固原地区的佛教和石窟艺术发展历程中，有很多异域民族和外来族群作出了重要贡献。汉唐以来羌、氐、匈奴、鲜卑、突厥、吐蕃、党项、蒙古等民族先后活跃于此，形成汉族与各民族交错杂居共处的局面，他们对固原佛教与石窟艺术的发展贡献了民族智慧和文化力量。明清以来须弥山石窟碑刻、题记中出现的蕃僧姓名，证明少数民族僧侣曾在须弥山石窟寺中活动。其中，藏族蕃僧在须弥山石窟的频繁活动，为须弥山石窟的佛教文化增添了雪域高原的神秘气息。固原佛教的历史与文化、艺术与成就中，对各个定居或临时寄寓固原地区的少数民族的历史贡献，必须给予充分的肯定。正是由于各族人民的共同努力与创造，才有了辉煌灿烂的须弥山石窟及其石窟艺术，须弥山石窟艺术是固原境内佛教石窟艺术宝库中的璀璨明珠。某种意义上，跌宕起伏的固原佛教历史与石窟艺术文化也是各民族之间碰撞、交流与融合的历史缩影。

第六章 固原地区的其他佛像遗存

固原地区在历史上具有浓厚的佛教文化氛围，留下了丰富的佛教文化遗产，它们是我们今天认识和研究固原地区佛教文化及石窟艺术的重要历史资料。由于文化艺术之间的相互依存关系，通过对固原周边"丝绸之路"沿线佛教文化遗存的梳理，有助于我们更加深入了解固原地区的佛教文化和石窟寺的艺术风格等重要问题。

第一节 固原境内佛像遗存丰富

固原地区古代史上（特别是中古时期），开窟建塔及雕刻佛像、建佛立寺活动频繁。佛教高僧们传经讲法、广大信众崇佛拜佛，形成了相对发达的佛教文化，并留下了丰富的佛教石窟寺遗址及相关文化遗存，也给我们留下了丰富的佛教历史文化遗产。古代史上，盛大的僧俗庙会非常流行，形成了自上而下浓厚的崇佛氛围，除佛教石窟寺之外，还有其他多种形式的佛教建筑、雕塑、壁画、各类造像等石窟艺术遗存，这都为我们留下了重要的研究资料。

固原地区大大小小的佛教石窟，保存状况并不理想，但依然能反映出固原地区佛像质地多样，形象各异的历史风貌。相对来讲，现存佛教石窟中的造像等损毁严重，历史序列相对清晰，个别石窟年代断裂明显。

一 佛教寺院建筑——"佛塔"

"塔"，形象挺拔，有明确的轮廓，建于公元前2世纪的印度菩提

第六章 固原地区的其他佛像遗存

迦耶的金刚宝座式佛祖塔中的主塔高达55米,这种塔制后来传到了新疆和内地,其形式也随着各地文化艺术的逐次改造与创新,而在不同的区域中发生了不同的变化。在尼泊尔,大约建于孔雀王朝时期的萨拉多拉窣堵坡,其外形为在半球顶上建立一个很高的塔,下有基座,上有华盖。而传到东亚后,其窣堵坡(或即曰塔)分三层,即基座、塔身和圆锥顶,而且它们之间主次分明、起讫完整,构成了一个稳定的整体。

固原地区佛塔的出现是古代劳动人民以中国传统的建筑形式为基础,巧妙地融合了外来佛教建筑艺术的内容,并大胆合理地改革,创造出了建筑史上一项杰出的艺术成就。如,坐落在固原彭阳县城北约百余里的冯庄、小岔两乡交界处的"璎珞宝塔",通高20余米,为7层楼阁式砖塔。整座塔体为仿木结构,显得简洁朴实而又小巧玲珑,塔体呈八角形,每边长0.6米,采用厚壁空心式木板楼层结构,原有木梯可以攀登。在璎珞宝塔第二层的背壁上,嵌有一高0.47米,长0.9米的长方形石匾,上刻"璎珞宝塔"四个大字,上首抬头刻有"发心功德主张侃高氏",下边落款是"嘉靖三十年三月初一日立",明代嘉靖三十年为公元1551年,距今已有470年的历史。[1] 璎珞宝塔是固原地区现存的唯一一座有明确纪年的明代古塔,有较高的历史、科学和艺术价值,它为研究明代儒、释、道三者在固原地区的融合渗透及其发展演变,提供了珍贵的实物资料。璎珞宝塔属区级重点文物保护单位。[2]

二 造像碑与佛雕造像

东汉以后记事碑碣迅速发展起来,石刻造像与传统的碑碣形式结合,产生了造像碑艺术。中国造像碑的特点在于大多数既造像又刊铭,将次大陆的印度佛教艺术,与刊石记功垂名千古的中国儒家思想

---

[1] 冯国富:《原州佛教文化》,《固原历史文物》,科学出版社2004年版,第132—136页。
[2] 杨宁国:《彭阳的文物与古迹》,《宁夏史志研究》2001年第2期。

融为一体。往往刊刻较长篇幅的造像题记和为数众多的邑子题名，在相对较小的个体上镌刻种种佛传及故事形象，形成深为中国民众喜爱的佛教艺术形式。[1] 近年来在固原原州区城关、南郊乡、中河乡，彭阳县的新集乡、红河乡，西吉县的将台乡以及海原县、隆德县等境多处发现和出土石、铜、玉质佛造像碑和佛造像。[2] 数量较多，且形制多样，内容丰富。

1. 北魏时期的造像碑

近年来，考古出土的北魏造像碑数量较多，且大都制作精美。这种别具特色的、以佛教造像为主的碑刻形式，是我国所独有的。碑上一般刻有发愿文字及佛像，佛像组合形式多样，有一尊乃至三尊、八尊不等。较典型的造像碑碑首有浮雕盘龙、碑阴刻有佛教故事的，也有刻多种形态的供养人像的。构图科学，绘画精美，艺术价值极高。魏晋南北朝时期，用雕刻造像碑来取代汉代的画像石，从构图上看往往保留有汉代画像石的遗风，如分层雕刻等特征明显。彭阳县新集、红河出土的石、铜造像碑均属于北魏时期。

1985年西吉县将台乡王家湾村出土一批鎏金铜造像，其中佛像18尊，力士1尊，背光均有镂空。[3] 其中一件，学界称为"建明二年造像碑"。此造像碑高0.48米，宽0.2米，厚0.55米，从下到上稍有收分，顶部为弧形，系紫红色的石英岩雕成。碑的正面雕刻分为上下两层，上层雕一拱形龛，龛内雕刻释迦、多宝并坐说法像。背面雕刻并坐听法四弟子半身像。下层雕一长方形龛，中间为大势至菩萨立像，莲瓣形背光。菩萨两侧分三层雕刻，由下至上，第一层分别为两供养弟子，其上两层分别雕刻二弟子。造像碑的左侧面阴刻有"使持节假镇西将军镇军将军西征都督泾州大中安戎县开国子金神庆敬造石像二区，建明二年二月十七日"题记，该题记标明了造像碑主人的身份、地位及造像的具体时间，建明二年造像碑的供养人为军队的首领

---

[1] 杨宁国：《彭阳的文物与古迹》，《宁夏史志研究》2001年第2期。
[2] 冯国富：《固原出土的佛雕造像》，《固原师专学报》1992年第1期。
[3] 马平恩：《固原史话》，社会科学文献出版社2009年版，第71页。

之一。它也证明了固原地区北魏时期的地方军队的领导阶层也是信仰佛教的。① 该碑采用浅浮雕技法整体雕刻制成，人物面相方圆，造像逼真，立体感强，比例适度，衣纹深刻，线条流畅，技法娴熟，内容丰富，背光呈莲瓣状。北魏"建明二年造像碑"与人物造型具有强烈的时代特点，特别是其保留了准确的造像日期，极为难得，它为同时代佛教造像碑的断代提供了依据，说明固原佛教当时已很兴盛。②

1981年彭阳县新集乡出土佛像8件。其中，石造像7件，铜造像1件。铜造像碑，通高0.14米，宽0.07米。正背两面均铸有造像。正面为释迦禅定像，结跏趺坐于佛床上，下部为两小菩萨。后有身光三层，第一层为圆莲瓣纹，中层为9尊带有身光的小坐佛，外层饰火焰纹。背面分两层，上层为一庑殿顶式佛龛，龛内上部为一佛二菩萨二弟子。龛内下部为一庑殿式建筑，庑殿内有一排8尊带有头光的小坐佛。下层正中铸一尖拱形龛，龛内为释迦、多宝佛对坐说法像，佛龛外下部两侧分上下两层，上层刻两飞天，下层为有背光的两位菩萨像。此造像碑为固原出土造像中时代较早的造像形式，风格接近云冈二期（465—495），据其风格特征推断，可能为北魏早期作品。整个碑面内容安排紧凑，疏密得当，层次分明。佛、菩萨、弟子等形象的变化组合完美，表明艺术家们已经熟练地掌握并形成了此类造像所特有的雕铸手法，又创造出新的、精美的造像雕刻技巧。1985年彭阳县在距红河乡政府500米处的红河岸边出土一批北魏时期石造像，共9尊，高为0.18—0.3米不等。③ 造像整体布局合理，结构严谨，浑然一体，体现了当时我国雕塑艺术的发展水平，也印证了北魏时期固原佛教雕刻与造像的发达。

2. 隋唐时期的固原佛雕造像

隋唐时期佛像雕塑艺术在前代长期积累的基础上，进一步吸收西

---

① 固原县文物站：《固原县新集公社出土一批北魏佛教造像》，《考古与文物》1984年第6期。
② 王延丹：《梵音流韵——固原地区馆藏北魏石佛造像艺术赏析》，《文物天地》2017年第9期。
③ 杨明：《宁夏彭阳红河乡出土一批石造像》，《文物》1993年第12期。

域技术,并融合南北造像艺术,开拓创新,这一时期固原地区的佛雕造像艺术比前代更加灿烂辉煌,隋朝因朝代短促,造像不多,但可以看出其向成熟期过渡的趋势,佛、菩萨已走出碑面,成为可以从四面观看的圆雕,不再是背部贴在石碑或墙壁上了。西吉县将台乡、原州区南郊乡等地出土的佛雕造像均属这一时期的作品。尤其是中唐时期,佛教雕塑已臻于极盛,风格上又有了新的发展。

1985年还在固原县(现原州区)南郊乡和泉村发现一批鎏金铜造像,共7尊,分别为佛、菩萨、罗汉像(1尊)。① 罗汉是小乘佛教修行的最高果位,是佛的侍从或是承宣佛法者,罗汉像较少固定造像程式的约束,具有工匠发挥艺术性和灵活性的空间,一般是仿照现实僧人的特点塑造,头无肉髻,身披袈裟或大领僧衣,千人千面,性格各异,从而增强了罗汉艺术形象的生动性及灵活性。固原南郊乡出土的罗汉像,均为天真淳朴的年轻和尚形象,其制作技法简单粗俗,大刀阔斧,具有一种浑朴豪放之美。这批造像在造型、题材、铸造工艺等方面都与西吉将台乡出土的铜造像有相似之处。据佛像的特征分析,这批鎏金佛造像应为唐中期铸造,此一时期的佛教艺术,在前代艺术发展的基础上又有独创。如佛像的背光边缘多铸有化佛和火焰纹,舟形的背光不是北魏时期背光所饰的火焰纹密集呈羽毛状,而是在背光图中用刀雕刻成闪光状的纹饰作为火焰纹,造像人体多匀称修长、端庄高贵。值得一提的是,菩萨造像的腿都特别长,身体弯曲,不是北朝那种较短,体态硬直的感觉,而是很注意人体比例,身体健美、肌肉丰腴,面相饱满,体态弯曲自然。佛座也不像北朝多为床式,而是在足座上面又加仰、覆莲的须弥式及带梗的枝莲台佛座,虽然保持了早期四足方金的传统,却采用了盛唐造像束腰圆座的新做法。服饰无通肩式,多是袒露上身,下着大裙,饰项圈、腕穿钏环。帔帛自双肩绕臂垂于体侧,还有斜挂璎珞,未见到北朝流行的帔帛多交于腹前的现象。大裙中间开叉,两角尖长,衣纹稀疏贴体,具有

---

① 杨明、耿志强:《固原县南郊乡和泉村出土一批唐代鎏金造像》,载许成编《宁夏考古文集》,宁夏人民出版社1994年版,第163页。

"曹衣出水"的艺术效果。发式主要有三瓣莲宝冠,造像总的趋势是向简单变化。菩萨造像的姿态比较简单,多为一手执拂尘,一手提净瓶。①

总之,无论佛雕石造像,还是出土的铜、金佛雕造像、玉佛雕等,在艺术雕像的造型及表现题材上和须弥山石窟北魏造像、唐代造像内容大致相同。除上述出土的几批佛雕造像外,流散于民间的还比较多。这些体量较小,数量较多的佛雕造像应广泛在民间百姓或贵族家中供奉,有较大的艺术价值,其中佛教尊神形象千姿百态,佛手印形态多样,且变化丰富。所有这些和分布在固原境内的无量山石窟、石窟湾石窟、石窑寺石窟、石寺山石窟、禅佛寺石窟、须弥山石窟等大小石窟,以及出土的佛雕造像一样,都是固原地区佛教艺术的宝贵的实物资料。"这些精美的佛雕造像无论是宁静的佛,丰腴健美的菩萨,还是仪态威严的天王、力士、金刚等,都是经过固原文化本土化了的独具艺术魅力的佛教雕像"。②

3. 固原出土元代铜造像

1992年宁夏固原县南郊乡出土元代鎏金铜坐佛。其螺形高发髻,面部丰腴饱满,眼、唇微闭,眉间有白毫,两耳垂肩。身着圆领褒衣博带通肩袈裟,袈裟边饰有缠枝花卉纹,胸部袒露并饰有"卍"字,腹结带,双手相叠,结跏趺坐施禅定印。该铜坐佛整体造型比例适中,制作精细,服饰华丽,线条流畅,反映了元代高超的佛像铸造水平,系铜佛造像中的精品。

随着佛教在我国的传播,佛像胸部"卍"(左旋)字也逐渐传入我国,此字意为"吉祥海云相",即呈现在大海云天之间的吉祥象征。它被刻画在如来佛祖的胸部,被信徒认为是瑞相,能涌出宝光,"其光昱昱,有千百色"。在魏晋南北朝时期即已流行,唐代高僧玄奘将"卍"字译为"德"字,意为功德无量。武则天曾宣称自己是

---

① 杨明、耿志强:《固原县南郊乡和泉村出土一批唐代鎏金造像》,载许成编《宁夏考古文集》,宁夏人民出版社1994年版,第165页。
② 冯国富:《固原出土的佛雕造像》,《固原师专学报》1992年第1期。

弥勒佛降生，谓吉祥万德之所集也，盖取万德圆满之义。固原出土的这件"卍"字纹铜坐佛，即是这种瑞相在当地流行的证据。

另一件为元代文殊菩萨铜造像，是 1980 年在固原县开城乡发现的。造像头戴花冠，宝缯下垂至肩部，耳饰法轮形坠，高鼻，面部方圆，衣帔帛，褒衣博带，衣服边缘饰花卉纹，胸佩璎珞，腹结带，左手持经卷，右手上举，结跏趺坐于莲花台上，作说法相。[1]

佛教及石窟艺术在固原地区传播广泛，是基于古代固原重要的政治、军事、经济、文化地位而展开的。大批石窟、佛塔、佛造像的发现，尤其是精美的金、铜、玉等材质的佛雕造像的出土，表明了历史时期固原百姓的佛教信仰、审美情趣和宗教观念，他们把最完美的形态和最真挚的情感融入这些佛教造像之中，形成了工艺精美、造型独特的佛教艺术品，也是独具魅力的本土化佛教雕像。它们既是古代固原地区各族人民智慧和血汗的结晶，更是点缀在"丝绸之路"沿线的璀璨明珠。[2]

三 密宗及藏传佛教在固原地区的传播

1. 密宗在固原地区的传播概览

"大乘佛教兴起，密宗也伴随而流行。"[3] 密宗大约在唐玄宗末年传入宁夏境内。密宗大师不空（北天竺人）应河陇节度使哥舒翰之请于天宝十三年（754）到今甘肃武威，住开元寺，大传密法。他和弟子含光为节度使以下数千人登坛灌顶并授金刚界大曼荼罗。约于此时，新罗僧无漏在宁夏境内的贺兰山白草谷诵念施饿鬼法"五智如来"（即宝胜如来、妙色身如来、甘露王如来、广博身如来和离怖畏如来）。这是迄今所知最早的关于密宗在宁夏境内传播的史实。至德元年七月（756），唐肃宗即位于宁夏灵武，为求佛佑，诏沙门百人入行宫朝夕讽呗，又召无漏入行宫，无漏向密宗大师不空求秘密法，

---

[1] 黄丽荣：《固原出土丝路文物线图艺术》，宁夏人民出版社 2017 年版，第 148 页。
[2] 冯国富：《原州佛教文化》，《固原历史文物》，科学出版社 2004 年版，第 132—136 页。
[3] 石世梁：《佛教密宗释论一》，《西藏研究》1988 年第 3 期。

还命在灵武等五郡重建景教寺院。肃宗即位于危难之际，且得位有所不正，其内心恐慌与焦虑，希望能借佛法及夏教诉宗教神灵给予安慰和庇护，因而其在宁夏境内礼遇高僧及弘法的一系列活动，有在"安史之乱"中安抚人心，尽快收复二京，还驾长安，恢复大唐基业的现实政治需要。但在客观上对固原佛教有重要的推动和鼓励之效果。此后，灵武战乱频仍，佛法无记录可寻。唐武宗时，儒生陈留人史氏游贺兰山，访古于白草谷，乃归心释教，结茅为舍，法名增忍（813—871）。乃得道高僧，一度影响极大。"羌胡之族，竞相供奉。会昌五年（845），节度使李彦佐慕其名节，迎入灵武龙兴寺白草院，增忍刺血写诸佛经，总计283卷。"① 增忍为密教高僧，大中七年（853）著《三教毁伤论》。大中九年（855），研读《大悲经》，究寻"千手观音"四十二臂义。又著《大悲论》六卷。其弟子无辙，卒于天复（901—904）中。无辙有弟子无迹（？—925），唐懿宗于凤翔法门寺迎真身舍利时（873）充任赞导。"光启年中（885—888）于白草谷传授《佛顶炽盛光降诸星宿吉祥道场法》。又至灵武，结坛以消分野之灾。太尉韩公创修广福寺于灵武（893），请无迹为住持。无迹持律严格，塞垣间求戒者必请之，番汉僧俗皆赞叹也。"② 道舟（864—941）出家于灵武龙兴寺孔雀王院，又率众兴造永兴寺，功成不宰，入贺兰山白草谷修行。"刺血画大悲千手千眼观音立像。为求止息中原干戈，断左肱焚之（882），供养大悲像。又曾截左耳为民祈雨，断食七日而祈雪，皆如其愿。"③ 刺血写经这种极端的崇佛之举，作为一种苦行曾盛行于唐代，这与唐代自玄宗以后密教的快速发展是分不开的。④ 密宗在唐代虽盛极一时，但自"会昌灭佛"（845）以后即呈衰颓。唐末迄宋，虽然陆续译出了一些密宗经典，个别地方还有密宗传法、修法活动，但影响甚微。而在西北的固原境内，密宗则取得

---

① （宋）赞宁：《宋高僧传》，中华书局1987年版，第668页。
② （宋）赞宁：《宋高僧传》，中华书局1987年版，第752页。
③ （宋）赞宁：《宋高僧传》，中华书局1987年版，第596—597页。
④ 钱光胜：《〈灵州龙兴寺白草院史和尚因缘记〉与唐五代的刺血写经》，《敦煌研究》2017年第6期。

了较大发展。① 至今，固原博物馆仍收藏有较多精美的密宗风格佛教铜造像及其他密宗文物，它们有力地证明了固原曾是密宗的重要传播区域。

2. 藏传佛教在固原地区的传播

藏传佛教之传入宁夏，约在西夏仁宗时期。天盛十一年（1159）左右，西夏主迎请西藏噶玛噶举派僧人都松钦巴（1110—1193）的弟子格西藏索唯，并奉为"上师"（喇嘛）。稍后，祥仁波切的弟子藏巴东沽哇等7人北上，先至蒙古，后至西夏，讲授三宝秘咒。另一位上师查巴僧格也曾往西夏修行，作过夏主的上师。噶玛噶举派黑帽系创始人是噶玛拔希（1204—1283）。他在四川西北某地会见忽必烈（1253）后，曾北上到灵州（灵武）和甘州（张掖）等地传播密教，时间当在1253—1256年。萨迦派胆巴金刚国师（1229—1303）在1282年西归时，从云中至西夏和临洮传教。上述密宗法师的传法活动，对固原周边地区藏传佛教的传播，也有一定的促进作用。

从西夏后期起，藏传佛教已渐兴盛，西藏僧人地位很高。西夏晚期的藏传佛教文物很多，著名的宁夏青铜峡108塔，即是为镇压黄河水灾所作的法事。《元史·释老传》云："尝造浮屠二百一十有六，实以七宝珠玉，半置海畔，半置水中，以镇海灾。"② 由此可知，青铜峡有108塔，黄河水中也投入过108塔。元代仍以藏传佛教为重。《元史》载，延祐七年六月（1320），"修宁夏钦察鲁佛事"。钦察鲁（藏语），或曰吃剌察，意为秘密坐静法事。泰定四年五月（1327），"修佛事于贺兰山及诸行宫"。如前所述，唐代贺兰山佛教已很发达。西夏时，贺兰山中有五台山寺，或曰"北五台山"。天历二年十一月（1329），"西夏僧总统封国公冲卜卒，其弟监藏班藏卜袭职，仍以玺书印章与之"。③ 元朝在西夏旧地设有西夏释教总统所，用领教务，其主管僧官称"总统"。另外，黑帽系三世活佛攘迥多吉（1284—

---

① 石世梁：《佛教密宗释论一》，《西藏研究》1988年第3期。
② （明）宋濂撰：《元史》卷136《释老传》，岳麓书社1998年版，第937页。
③ （明）宋濂撰：《元史》卷33《文宗本纪二》，中华书局1976年版，第744页。

1339）在 1331 年由大都（北京）返藏时，曾朝拜五台山并在西夏传法。元世祖第三子忙哥剌（？—1278）封"安西王"，置王府于西安和开城（今固原南），冬夏分驻。嗣位的安西王有阿难答（？—1307）、月鲁帖木耳（？—1332），崇奉藏传佛教。

元代，由于成吉思汗、忽必烈、安西王忙哥剌等人与固原地区的特殊关系，在他们的鼓励和支持下，藏传佛教在固原局部地区有流传，并对须弥山石窟佛教艺术产生过直接影响。成吉思汗攻灭西夏持续了 20 余年。其间，为成吉思汗了解藏传佛教提供了时空之便利。他不但看到了藏传佛教僧侣在西夏的作为，而且知道了藏传佛教僧侣通过西夏渗透到了蒙古，尤其是蒙古王室开始接受藏传佛教，成吉思汗对藏传佛教有了一些基本认知并心生敬仰之情。这种宗教文化背景，对元代统治者重视和经营固原佛教是有一定影响的。

1247 年，藏传佛教萨迦派的首领萨迦班智达（1182—1251），在凉州与阔端会见并达成相关协议，为此后忽必烈与萨迦班智达在六盘山的会面奠定了基础。1253 年夏天，忽必烈驻军六盘山时，邀请八思巴于六盘山行宫相会。忽必烈与八思巴在六盘山的初次会面，对藏传佛教在固原的传播起到了重要的推动作用。① 1254 年，忽必烈由大理北返回六盘山时，与八思巴可能还有过接触。

忽必烈邀请八思巴六盘山相会，解决了元朝军队进军云南大理的军事问题。同时，忽必烈接受了藏传佛教文化，也接受了萨迦派的喜金刚灌顶，王妃察必同样接受了这种宗教形式。忽必烈的这些重大宗教活动，是在驻跸六盘山时期完成的。忽必烈在与八思巴的接触过程中，折服于八思巴出类拔萃的才华，并由此更加促进了忽必烈对藏传佛教的推崇，1260 年忽必烈即位后重用八思巴，尊奉他为国师。元代统治阶层"崇尚释氏"，以及帝师制度的推行，使藏传佛教上升到国家层面。忽必烈与八思巴在六盘山的会面，尤其是忽必烈与王妃察必接受八思巴"灌顶"的宗教仪式，是在元朝征战西夏的特殊背景下的宗教活动。这种宗教活动的意义是国家层面上的，它对六盘山地

---

① 陈得芝：《八思巴初会忽必烈年代考》，《中国史研究》2004 年第 1 期。

区的藏传佛教的传播和发展，影响十分深远。[①]

明初，宗喀巴（1357—1419）创立格鲁派（俗称黄教），发展迅速。他的弟子释迦益西（绛钦却杰，1352—1435）两次奉召入京。明成祖封他为"西天佛子"（1414），明宣宗又晋封他为"大慈法王"（1434）。现存临洮的《西天佛子碑》（1477）即为纪念他而立。他开始把黄教传入蒙古及汉地。明朝还封萨迦派为"大乘法王"，封噶举派黑帽系为"大宝法王"。明朝推崇黄教的用意不外乎"化愚俗、弭边患"而已。万历六年（1578）以后，黄教渐次确立起四大活佛转世系统（达赖活佛系统、班禅活佛系统、哲布尊丹巴活佛系统和章嘉活佛系统），日益兴盛。[②]但其后，日趋衰落。从现存固原地区的佛教寺院的宗派属性来看，完全是以禅宗和净土宗等汉传佛教为主体的分布格局。

第二节　固原境内现存的石窟寺概览

固原境内现存的石窟寺，除须弥山石窟外，还有位于西吉县火石寨乡的扫竹岭石窟（北朝—明代）、石寺山石窟（隋—唐代）、禅佛寺石窟（唐代）、白庄石窟（唐—明）、险石崖石窟（唐—清）、偏城乡的石窟寺石窟（唐—清）；海原县西安乡的天都山石窟（宋—西夏）、兴仁乡的青龙寺石窟；隆德凤岭乡的八盘山石造像（唐）、何家山的心窑寺石窟（宋代）；泾源县新民乡的石窟湾石窟（宋代）；原州区炭山乡的阳注寺石窟（北魏—明），张易乡的南、北石窟（北魏—明），程儿山石窟等。以上14座石窟寺分别开凿于北魏、隋、唐、宋、金、西夏等时期，千百年来，因年久失修，加之自然侵蚀以及人为因素的破坏，现存造像已寥寥无几，但这些残存的石窟遗迹和遗存从不同侧面反映了当时佛教在固原地区传播的盛况及其艺术成

---

① 薛正昌：《须弥山石窟与藏传佛教造像》，《甘肃社会科学》2013年第1期。
② 温玉成：《中国石窟与文化艺术》，上海人民出版社1993年版，第191页。

第六章　固原地区的其他佛像遗存

就。① 它们是先民们留给固原地区的珍贵历史文化遗产，为研究固原地区的佛教及石窟艺术提供了第一手资料。

一　火石寨石窟

火石寨位于宁夏南部地区固原的西吉县境内，由于它的山峦呈现深沉的暗红色，尤其是在绿树的掩映下，如同一团团燃烧的火焰，因而取名火石寨。在火石寨方圆百里之内，分布着许多大大小小的兀立山峰，其中著名的有扫竹岭、石寺山、照壁山等。火石寨不但有令人心弛神迷的自然景观，还有十多处石窟建筑，和须弥山石窟一脉相承。② 这里是西北黄土高原上特有的丹霞地貌，这种"赤壁丹崖"式的地貌有适宜于开窟雕造佛像的自然条件。火石寨开窟造像活动始于北魏，兴盛于隋唐时期，以后逐渐衰落。火石寨曾"凿仙窟以居禅"，这一带有石窟群10余处，120多个洞窟。火石寨石窟多为隋唐时期开凿，大致分布于3处：扫竹岭石窟、石寺山石窟和禅佛寺石窟。

扫竹岭石窟（云台山石窟），位于西吉县城北15公里的峰群之中。这里属六盘山余脉，因山上生长有毛竹而得名。扫竹岭石窟香火兴盛，又被称为"云台山""西武当"。这里山色青翠，树木葱茏，流水潺潺，拔地而起的山石，突兀奇秀。主峰高百余米，山形险峻，如刀削斧辟，鬼斧神工。特有的红色山石和昔日的佛教圣地，吸引着国内外大量游客的前来观光游览。

云台山石窟20处，分布在东西长约350米的石壁上，窟形分长方形平顶式和穹隆顶两种。最大的石窟高3.7米，宽5.3米，进深7.2米，石窟内造像多数已毁，残存石雕须弥座、佛龛、壁画等60余处，较完整的石雕像有4尊。

石雕佛像现存（大佛殿）第18号窟，是北魏太武帝拓跋焘在位

---

① 冯国富：《原州佛教文化》，《固原历史文物》，科学出版社2004年版，第132—136页。
② 吴俊兰、苏正喜：《西吉火石寨云台山石窟寺历史沿革再考辨》，《文物鉴定与鉴赏》2017年第8期。

时（424—452）所造，佛像高4.8米，腹围4.4米，立佛。还有3尊铜佛，现收藏于西吉钱币博物馆，其一是宋代释迦牟尼鎏金铜造像，通高0.46米，坐高0.15米，佛高0.255米，重8.68千克；其二是宋代观音菩萨铜造像，通高0.29米，佛床高0.053米，佛高0.233米，重1.86千克；其三是明代铜造弥勒佛像，通高0.478米，坐高0.13米，坐宽0.36米，重18.4千克，背铸阳文"大明万历三十二年三月十六日铸造，清凉寺"。左腿背侧刻阴文"钟进库，妻许氏男，钟尚礼"等，莲座周部铸26人姓名。[1]

最新的考古调查和出土文物显示，云台山石窟群最早为道教建筑，后来道教、佛教交替发展。早在西周时期，云台山和周边地区的社会及文化有较大发展，包括农业、畜牧、建筑、天文、地理等。如西吉兴隆县南桥头1999年7月曾出土一件西周提梁卣和一件筒形长鼓腹贯耳式圆壶。1981年4月和火石寨毗邻的固原中河乡孙家庄发现西周成王或康王时期的墓葬，出土文物有鼎、簋、戈、戟、车轴饰、车害、车辖、蚌壳、贝等。陕西宝鸡出土的尊，铭文记载了西周成王"相宅"的重大事件。据《史记》记载，西周王朝建都于镐（今西安市西），其统治中心在陕西关中地区，故其统治以北地区，包括今宁夏全境，周王又通过分封诸侯，让诸侯们在边疆开发拓展，西吉县境同属周王朝统辖范围。火石寨云台山石窟也是本土道教的重要传播区域。推测云台山唐初仍是道教活动场所，但佛教石窟寺的存在，表明佛教也在此处流传。特别是唐代宗教政策开放多元，在固原地区，佛、道两教并处一山者比比皆是。

考古资料证实，佛教在今固原西吉境内的历史非常悠久，自北朝以来至唐代都有佛事活动。1997年9月，兴坪乡八抬轿出土的100多尊北魏鎏金佛像；1985年将台王家湾出土60尊唐代鎏金佛像，都证实了云台山石窟附近地区的佛教曾经十分兴盛。

历史上西吉火石寨地区是早期道教流播之地。固原地区的佛教理

---

[1] 吴俊兰、苏正喜：《西吉火石寨云台山石窟寺历史沿革再考辨》，《文物鉴定与鉴赏》2017年第8期。

第六章　固原地区的其他佛像遗存

论水平不高，甚至于信众们道、佛不分，人云亦云，盲目跟随潮流的现象比较普遍。同时，也反映出固原地区百姓们对各种宗教信仰的包容态度，因此，云台山石窟会出现道、佛并存的现象。事实上，不止云台山石窟，今固原市区还有一处香火十分旺盛的名山——东岳山，山上就有儒、释、道三家的神像，三教神灵和谐共处，既供奉儒家的孔子、道教的财神，也崇拜佛教观世音菩萨等，诸路神圣仙佛相安无事，共处一山之中，是非常有趣的文化现象。在我国西北地区这样的情况是比较普遍的，这与隋唐以来佛、道二教极速发展，至宋代理学兴起，儒、释、道三家逐渐合流有直接关系，也与固原地区的百姓们深受积极入世的儒家思想影响有关。虽然固原人民对各路仙、道、佛、菩萨等都不盲目排斥，也较少极端崇拜，而是用拿来主义的态度，随时转化，游走在不同宗教当中，根据现实需要选择不同宗教神灵，更多时候是临时抱佛脚的需要。固原文化的主流当中，还是以勤劳耕作、读书持家等积极入世的儒家价值观为其核心价值追求。

石寺山石窟，在西吉县城北 25 公里处，火石寨西南方向，四周石林叠嶂，石寺山因石峰上凿有石窟造像而得名。其四壁临空，高处达百余米，如同天柱，只有石级可攀。石窟开凿于隋唐时期，现存有大小石窟 8 孔，窟内造像已毁，残存的佛龛、壁画尚可辨析。顶峰向南有一大佛殿，殿内尚有残存的壁画。

禅佛寺石窟，位于西吉县城北 30 公里处火石寨禅窑村，当地俗传全名"须弥山禅佛寺"。西距须弥山约 20 公里，山形如长矛刺天，直插云霄，四面悬空，异常险峻。石窟开凿在一座宝塔一样的石峰上，造型奇特，犹如长矛升空，高达 120 余米。石峰东南现存石窟 10 窟，经历历史风云激荡和破坏极为严重，至今已全无佛像踪迹，残存的仍是壁画、须弥座等。

火石寨石窟的丹霞地貌非常有特色，吸引了大量区内、区外游客，是一处独特的自然风景名胜。此外，最重要的还是其珍贵而丰富的佛教石窟艺术遗存，承载了以上 3 处石窟群造像的开凿与雕造。无论扫竹岭石窟、石寺山，还是禅佛寺，从其名称来看，都有浓郁的佛教文化的印迹。① 也证明了西吉县历史上佛教影响较大，大量开窟造像暗示了当地信众供奉之虔敬。

二 石窟湾石窟

石窟湾石窟，又称延龄寺，位于泾源县城东南25公里处的新明乡张台。这里背山面河，石窟开凿在河北岸的崖面上，自西向东，开凿有4个洞窟。据《华亭县志》载：石窟湾石窟开凿于北宋，民间传说名僧济公曾修行于此。据考证，济公曾化缘北行，经过今固原市泾源县泾水老龙潭，于张家台延龄寺修行。当地民间传说，济公来到石窟湾后，重塑寺内的佛像。做完佛事后，在老龙潭沐浴净身。济公在张家台延龄寺石窟修行多年，直到晚年才离去。嘉定二年（1209）南归天竺山净慈寺圆寂。临终前作偈一帖："六十年来狼藉，东壁打到西壁。如今收拾归来，依旧水连天碧。"

济公，历史上确有其人，生于南宋绍兴十八年（1148），卒于嘉定二年（1209）。他的高祖李遵勖是宋太宗的驸马、镇国军节度使。李家世代信佛，他的父亲李茂春和母亲王氏住在天台北门外永宁村。李茂春年近四旬，膝下无嗣，虔诚拜佛终得此子。济公出生后，国清寺住持为他取俗名修缘，从此与佛门结缘。

济公生活落魄，破帽破扇破鞋垢衲衣，貌似疯癫，不受戒律，饮酒食肉，被称之为"济癫僧"。实际上却是一位学问渊博，行善积德的得道高僧。

济公懂中医医术，慈悲良善，为百姓治愈了不少疑难杂症。他曾经带着自己撰写的《化缘疏》，外出募化，修复被火烧毁的寺院。他经常游方市井，拯危济困，救死扶弱，彰善惩恶。传说他又是一位见义勇为、打抱人间不平且神通广大的侠僧。他智斗秦桧，惩治嘲弄贪官污吏，且乐善好施，嬉笑幽默，百姓们都叫他"济公"或"济公活佛"。至今，固原地区不论男女老幼，依然口口相传济公活佛济世

---

① 薛正昌：《黄河文明的绿洲：宁夏历史文化地理》，宁夏人民出版社2007年版，第393页。

救助民的种种神奇故事，他的光辉事迹和高行大义已然深入人心。

石窟湾石窟，原佛窟三层（最低一层被土覆没），窟门的形制为券门、拱券门，窟室相对较小，龛内雕造的佛像也比较小，佛、菩萨、力士造像俱全，只是年久失修，塌毁严重。从窟室形制和造像特点看，大约开凿于宋代。石窟整个造像虽然数量不多，但造型各异，神态栩栩如生。20世纪90年代，台湾活佛冯敏棠——济公和尚第十三代传人持图来此寻祖祭佛，认定延龄寺就是宋代名僧济公修行的地方，此后数次来此参拜。

三　彭阳无量山石窟

无量山，位于彭阳县城西北约25公里处的川口乡田庄村北塬队。背靠无量山，面向石峡河，依山傍水，风景秀丽，是固原地区著名的佛教石窟寺。《民国固原县志》云："石家峡，城东南100里，形势壮丽，草木蒙茸。山崖古石佛三，罗汉十一有八，水出峡口，淙淙之声，无间冬夏，烟云霭霭，朝夕不散。"

无量山石窟分为两处，沿石峡河东西排列，坐南面北，相距50米左右。① 东窟窟顶雕凿穹隆形，进深0.8米。有石质造像五尊，其中四尊保存完好。三尊主佛并排而坐，造像通高均为2.1米。居中为释迦牟尼，结跏趺坐于莲花宝座上，面相清瘦，身着袈裟，右手伸二指指天，左手抚膝，嘴似动，做说法状。居右为无量寿佛（阿弥陀佛），结跏趺坐于莲座上，着袈裟，眼微闭，神情庄重肃穆，双手相迭置于腿部，做禅定状。居左为弥勒佛，双腿倚座，面相丰雍饱满，身着袈裟，两耳垂肩，足踩分枝莲花，双手抚膝，阔鼻大嘴，笑容可掬。在三尊主佛左侧4米处，有护法神造像，高1.6米，右腿平放于圆台上，左腿弯曲下垂，足踩形似翘首挣扎的蟒蛇，左手扶膝，右手呈握剑状，怒目而视，神态威严。右侧2米处有一未完成造像，高1米，其右下立一小像，头已残，残高0.65米，当为胁侍弟子。崖壁铭刻题记两处，一处文字漫漶，难以识读，另一处竖阴刻文字三行，

---

① 杨宁国：《彭阳的文物与古迹》，《宁夏史志研究》2001年第2期。

左刻"天圣十年口",右刻"张行口口",中间一行模糊不清。由题记得知,此窟开凿于北宋天圣十年(1032年),距今968年。虽遭自然风蚀及人为破坏,但仍是固原地区保存较好,且有明确纪年的重要石窟寺。[1] 对于研究北宋时期固原地区的石窟造像及艺术风格有重要的学术价值。

西窟造像共20尊,一线排列在距离地面高0.9米、长8.2米的石崖上,造像最高0.8米、最低0.38米。造像内容为一佛二菩萨、十六罗汉、一护法神。整个造像从左向右依次编号为01至20。保存较为完整的有七尊,其余多有不同程度毁坏,且均为头部,轻者毁面,重则无头。但残存造像姿态分明,衣褶清晰可辨。完整者有的闭目养神,悠闲自得;有的手捧经卷,俯首诵经,形态各异,颇有世俗尊者的神态丰姿。在距地表约2.6米处有题记:"景祐二年四月十二日刘绪等公修罗汉人……"由此可知,此窟开凿于1035年,距今已有965年。

无量山石窟实为山崖造像,但具有石窟造像的特征,仍属于石窟艺术范畴。从无量山未完成的多处造像分析,北宋时期,固原彭阳地处宋、夏对峙的前沿阵地,战事频繁,僧人或逃或亡,以至于无量山石窟修凿并未完工,便草草作罢。尽管如此,它仍不失为镶嵌在固原地区石窟艺术瑰宝中一处重要佛教石窟寺遗存。它融合了圆雕、浮雕和阴刻等多种雕凿艺术手法,造像体形圆润、线条流畅、神态活泼,对衣纹、眼神等刻画细致入微、生动形象。其创造出一种敦厚含蓄、康健优美的艺术形象。无论从内容到形式都表现出了固原地区古代劳动人民的聪明智慧和雕塑艺人娴熟的技巧。它为研究固原地区北宋时期的佛教文化和石窟艺术提供了实物资料。[2] 1985年,无量山石窟被列为县级文物保护单位,1988年又被列为自治区级文物保护单位。[3]

---

[1] 冯国富:《佛教艺术在固原的传播》,《固原师专学报》1990年第3期。
[2] 杨宁国:《彭阳的文物与古迹》,《宁夏史志研究》2001年第2期。
[3] 须弥山石窟文物管理所编:《须弥山石窟志》,阳光出版社2016年版,第120页。

第六章　固原地区的其他佛像遗存

四　禅塔山石窟

禅塔山石窟位于宁夏固原市原州区西北 45 公里的黄铎堡镇张家山村三队西侧约 2500 米处。地处六盘山余脉北段，北距须弥山石窟约 10 公里，与须弥山南北相对。其四面环山、沟壑纵横、梁峁交错、石峰突起，完全掩映在天然次生林中。峰顶为一平台，南北长 9.4 米，东西宽 8.0 米，其上有建筑遗址，并有残砖瓦块，可能为禅塔建筑的遗址。① 禅塔山石窟开凿在一座独立山峰的东南崖面上，现存洞窟 10 座。其中，小圆拱龛 6 个，水窖 2 眼，石窟分布在高约 60 米，南北长约 50 米的山峰东南崖面山腰间，石窟沿崖面从上到下排列。②

关于禅塔山石窟的开凿年代，并无明确纪载，据当地村民流传，在开凿须弥山石窟之前，曾在这里选址开凿石窟，因为路途艰险，可供开凿的崖壁面积有限，加之此处岩石质地较差，于是没完成就舍弃了。有学者从洞窟形制分析判断，认为禅塔山石窟大约开凿于唐代。2010 年 5 月 17 日被公布为县级重点文物保护单位。③

禅塔山石窟的 10 座洞窟内没有任何雕像和装饰痕迹，也无明确的开窟题记。从第 7、8、9 三窟的排列布局看，三窟相连，自成一体，与须弥山石窟北魏第 23 窟的布局相近，而且这三窟的上方皆有排水槽；从第 10 窟有明窗、人字形排水槽、梁架洞眼看，与须弥山石窟北魏第 14、24 窟也很相似。但该窟面阔 3.4 米，进深达 14.4 米，开明窗或许只是为了采光和通风。这类洞窟的开凿可能在北魏时期，但其具体的开凿时代还有待进一步考证。

禅塔山石窟虽然洞窟数量不多，但是洞窟规模大，实用性强，既有僧人进行佛教活动的场所，也有僧人居住生活的场所。组织结构和功能完善，应与当时佛教组织结构完备有直接关联。特别是第 10 窟，这样一个纵长方形平面大窟，在国内石窟中也较为罕见，一般都是横

---

① 韩有成：《宁夏原州区禅塔山石窟调查报告》，《敦煌研究》2015 年第 3 期。
② 马东海、张彩萍：《禅塔山石窟与丹霞地貌自然景观》，《原州》2012 年第 2 期。
③ 胡永祥：《原州石窟略叙》，《社科纵横》2013 年第 2 期。

长方形平面。须弥山北朝时期开凿的第 39 窟,唐代开凿的第 103 窟虽然是纵长方形洞窟,但是由前、中、后三室组成,与此窟相比还有一定的区别,不过,须弥山石窟与此窟应该存在一定的承袭关系。这种纵深窟形与印度阿旃陀石窟等有绕塔礼拜功能的塔堂窟的开凿方法十分相似,有可能是举行法会或其他佛教活动的较大型佛窟。[①]

五 昆峰寺石窟

昆峰寺石窟位于原州区炭山乡炭山村西 2 公里的石砚子南侧,海拔高 1860 米。洞窟区分布在石砚子山峰南侧东坡,俗称阳洼寺,地形呈南北走向,北高南低的灰砂岩上。现存洞窟 8 座,石窟形制大部分为长方形,其中,第 8 号窟平面呈方形,深 8 米,宽 7.8 米,高 4 米。内有一石雕佛龛,长约 3 米,宽、高约 1 米,刻有花纹雕饰。窟门凿二石柱,刻有明万历三十三年(1605)《重修莲花山昆峰寺碑记》两块。据碑记寺在"开城(开城苑)山坳间百三十里许,重修于明万历三十三年(1605),岁次乙巳春二月,有僧众 37 人,原有大殿,奉大士像,石凿如来,盖有年,今有明宗,殿宇重兴,金碧烂漫,更创石佛龛三处,禅室左右八间,及韦驮神楼,山门碑楼烂然毕具,依然大观,奉之上司,明文赐给空闲荒地四段,永为常住,供圣养膳之资……"题记详细记载了明代万历年间的一次大规模重修石窟的情形,其中,"有僧众 37 人",反映出当时石窟寺的规模并不算很大。现窟外仅遗留一蹲一卧石狮残躯。北侧山崖面有石刻小龛,内刻佛塔一座。[②]

六 兴龙寺石窟

兴龙寺石窟位于固原原州区炭山乡炭山村西 2 公里石砚子北侧。海拔高 1879 米。窟群呈南北走向,南高北低,长约 500 米,东西宽 100 米的石砚子山峰北侧,俗称阴洼寺,面积约 5 万平方米。现保存

[①] 韩有成:《宁夏原州区禅塔山石窟调查报告》,《敦煌研究》2015 年第 3 期。
[②] 胡永祥:《原州石窟略叙》,《社科纵横》2013 年第 2 期。

较好的约有10个洞窟。第3号窟现存有明万历二十六年（1598）重修石峰台兴龙寺碑刻1方，碑云："石碑古刹，有僧人明湖主持重修兴龙寺佛阁，玉帝、地藏祖师，伽兰五座，禅室、静室、府库四座，外有真人洞一处，鸣钟一口，磬鼓俱全……钦差陕西巡抚监察御史……陕西苑马寺卿……明万历二十六年岁次戊戌。"[①] 这则碑记也指明了至少在明代万历年间，兴龙寺同时也是一处有道教尊神"玉帝"，且有"真人洞"这样的道士居所的佛教石窟寺院，表明了道教的影响。兴龙寺同时也是固原地区重要的佛教文化遗存，不仅具有较高的佛教石窟艺术价值，而且与古代西域有着密切的关系，融汇中西佛教文化的精髓，其文化底蕴异常深厚，在固原佛像雕塑史上占有重要地位。

七 静安寺（张易北石窟寺）

静安寺（张易北石窟寺）位于固原原州区张易镇张易村北2公里北面的山梁。海拔2138米。石窟分布在南北长80米，高30米的石灰岩崖面上，面积2400平方米。为唐、宋时期所凿，共开凿有石窟8座，均无造像。[②]

八 静安寺（张易南石窟寺）

静安寺（张易南石窟寺）位于原州区张易镇田堡村4组（下堡）南1公里虎林洼。海拔高2122米，面积5000平方米。石窟面向北侧，东西宽200米，高50米，原有石窟10座，现在仍能看到的只有一个洞窟，呈平顶式，宽约8米，深9米，宽3.5米，为唐、宋开凿，已无造像。[③]

以上只是对固原境内现存的比较有影响的石窟进行了概览式介绍，这些石窟共同的特点是造像破坏十分严重，保存状况不好。究其

---

① 胡永祥：《原州石窟略叙》，《社科纵横》2013年第2期。
② 胡永祥：《原州石窟略叙》，《社科纵横》2013年第2期。
③ 胡永祥：《原州石窟略叙》，《社科纵横》2013年第2期。

原因，有自然风雨侵蚀的原因，同时，与历史时期的大规模毁佛造成的破坏有关，也与"文化大革命"时期的人为破坏有关。而且这些石窟中大多数是佛、道教洞窟并存的，这一现象也非常有固原地区的地域文化特色。由上述现存的石窟可以看出，佛教在"丝绸之路"重镇——固原地区得到了广泛深入传播，既有规模宏大、雕凿精美的须弥山石窟，还有固原地区所辖县区内众多的佛教石窟遗迹与丰富的佛教文化遗存，它们共同反映了固原佛教文化、宗教信仰的发展变化，以及当时固原地区对佛教石窟艺术的崇尚，彰显出固原佛教及石窟艺术的悠久历史和复杂曲折的发展历程。

不可否认，固原佛教与石窟艺术只是中国佛教与石窟艺术的一部分。一方面，它体现了中国佛教与石窟艺术的共性特征，是我国石窟艺术的重要组成部分，在世界石窟艺术史上也有一席之地；另一方面，固原佛教与石窟艺术也是固原历史文化中的瑰宝，是固原佛教文化与石窟艺术的历史见证者。它是固原本土传统思想、信仰、价值观念等与西方佛教及石窟艺术文化交流的缩影，它与固原境内曾经活跃和居住过的每个民族有千丝万缕的关系。其兴衰荣辱与中原王朝的政治、军事实力和经济文化政策息息相关。因此，固原佛教与石窟艺术也是固原古代史的重要组成部分。

结　　语

　　固原地区的佛教是沿西北陆路"丝绸之路"传播而来的。特别是汉唐时期，固原地区是佛教中国化过程中的重要中转站，在佛教本土化发展史上，有着举足轻重的文化和历史价值，当地丰富的佛教石窟寺、考古资料和文化遗迹就是最好的注脚。必须强调指出，固原地区的历代统治阶层对佛教的发展起到了重大的引领和推动作用，因为开窟造像、诵经译经、法事活动、寺院建设等都需要强大的物力、人力和技术支持，没有官方的组织与管理，是很难实现的。事实上，固原地区北朝隋唐时期的考古发现，证明曾任原州刺史的北周田弘、李贤等都对固原佛教石窟寺的建设与佛教文化的发展作出了不可磨灭的贡献。

　　历史的烟云逐渐消散，悠悠千载，固原佛教与石窟造像史蔓延不辍。沧海桑田，世事无常，人物兴衰更替，而自北魏以后陆续开凿的佛教石窟寺历经千载至今依然香火不断，实在是固原文化史上的奇迹。传自遥远异域的佛教，经过世代高僧、艺术家与广大信众的持续传承与创造，终于成为固原地区本土信仰的重要组成部分，成为固原文化中不可或缺的内容。

　　虽然，固原现存很多石窟寺中的佛教洞窟历经沧桑，破败损毁严重。但是在当地政府及民间人士的关注与支持下，亦持续不断地得到重修与改建，保存了重要和珍贵的佛教造像与石窟艺术研究资料。在发展区域旅游业的新时代背景下，这些历史遗存和文化遗迹以其厚重的历史和精湛的艺术水平，在不断开拓进取，重视历史与文化艺术的当代社会，又重新焕发出勃勃生机。

参考文献

一　文献典籍

（汉）司马迁撰：《史记》，中华书局1975年版。

（汉）班固撰：《汉书》，中华书局1962年版。

（汉）刘珍等撰，吴树平校注：《东观汉记校注》，中州古籍出版社1987年版。

（汉）许慎撰，（宋）徐铉校定：《说文解字》，中华书局1963年版。

（北齐）魏收：《魏书》，中华书局1974年版。

（南朝宋）范晔撰：《后汉书》，中华书局1965年版。

（南朝梁）慧皎撰，汤用彤校注：《高僧传》，中华书局1992年版。

（唐）令狐德棻等撰：《周书》，中华书局1971年版。

（唐）刘肃撰，许德楠、李鼎霞点校：《大唐新语》，中华书局1984年版。

（唐）魏征等：《隋书》，中华书局1973年版。

（唐）姚思廉撰：《梁书》，中华书局1965年版。

（唐）韦述、杜宝撰，辛德勇辑校：《两京新记辑校》，三秦出版社2006年版。

（唐）林宝修撰，岑仲勉校记，郁贤皓、陶敏整理：《元和姓纂》，中华书局1994年版。

（唐）李延寿撰：《北史》，中华书局1974年版。

（唐）段成式撰：《寺塔记》，人民美术出版社1964年版。

（唐）道宣撰：《续高僧传》，上海古籍出版社1991年版。

（唐）杜佑撰，王文锦点校：《通典》，中华书局1988年版。

（宋）洪迈：《容斋随笔》，中华书局2007年版。

（宋）李昉撰：《太平广记》，中华书局1961年版。

（宋）欧阳修、宋祁撰：《新唐书》，中华书局1975年版。

（宋）钱易撰：《南部新书》，中华书局1958年版。

（宋）司马光编著，（元）胡三省音注：《资治通鉴》，中华书局1956年版。

（宋）王溥撰：《唐会要》，上海古籍出版社1991年版。

（宋）王钦若等编：《册府元龟》，中华书局1960年版。

（宋）姚宽撰，孔凡礼点校：《西溪丛语》，中华书局1997年版。

（宋）赞宁：《宋高僧传（上、下）》，中华书局1987年版。

（后晋）刘昫等撰：《旧唐书》，中华书局1975年版。

（明）顾祖禹：《读史方舆纪要》，中华书局2005年版。

（清）曹寅等：《全唐诗》，中华书局1960年版。

（清）董诰等纂修：《全唐文》，中华书局1983年版。

（清）钱大昕：《廿二史考异》，商务印书馆1955年版。

（清）徐松辑：《宋会要辑稿》，中华书局1957年版。

（清）徐松撰，李健超增订：《唐两京城坊考》，三秦出版社2006年版。

（清）赵翼：《廿二史札记》，中华书局1955年版。

二 今人著作（按姓氏拼音顺序排列）

岑仲勉：《隋唐史》，中华书局1982年版。

陈弱水：《唐代文士与中国思想的转型》，广西师范大学出版社2009年版。

陈寅恪：《金明馆丛稿初编》，生活·读书·新知三联书店2001年版。

陈育宁：《宁夏通史·古代卷》，宁夏人民出版社1993年版。

代学明：《须弥山石窟研究》，宁夏人民出版社2016年版。

范文澜：《中国通史简编》，商务印书馆 2010 年版。

高永久：《西域古代民族宗教综论》，高等教育出版社 1997 年版。

葛兆光：《禅宗与中国文化》，上海人民出版社 1986 年版。

固原市委宣传部编：《丝路固原》，宁夏人民出版社 2016 年版。

郭勤华：《丝路重镇·固原》，阳光出版社 2012 年版。

韩有成：《固原石窟艺术》，阳光出版社 2014 年版。

胡春风：《宗教与社会》，上海科学普及出版社 2004 年版。

胡戟：《二十世纪唐研究》，中国社会科学出版社 2002 年版。

黄永年：《六至九世纪中国政治史》，上海书店出版社 2004 年版。

李进新：《"丝绸之路"宗教研究》，新疆人民出版社 2008 年版。

李再铃：《中国佛教雕塑（上、下）》，台湾历史博物馆 1998 年版。

刘道广：《中国古代艺术思想史》，上海人民出版社 1998 年版。

柳诒征撰，蔡尚思导读：《中国文化史（上、下）》，上海古籍出版社 2001 年版。

吕建福：《中国密教史》，中国社会科学出版社 1995 年版。

吕思勉：《隋唐五代史》，上海古籍出版社 2005 年版。

罗丰：《固原南郊隋唐墓地》，文物出版社 1996 年版。

牟钟鉴：《宗教与民族》，宗教文化出版社 2004 年版。

宁夏固原回族自治区文物管理委员会、北京大学考古系编著：《须弥山石窟内容总录》，文物出版社 1997 年版。

尚衍斌：《西域文化》，辽宁教育出版社 1998 年版。

佘贵孝、王琨编：《须弥山石窟》，宁夏人民出版社 2008 年版。

佘贵孝：《固原地方史要论》，宁夏人民出版社 1993 年版。

沈福伟：《中西文化交流史》，上海人民出版社 1985 年版。

宋永忠：《须弥山石窟艺术研究》，阳光出版社 2013 年版。

孙昌武：《中国佛教文化史》第 2 册，中华书局 2010 年版。

谭其骧：《中国历史地图集》，中国地图出版社 1991 年版。

唐长孺：《魏晋南北朝隋唐史三论》，武汉大学出版社 1992 年版。

唐长孺主编：《吐鲁番出土文书》，文物出版社 1996 年版。

吴钢等：《全唐文补遗（1—9 辑）》，三秦出版社 1994—2007 年版。

吴钢等：《全唐文补遗·千唐志斋新藏专辑》，三秦出版社 2006 年版。

吴钢主编：《全唐文补遗》，三秦出版社 1994—2005 年版。

须弥山文物管理所编：《须弥山石窟志》，阳光出版社 2016 年版。

严耕望：《唐代交通图考》，上海古籍出版社 2007 年版。

杨明：《固原考古札记》，宁夏人民出版社 2014 年版。

余英时：《士与中国文化》，上海人民出版社 1987 年版。

张家铎：《固原民俗》，宁夏人民出版社 2008 年版。

赵超：《唐代墓志汇编续集》，上海古籍出版社 2001 年版。

周绍良、赵超主编：《唐代墓志汇编》，上海古籍出版社 1992 年版。

［德］克林凯特：《丝绸古道上的文化》，赵崇民译，新疆美术出版社 1994 年版。

［美］斯坦利·威斯坦因：《唐代佛教》，张煜译，上海古籍出版社 2010 年版。

［日］内藤湖南：《内藤湖南全集》，东京筑摩书房 1970 年版。

［日］羽田亨：《西域文化史》，耿世民译，新疆人民出版社 1981 年版。

［英］崔瑞德：《剑桥隋唐史（589—906 年）》，中国社会科学院历史研究所、西方汉学研究课题组译，中国社会科学出版社 1994 年版。

［英］苏珊·惠特菲尔德：《丝路岁月——从历史碎片拼接出的大时代和小人物》，李淑珺译，海南出版社、三环出版社 2006 年版。

三 学术论文

安永军：《试论须弥山唐代造像艺术及其价值》，《宁夏师范学院学报》2012 年第 4 期。

安永军：《须弥山相国寺石窟探讨》，《宁夏师范学院学报》2010 年第 2 期。

曹之：《试论唐代佛教著作的背景》，《山东图书馆季刊》2008 年第 4 期。

陈爱峰、杨富学：《西夏与辽金间的佛教关系》，《西夏学》第 1 辑，

2006年。

陈悦新：《龟兹石窟与须弥山石窟中的穹隆顶窟》，《考古与文物》2004年第1期。

陈悦新：《西魏北周时期的麦积山石窟》，《中原文物》2006年第4期。

陈悦新：《须弥山早期洞窟的分期研究》，《华夏考古》1995年第4期。

陈运涛：《须弥山石窟：见证古"丝绸之路"的文化交融》，《文化学刊》2015年第6期。

程民生：《论宋代佛教的地域差异》，《世界宗教研究》1997年第1期。

仇王军：《蒙元时期宁夏佛教考述》，《宁夏社会科学》2018年第4期。

仇王军：《明代宁夏佛教考述》，《宁夏社会科学》2017年第1期。

代学明：《固原须弥山景区的文化特色》，《宁夏师范学院学报》2013年第4期。

单纯：《禅宗的佛性论及其意义》，《中国哲学史》2005年第3期。

冯国富：《佛教艺术在固原的传播》，《固原师专学报》1990年第3期。

固原县文物站：《固原县新集公社出土一批北魏佛教造像》，《考古与文物》1984年第6期。

顾森：《交脚佛及有关问题》，《敦煌研究》1985年第3期。

郭可悫：《〈大唐西域记〉与唐代中原、西域的文化互动》，《中州学刊》2009年第3期。

韩国良：《论东吴高僧康僧会的佛学贡献》，《宗教学研究》2012年第1期。

韩孔乐、罗丰：《固原北魏墓漆棺的发现》，《美术研究》1984年第2期。

韩有成、李玉芳：《试论须弥山石窟开凿与形成的原因》，《固原师专学报》2004年第4期。

韩有成：《从须弥山石窟看原州古典建筑式样——略析须弥山石窟建筑》，《宁夏师范学院学报》2009 年第 2 期。

韩有成：《宁夏原州区禅塔山石窟调查报告》，《敦煌研究》2015 年第 3 期。

韩有成：《试论须弥山北魏洞窟中的"云冈因素"》，《固原师专学报》2005 年第 4 期。

韩有成：《试论须弥山石窟艺术史上的六个高潮》，《四川文物》2002 年第 5 期。

韩有成：《须弥山石窟碑刻题记的史料价值》，《固原师专学报》2000 年第 5 期。

韩震军：《唐代墓志中新见隋唐人著述辑考》，《中国典籍与文化》2008 年第 3 期。

洪震颐：《唐代佛教造像的女性化与世俗化》，《中国陶瓷》2006 年第 6 期。

华方田：《清代佛教的衰落与居士佛教的兴起》，《佛教文化》2004 年第 4 期。

华方田：《中国佛教宗派——唯识宗》，《佛教文化》2005 年第 3 期。

季羡林：《弥勒信仰在新疆的传布》，《文史哲》2001 年第 1 期。

贾学锋：《宁夏佛教历史钩沉》《宁夏大学学报》2009 年第 4 期。

郎樱：《论西域中原文化交流》，《西域研究》2001 年第 4 期。

雷闻：《论中晚唐佛道教与民间祠祀的合流》，《宗教学研究》2003 年第 3 期。

李怀仁：《宁夏西吉发现一批唐代鎏金造像》，《文物》1988 年第 9 期。

李健超：《丝绸之路之陕西、甘肃中东部线路的形成与发展》，《丝绸之路》2009 年第 6 期。

李茹：《敦煌李贤及其功德窟相关问题试论》，《敦煌学辑刊》2009 年第 4 期。

李若愚：《西夏时期藏传佛教的流传》，《宁夏社会科学》2019 年第 1 期。

李申：《简论宗教和儒教》，《上海师范大学学报》（哲学社会科学版）2005年第3期。

李申：《三教关系论纲》，《世界宗教研究》1996年第3期。

李世荣：《唐王朝对固原地区之经略研究》，《宁夏师范学院学报》2018年第12期。

李四龙：《论中国佛教的民族融合功能》，《中国宗教》2009年第6期。

李映辉：《唐代佛教著述的时空分布特征》，《株洲工学院学报》2004年第1期。

李映辉：《唐代高僧籍贯的地理分布》，《中国历史地理论丛》1997年第3期。

李映辉：《唐代高僧驻锡地的地理分布》，《中国历史地理论丛》1999年第2期。

李玉芳、韩有成：《固原北魏及唐代石雕、金铜佛教造像的发现与价值》，《固原师专学报》2006年第4期。

林申清：《佛教文献目录初探》，《四川图书馆学报》1997年第5期。

林蔚：《须弥山唐代洞窟的类型和分期》，《考古研究》1997年。

刘克：《从出土佛教题材汉画看东汉宗教生态格局的变迁》，《广西师范大学学报》2016年第5期。

刘敏：《甘肃省固原县的石窟造像》，《文物参考资料》1956年第4期。

刘蓬春：《唐代相国寺史事钩沉》，《西南民族学院学报》1998年第4期。

刘锡涛：《浅谈龟兹石窟艺术模式》，《丝绸之路》1999年第S1期。

刘欣如：《贵霜时期东渐佛教的特色》，《南亚研究》1993年第3期。

刘瑶：《唐代佛教史学略论》，《历史研究》2013年第10期。

鲁人勇：《宁夏境内的"丝绸之路"——兼论唐长安、凉州北道的驿程及走向》，《宁夏社会科学》1983年第2期。

吕建福：《佛教世界观对中国古代地理中心观念的影响》，《陕西师范大学学报》（哲学社会科学版）2005年第4期。

吕建福：《论密教的起源与形成》，《佛学研究》1994年第3期。

吕建福：《密教哲学的基本论题及其重要概念》，《世界宗教研究》2002年第1期。

马东海、张彩萍：《禅塔山石窟与丹霞地貌自然景观》，《原州》2012年第2期。

马莉：《宁夏固原北朝丝路遗存显现的外来文化因素》，《丝绸之路》2010年第6期。

马世长：《中国佛教石窟的类型和形制特征——以龟兹和敦煌为中心》，《敦煌研究》2006年第6期。

齐倩楠：《唐武宗"会昌灭佛"的历史原因》，《边疆经济与文化》2015年第4期。

任继愈：《禅宗与中国文化》，《社会科学战线》1988年第2期。

任宜敏：《清代汉传佛教政策考正》，《浙江学刊》2013年第1期。

石云涛：《汉唐间"丝绸之路"起点的变迁》，《中州学刊》2008年第1期。

史金波：《西夏的藏传佛教》，《中国藏学》2002年第1期。

宋永忠：《浅析须弥山石窟造像艺术审美特征与表现技法的变迁》，《前沿》2011年第24期。

苏银梅：《宁夏固原早期"丝绸之路"遗址——回中宫、瓦亭驿、朝那古城、固原古城》，《文博》2010年第3期。

孙昌武：《唐代佛道二教的发展趋势》，《南开学报》1999年第5期。

孙晓峰：《麦积山石窟北朝晚期胡人图像及相关问题研究》，《形象史学研究》2016年第1期。

王春辉：《唐代西域多元宗教文化的特征与影响探究》，《石河子大学学报》2011年第3期。

王丹阳、刘璐瑶、张秉坚、方世强、李志荣、韩有成：《须弥山石窟48窟明代泥塑彩绘制作材质成分分析》，《文物保护与考古科学》2017年第6期。

王德朋：《金代佛教政策新议》，《世界宗教研究》2013年第5期。

王慧慧：《浅析民俗佛教——兼谈世俗化与民俗化的认识》，《敦煌学辑刊》2007年4期。

王敏庆：《北周长安造像与须弥山石窟》，《西夏研究》2012年第3期。

王松涛：《从胡舞的流行看盛唐气象的多元性与延续性》，《中华文化论坛》2008年第1期。

邬宗玲：《灵验记中的佛典信仰》，《世界宗教研究》2011年第5期。

吴华山：《论唐玄宗与唐代乐舞》，《求索》2003年第4期。

吴小娣：《浅析佛教中国化的发展阶段》，《艺术科技》2013年第3期。

夏鼐：《综述中国出土的萨珊波斯朝银币》，《考古学报》1974年第1期。

项一峰：《初谈佛教石窟供养人》，《敦煌研究》1997年第1期。

谢继胜：《宁夏固原须弥山圆光寺及相关番僧考》，《西夏研究》2013年第1期。

谢群：《漂浮在"丝绸之路"上的祥云——宁夏须弥山石窟云纹图饰研究》，《美术大观》2010年第8期。

邢学敏、王洪军：《论唐玄宗时期的宗教政策》，《北方论丛》2006年第1期。

徐苹芳：《考古学上所见中国境内的"丝绸之路"》，《燕京学报》1995年第1期。

徐苹芳：《中国境内的"丝绸之路"》，《文明论坛》1999年第5期。

薛平拴：《论唐玄宗的宗教政策》，《兰州大学学报》（社会科学版）2001年第4期。

薛正昌：《萧关道与固原历代政权建置及其发展趋势》，《西北民族学院学报》1994年第1期。

薛正昌：《须弥山石窟佛教艺术东传与草原"丝绸之路"》，《论草原文化》第5辑，内蒙古教育出版社2008年版。

薛正昌：《须弥山石窟与藏传佛教造像》，《甘肃社会科学》2013年第1期。

杨芳：《须弥山石窟的历史与人文价值研究》，《河西学院学报》2009

年第 6 期。

杨芬霞：《论释皎然的世俗诗和中唐佛教的世俗化》，《宗教学研究》2006 年第 4 期。

杨慧玲、佘贵孝：《须弥山石窟的凿造与固原社会经济》，《宁夏师范学院学报》2015 年第 2 期。

杨明：《宁夏彭阳红河乡出土一批石造像》，《文物》1993 年第 12 期。

袁志明：《北朝佛教信仰与民族文化认同》，《青海民族研究》（社会科学版）2001 年第 3 期。

云志霞：《略论须弥山石窟造像艺术审美特征与表现技法的变迁》，《文物鉴定与鉴赏》2018 年第 1 期。

张德伟：《明代佛教政策研究》，《世界宗教研究》2018 年第 5 期。

张广达：《论隋唐时期中原与西域文化交流的几个特点》，《北京大学学报》1985 年第 4 期。

张广达：《唐代的中外文化汇聚和晚清的中西文化冲突》，《中国社会科学》1986 年第 3 期。

张践：《明清时期政府的"严管"宗教政策及其影响》，《世界宗教研究》2010 年第 5 期。

张箭：《"三武一宗"早逝之原因及真相》，《黑龙江社会科学》2016 年第 6 期。

张明非：《略论唐代乐舞的兴盛及影响》，《广西师范大学学报》（哲学社会科学版）1992 年第 4 期。

张卫红：《试述开元三大印度高僧的译经成就》，《中州学刊》2002 年第 1 期。

赵云旗：《武则天与唐代佛教》，《五台山研究》1989 年第 4 期。

支景：《观音菩萨的女性化及其审美意蕴》，《南京师范大学文学院学报》2018 年第 2 期。

周骅：《明清之际中国佛教的入世转向》，《宗教学研究》2014 年第 4 期。

朱世广：《茹河古道考察研究》，《陇东学院学报》2010 年第 3 期。

朱希元：《宁夏须弥山圆光寺石窟》，《文物》1961 年第 2 期。

朱政惠：《唐代佛教略论》，《历史教学问题》1994年第5期。

[俄] 索罗宁：《西夏佛教之"系统性"初探》，《世界宗教研究》2013年第4期。

四 学位论文

陈艳玲：《唐代城市居民的宗教生活：以佛教为中心》，博士学位论文，华东师范大学，2008年。

介永强：《西北佛教历史文化地理研究》，博士学位论文，陕西师范大学，2004年。

孔令梅：《敦煌大族与佛教》，博士学位论文，兰州大学，2011年。

李银霞：《西夏石窟艺术研究》，硕士学位论文，西北师范大学，2009年。

马军：《唐代长安、沙州、西州三地胡汉民众佛教信奉研究》，博士学位论文，中央民族大学，2010年。

苗苗：《唐代中原北方地区佛教石窟造像艺术语言的形成研究》，硕士学位论文，东北师范大学，2008年。

吴荭：《北周石窟造像研究》，硕士学位论文，兰州大学，2009年。

夏金华：《隋唐佛学三大核心理论的争辩之研究》，博士学位论文，华东师范大学，2002年。

徐英：《中国北方游牧民族造型艺术研究》，博士学位论文，中央民族大学，2006年。

俞晓红：《佛教与唐五代白话小说》，博士学位论文，上海师范大学，2004年。

致　　谢

《固原古代石窟佛像概览》一稿终于完成。时光荏苒，屈指算来，已逾五载。其实早在 2010 年起就陆陆续续搜集佛教文化的相关资料，至今已十年有余。在此期间诸多杂务干扰，历经艰辛，也曾几度陷入困顿之中，今日终于完稿，实属不易。书稿出版在即，掩卷惶恐，笔者才疏学浅，佛教文化与石窟艺术知识积累有限，加之关于固原地区佛教文化与石窟寺的研究资料十分匮乏，前人系统梳理和研究较少，这些都导致该书稿的撰写困难重重。

2017 年 6 月，受固原历史文化研究中心的信任和支持，委托我承担这项命题研究，如此重要的研究课题，对于我来讲，任务十分艰巨，也没有太大把握。但我是土生土长的固原人，深刻浓郁的故土情怀和读书人的担当鼓舞激励着我，爱这片热土，愿为家乡的文化建设，略尽绵薄之力。所以欣然接受了这个研究任务，尽管克服重重艰难，勉强成稿，但依然有诸多纰漏，恳请专家学者批评指正！

在此，我想借这个宝贵机会对在书稿撰写过程中鼓励、关心、支持我的所有人致以崇高的敬意，感谢他们的鼓励和鞭策。对原宁夏师范学院学报主编方建春教授，（现任宁夏师范学院马克思主义学院院长）原固原历史文化研究中心主任刘衍青教授（博士），（现任宁夏师范学院文学院院长）固原历史文化研究中心副主任安正发教授，固原历史文化研究中心王兴文教授（博士）和对书稿提出过宝贵意见的审稿专家致以最诚挚的感谢和敬意！感谢固原历史文化研究中心的慷慨资助！感谢须弥山文管所的韩有成老师慷慨提供的宝贵研究资料，感谢中国社会科学出版社刘芳编辑耐心细致的加工修改和辛苦劳动！